兰州大学西部社会学文库 ▶

东部主义与西部映射

西部社会学初探

周亚平 等◎著

中国社会科学出版社

图书在版编目(CIP)数据

东部主义与西部映射：西部社会学初探／周亚平等著. —北京：
中国社会科学出版社，2017.7
ISBN 978-7-5161-9607-6

Ⅰ.①东… Ⅱ.①周… Ⅲ.①区域经济发展—不平衡—研究—
中国 Ⅳ.①F127

中国版本图书馆 CIP 数据核字(2017)第 007061 号

出 版 人	赵剑英
责任编辑	冯春凤
责任校对	张爱华
责任印制	张雪娇

出 版	中国社会科学出版社
社 址	北京鼓楼西大街甲 158 号
邮 编	100720
网 址	http://www.csspw.cn
发 行 部	010 - 84083685
门 市 部	010 - 84029450
经 销	新华书店及其他书店

印 刷	北京君升印刷有限公司
装 订	廊坊市广阳区广增装订厂
版 次	2017 年 7 月第 1 版
印 次	2017 年 7 月第 1 次印刷

开 本	710×1000 1/16
印 张	19.5
插 页	2
字 数	316 千字
定 价	79.00 元

目　录

西部社会学研究的缘起

西部社会学的方法论特点

西部社会学的研究范式

东部主义的西部映射

西部社会学研究的缘起

被建构的西部：
西部话语的建构性及其建构逻辑

一　西部问题的提出

西部地区幅员辽阔，文化多样，资源丰富，在我国的政治版图中具有十分重要的地位，历朝历代都为统治者所重视。新中国成立以来，在中央集权的计划经济体制下，我国政府对西部进行了大规模的开发和建设，体现了西部在国家战略中的重要地位。改革开放之后，我国面临着快速发展经济、改善人民生活的重要任务，制定了"先东部，后西部"的社会经济发展战略，国家对西部的建设相对变缓。

改革开放以来，与经济上的巨大成就相伴生的是日益增加的社会矛盾以及不断扩大的东西部差距。为了解决区域经济发展不平衡的问题，为中国社会现代化开辟新的空间和动力源，我国政府于 1999 年提出了西部大开发的战略构想。1999 年 6 月 17 日，时任中共中央总书记的江泽民在西安主持召开甘、青、陕、新、宁西北五省国有企业改革和发展座谈会，会上他指出：加快西部地区开发是全国发展的一个大战略、大思路，从现在起，要作为党和国家的一项重大战略任务，将其摆到更加突出的位置①。同年 11 月，中共中央、国务院召开中央经济工作会议，正式提出实施"西部大开发战略"。

西部大开发是我国社会经济发展到一定阶段、对经济结构进行调整的一个标志性事件，也是体现西部在我国政治版图中所处地位的一个重要事件，其实质是国家对"西部发展以及中国社会现代化"这一主题所进行

---

① 　吴启权：《中共三代领导集体与西部大开发》，《毛泽东思想研究》，2002 年第 2 期。

的探索。国家机器对西部的开发行动持续刺激着社会各界对西部发展问题的讨论，如今，这些讨论已经形成了相当大的规模。在这些讨论中，既有对诸如"国家与市场的关系"、"输血与造血的辩证"等宏观问题的论述，也有对城市化、资源产业、民族关系等具体问题的分析。这些讨论出发点不同，立场不同，得出的结论也有很大差异，然而有一点我们能够在相关讨论的主流言辞中得到确证：因为西部是贫困的、落后的和欠发达的，所以西部发展的路径应该是"开发"。

从社会建构论的视角来看，"开发"不仅仅是一种实然的社会现象，同时也是一种社会话语，体现了特定环境下"西部"与"国家"的关系。这促使我们进一步思考，如果将关于西部发展的言谈作为研究对象，将"西部发展"作为一种社会话语和文化现象来看待，我们或许能够从中得出一些有益的和较为新颖的结论。有学者指出，长期以来，我们对于西部问题的讨论都统摄在一种被称为"东部主义"的思维范式之下，而这种"以东部发展为中心"的思考方式并没有很好地推动西部的发展①。这进一步提醒我们，对"东部主义"范式下"西部话语"的分析，将有助于我们转变西部话语方式，认清当前的西部发展之路，推动西部的进一步发展。

在上述思考的鼓舞下，我们的研究选择了"社会建构论"和"话语理论"作为理论视角，试图以此分析西部话语的实质，并借此进一步思考西部的发展问题。我们的研究内容涉及如下三个方面：

1. 西部话语在不同的历史时期和不同的制度环境下的内涵和外延是什么？它们是否相同？呈现出怎样的变化？

2. 当前的"西部话语"是怎样获得其合法性的？其建构逻辑是什么？

3. 考虑到"如何使西部更好的发展"这一问题，我们应当在"西部话语"中呈现一个什么样的西部？如何实现这样的话语转换？

我们的研究旨在达成如下目的：首先，通过呈现西部话语在各个不同历史时期和制度环境中的不同表现，勾画出西部话语所经历的不连续甚至是相互冲突的变迁，展现当前西部话语的可塑性和建构性；其次，在分析了西部话语同制度环境的关系之后，对当前西部话语获得合法性的方式进

---

① 陈文江、周亚平：《西部问题与东部主义》，《北京工业大学学报》，2010 年第 2 期。

行分析，总结西部话语在获得合法性的过程中所运用的技术化手段，分析西部话语的建构逻辑；最后，在上述研究的基础上思考西部发展的路径问题。

我们对"西部话语"的研究具有较为重要的意义，首先，我们将"西部话语"作为研究对象，反思西部发展的思维方式，有助于增进社会科学在西部发展研究中的"自觉"，扩展社会科学在西部发展研究领域的想象空间；其次，我们对于西部话语的反思将有利于培育社会成员对于西部开发的感受力，使公众对于当前关于西部的知识保持自觉，有助于西部开发主体的形成；最后，本文致力于通过西部话语的研究，探讨西部的发展思路问题，对理解西部发展实践以及西部发展战略的制定和调整具有参考价值。

二 关于西部发展问题的相关研究

社会学对西部发展问题的研究，主要集中在如下几个方面。

1. 西部少数民族发展问题研究

在少数民族社会转型研究方面，刘敏教授通过分析我国少数民族社会的一般特征及其社会发展的结构性障碍，指出少数民族地区社会转型存在四种趋向：首先是差别发展中的转折点趋近趋向，其次是城乡一体化发展趋向，再次是连片滚动趋向，最后是单质突破趋向[①]。王彦斌认为，为了推动少数民族地区的经济发展和社会进步，必须加快这些地区的社会秩序转型，通过确立新的社会秩序，使西部地区适应我国社会经济的新形式[②]；马寿荣以昆明市顺城街回族社区为个案，探讨了西部地区在实施都市化和现代化过程中都市回族社区的转型问题，分析了在现代化过程中西部少数民族应当遵循的传统与现代的辩证关系[③]。

在少数民族的民族认同研究方面，李晓霞分析了新疆维吾尔族的国家认同、民族认同以及宗教认同，通过调查指出，新中国成立以来维吾尔族

---

① 刘敏：《中国少数民族地区社会发展特征与转型》，《社会学研究》，1994 年第 1 期。

② 王彦斌：《论少数民族地区的社会秩序转型》，《中南民族学院学报》，1998 年第 2 期。

③ 马寿荣：《都市回族社区的文化变迁》，《回族研究》，2003 年第 4 期。

的国家认同和民族认同都有所增强，同时宗教对这一民族仍具有很强的影响力，在未来的工作中应该处理好国家认同、民族认同和宗教认同之间的关系，只有这样才能促进新疆的长治久安①；营志翔以甘青交界处的保安族为例分析了我国民族优惠政策对于民族意识的影响，他认为民族优惠政策对于民族意识的强化功能具有"阶层性"，那些有机会享受到民族优惠政策、获得更好的发展机会的社会成员，如少数民族公务员、大学生等，会因此而具有更强的民族意识，而普通农民则认为"做不做保安族没有多大区别"②。除了所列举的研究之外，西部少数民族研究还有少数民族妇女研究、少数民族教育研究、民族关系研究、生活方式研究，等等。

2. 城市问题研究

西部地区发展必然伴随着城市化的发展，社会学在西部城市问题的研究中主要包括如下方面：西部地区城市化的特征、动力、城市社区参与问题、城中村问题、城市安全问题、城市民族关系问题等。孙建丽在研究中指出，西部城市化的发展具有很强的人为拉动性，城市的地域分布和规模结构不够协调，城市发展过程中存在社会文化多元化的趋势③；在西部城市化动力研究领域，刘杰森指出西部地区城市化发展动力存在三个基本点，即政策倾斜的拉力、后发优势的推力以及区域共同发展的合力，对这三个基本点的把握有助于定位西部地区城市化的总体进程④。西部城市社区民族关系研究在这些年较为活跃，城市化和人口流动推动了西部少数民族地区的社会经济发展，也增加了民族间的社会交往，带来了民族关系的问题，在西部大开发的背景下，西部农村少数民族涌入城市，东部地区的汉族人才也来到城市，这就加剧了民族关系问题研究的紧迫性⑤。除上述研究之外，在城中村问题、社区参与问题、城乡二元结构等研究领域，社会学也有大量成果，这些研究共同构成了西部城市问题研究的基本面貌。

---

① 李晓霞：《试析维吾尔民众的国家认同、民族认同与宗教认同》，《北方民族大学学报》，2009 年第 6 期。

② 营志翔：《民族优惠政策与民族意识》，《中南民族大学学报》，2008 年第 1 期。

③ 孙建丽：《西部城市化基本特征分析》，《中国人口、资源与环境》，2000 年第 4 期。

④ 刘杰森：《浅析我国西部地区城市化的发展动力》，《社会学研究》，2001 年第 6 期。

⑤ 马戎：《关于当前中国城市民族关系的几点思考》，《西北民族研究》，2009 年第 1 期。

3. 农村社区研究

社区研究和农村社会学是社会学的传统研究领域，在西部地区，农村社区研究关注的是区域性社会经济发展问题，其关注主题集中于"西部农村面临哪些问题以及如何解决这些问题"，目的在于探讨西部农村如何发展的问题。钱宁认为，在少数民族农村社区发展实践中，应当尊重民族传统文化所蕴含的智慧，用外来知识替代地方性知识的"知识嫁接术"无法解决知识的内生性增长问题，只有将现代科技与地方性知识结合起来，培育当地群众的文化创造力，推动少数民族农村社区内源式发展，才能真正实现西部少数民族农村社区的发展①；王春光认为，西部农村发展面临的不仅是资金问题，还包括社会结构问题，培育社会公共空间对充分挖掘和调动西部农村所拥有的社会文化资源，增强其自主发展能力具有十分重要的作用，因此，从西部农村实际情况出发，加强社会公共空间的培育，对当地的可持续发展具有重要的意义②；丁湘城以一个西部农村社区为个案，研究了社会资本同农村社区发展之间的关系，认为社会资本对农村社区发展具有重要的作用，在此基础上，他结合西方相关理论和自己的调查资料提出了培育农村社会资本的四条可选择路径③。

4. 贫困问题研究

在探讨西部贫困问题及其出路的文献中，很多研究认为这是一个纯经济问题，这种观点直接导致了各种扶贫项目的开展以及大量扶贫资金对西部地区的注入。从社会学的角度来看，上述观点及其引发的扶贫实践是片面的，因为它们忽略了产生西部贫困的深刻的文化根源。在西部，贫困涉及民族关系、社会经济结构和文化结构、宗教信仰、教育等诸多方面，因此，对于西部地区现代化来说，贫困文化是具有深远意义的社会问题④。目前关于贫困的社会学研究，主要分布于贫困的认定和反贫困的制度研究

① 钱宁：《寻求现代知识与传统知识之间的平衡：少数民族农村社区发展中的文化教育问题》，《云南社会科学》，2008 年第 1 期。

② 王春光：《社会公共空间与西部农村的发展》，《贵州财经学院学报》，2003 年第 2 期。

③ 丁湘城：《社会资本与农村社区发展：西部农村个案研究》，《湖南农业大学学报》，2009 年第 2 期。

④ 钱宁：《贫困文化与西部的贫困问题》，《北京青年政治学院学报》，1999 年第 2 期。

两个领域，其中贫困的认定包括贫困概念的界定、贫困的测量和贫困的发生机理三个方面，反贫困的制度研究包括反贫困的目标确立和对策研究①。另外，社会学界还存在一些从社会机制角度对贫困现象进行研究的成果，比如有研究指出，西部农村地区的贫困存在着代际传递的现象，这一现象是西部农村摆脱贫困的重大障碍，只有从制度、政策、经济、社会、教育等多层面出发，才能从根本上遏制"代际传递"现象的产生②。还有一些研究，专门研究了西部特定省份和地区的贫困问题，比如《贵州农村贫困研究》一文指出，贵州省的贫困问题有如下三方面特点：基本生活需求得不到满足、生产经营状态落后低效、社会经济状态无发展，贵州的扶贫工作，必须以增强"造血"能力为重点③。

5. 人口流动与农民工问题研究

改革开放和现代化的发展，带来了人口流动的问题，具体表现就是：农村人口向城市流动、西部人口向东部流动。随着西部大开发的展开，国家大型项目在西部地区开工，西部地区经济开始活跃起来，使西部地区的人口流动变得更加复杂，因此，农民工和人口流动研究在西部发展研究中的地位越来越重要。在此背景下，为了把握西部地区的人口流动状况，出现了一些专门的调查报告，其中比较有代表性的是马戎等人的调查，他们先后发表了《西部六城市流动人口调查综合报告》以及《新疆乌鲁木齐市流动人口的结构特征与就业状况》、《拉萨市流动人口调查报告》等份报告④。农民工问题是人口流动的一个特殊问题，由于西部农村是我国的重要劳务输出地，所以相关研究也十分丰富，这些研究中既有对农民工生存状况及群体特征的描述性研究，又有探究农民工生存困境及其原因的解释性研究，还有探究问题解决机制的对策研究，并且很多时候这三方面的

---

① 包晓霞：《贫困研究综述》，《开发研究》，1999 年第 4 期。

② 陈文江、杨延娜：《西部农村地区贫困代际传递的社会学研究》，《甘肃社会科学》，2010 年第 4 期。

③ 杨胜坤：《贵州农村贫困研究》，《社会学研究》，1990 年第 6 期。

④ 马戎、马雪峰：《西部六城市流动人口综合调查报告》，《西北民族研究》，2007 年第 3 期；马戎、王晓丽、方君雄、韩亚萍：《新疆乌鲁木齐市流动人口的结构特征与就业状况》，《西北民族研究》，2005 年第 3 期；马戎、旦增伦珠：《拉萨市流动人口调查报告》，《西北民族研究》，2006 年第 4 期。

研究是相互结合的①。

6. 环境问题研究

西部地区是我国矿产资源和能源的富集地区，也是自然环境十分脆弱的地区，我国的产业布局是，加工主导型产业集中在东部沿海地区，资源开发型产业分布于西部地区，原料与原料制成品之间价格的"剪刀差"，使西部一直处于较低的发展水平，无力投资环境保护②，这种情况被东部地区指责为"没有长远眼光，不能从大局出发"，而实际上，西部地区已经为东部地区的发展作出了巨大贡献，我们不能一味要求西部单方面作出奉献。这就涉及到了社会学中环境公平的概念，即东西部对于资源占有的不公平以及环境保护负担的不平等③。朱玉坤认为，我国东西部之间的环境公平问题主要表现在如下四个方面：自然环境的不公、环境变迁的不公、区域环境的不公、群体环境的不公，只有切实建立相应的制度保障机制才能改变上述不公平的状况。西部环境问题研究还包括环保意识研究，如王彦斌通过抽样调查研究了滇池流域范围内居民对滇池环境保护的态度及行为特点④。另外，生态移民研究侧重于研究移民的生存状况以及进行生态移民的可行性和有效性等问题⑤。除了上面所列举的研究之外，西部环境问题研究还有退耕还林研究、人口与环境问题研究、环境保护区研究，等等。

7. 西部发展研究的特点

在社会学中，西部发展研究广泛分布于各个分支学科，除上述几个主要方面外，还有宗教问题研究、妇女等弱势群体研究、相关政策评估、贫富差距及社会分层研究、艾滋病调查研究等。这些研究有如下特点：第一，研究领域较为广泛，几乎涵盖了当前中国社会学研究的各个主要领

① 钟瑶奇：《农民工群体生活状态与态度研究：基于重庆的调查分析》，《西部论坛》，2010 年第 4 期；双宝：《内蒙古青年打工群体生存状况调查与研究》，《内蒙古民族大学学报》，2009 年第 2 期；郭虹：《城乡统筹与农民工的城市融入》，《社会科学研究》，2011 年第 6 期；许振明：《甘肃省城市农民工社会保障问题的现实思考》，《开发研究》，2008 年第 6 期。
② 吴映珍：《西北地区生态环境恶化引发的生态伦理问题之思考》，《甘肃农业》，2005 年第 10 期。
③ 洪大用：《当代中国环境公平问题的三种表现》，《江苏社会科学》，2011 年第 3 期。
④ 王彦斌：《滇池环境保护中的个人态度与行为》，《云南社会科学》，2002 年第 1 期。
⑤ 孟琳琳、包智明：生态移民研究综述，《中央民族大学学报》，2004 年第 6 期。

域；第二，研究特色鲜明，对于在西部地区表现突出的少数民族问题、环境问题、贫困问题和农村问题的研究较为丰富和深入；第三，经验研究和理论研究成果都十分丰富；第四，相关研究具有时代特色，能够体现关于西部发展的社会主流观点；第五，随着时代的发展，研究的规范化程度越来越强；最后，还应指出的是，社会学的西部发展研究在取得丰富成果的同时，缺乏对既有研究的总结和反思，对"西部发展"进行整体把握的文献相对较少。

三　研究的理论基础及方法

◆ 理论基础

1. 社会建构论

社会建构论认为，人们通过谈判、协议、比对观点等各种协调方式来理解世界，形成一系列稳定的协调模式和约定，这些约定规定了什么可以接受、什么不可以接受，指导着我们对所属世界的想象。因此，我们所理解的世界并不是"不证自明"的先在之物，而是在社会与社会成员的互动之中产生的。社会现象的建构性恰恰包含在其对实体性的反对之中，认为人类社会并不存在绝对客观的知识，对于任何一种社会现象来说，都存在多种社会建构的可能，社会对某一现象的最终表述是由社会中的关系决定的，这些关系包括国家与公民的关系、精英阶层与普通公众的关系，等等①。

社会中既有的知识体现了特定的权力关系，那些"理所当然的判断"是社会精英阶层生产出来的，体现他们观点和利益的知识，这些知识往往会压制、掩盖处于传统之外、与传统相对的那些判断，从而维系精英阶层对普通公众的控制。为了维护人类的福祉，社会建构论倡导"批判性反思"的方法，这种方法代表了一种理解方式的邀请，意指通过对既有知识的检视和敲打达成对现实的自觉，增强公众对于现实的感受力，促进人类认识的不断进步。

---

① 格根：《语境中的社会建构》，郭慧玲等译，中国人民大学出版社 2010 年版。

2. 话语理论

话语理论挑战了长期以来人们视为理所应当的东西，认为相同的概念在不同的语境之下也有不同的意义，通过对"陈述"的分析，我们可以揭示话语背后所隐含的社会规则和权力关系。该理论设定制度与话语之间存在着紧密的联系，一方面，特定的社会制度生产出与之相匹配的话语；另一方面，享有公共权威的话语通过将社会知识在公众脑海中自然化，维系了社会制度的合法性，塑造了人类的共同生活。

主流话语维系着以特定阶层为中心的秩序，同时也造成了其他弱势群体的边缘化和他者化，社会精英通过向这些群体成员灌输那些有关正常、合法、正确、得体的标准确立了这一秩序赖以稳定连续存在的根基，普通人的生活被编织进了一张权力之网中。

◆ 关键概念

1. 西部话语

西部话语是本文中的核心概念，要想澄清"西部话语"的概念，首先应对西部的概念进行界定。作为一个地理概念，西部地区包括四川、重庆、贵州、云南、西藏、陕西、甘肃、宁夏、青海、新疆、内蒙古、广西12 个省（区、市）和湘鄂西两个民族自治州，它幅员辽阔、资源丰富、风光壮美，当然生存环境相对中国其他地区也更恶劣。作为一个文化上的概念，西部是与东部相对的一个发展区域，是国家在制定发展战略时将其作为一个整体考虑的地区，它常常出现在各类国家规划以及主流媒体的报道之中，并且，通过这些规划和报道，西部形成了自身特有的意义。

福柯认为，话语的生产总是按照特定程序受到控制、挑选、组织和分配，权力在话语生产中起着重要作用，话语名为表意系统，实际上却常常是"强加于事物的暴力"①。话语与话语权相联系，话语权是指说话的资格，统治者通过对这种说话资格的掌握实现权力意志。因此，话语是一种治理技术，是国家用以维护社会秩序的一种手段，话语的生成和运作总是

---

① 王梅君：《"自考生"身份构建的话语研究》，《浙江师范大学学报（社会科学版）》，2010 年第 4 期。

同国家和权力纠结在一起①。我们所说的"西部话语"就是国家和代表国家的专家体系、主流媒体等对西部的再现和描述，是在社会中占统治地位的话语，它包含在政府文件、新闻舆论、学术文献等对西部的谈论之中，简而言之西部话语就是对西部的描述。

2. 制度环境

制度是与一定的生产方式相联系的，是社会政治、经济、文化等制度的总称，它的面貌与特定的社会历史环境相联系。按照外延的大小，制度可以分为三个层次：第一个层次，是社会意识形态方面的规定性，如社会主义制度、资本主义制度等；第二个层次，是社会形态下具体的社会制度，比如政治制度、经济制度、文化制度等；第三个层次，是具体社会制度之下各个工作部门的规则、行为守则以及作为制度固定下来的规划，如国家规划、卫生制度、商业制度、学生守则等②。本文中所说的制度是第二、第三个层面上的制度，所谓制度环境，就是由政治制度、经济制度、文化制度以及一系列国家政策、规划等构成的社会背景，是话语的情境，并且与特定的时代相联系，简而言之，本文的制度环境就是对西部的定位。

◆ 研究框架

如图3.1所示，本文的研究思路如下：

我们将从"西部话语"这一核心概念出发，首先证明其建构性，这是本文第四章所做的工作；之后在此基础上，分析西部话语被建构起来，获得合法性所使用的技术化手段，也就是西部话语的建构逻辑，这是文中第五章所做的主要工作；最后，在前两章的基础上，我们将讨论西部发展的有关问题。

建构性总是与实在性彼此对立，证明西部话语建构性的过程，也就是解构其实在性的过程③。在证明"西部话语的建构性"这一工作中，我们的思路是通过展现西部话语在不同历史时期和制度环境中所表现出来的多变的、不连续的、不稳定的特征，拆解西部话语的实在性，证明我们对西

① 吴猛：《福柯话语理论探要》，复旦大学博士学位论文2003年。
② 王培智：《社会制度》，《理论学刊》，1986年第1期。
③ 格根：《语境中的社会建构》，郭慧玲等译，中国人民大学出版社2010年版。

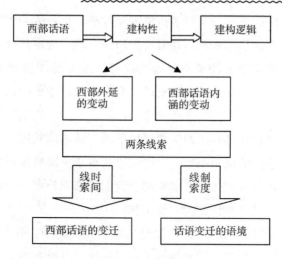

图 3.1 研究框架

部的认识不仅不是不变的真理，而且是与特定制度环境相关联的。

对西部话语的结构主要在如下两个层面展开：首先，证明西部话语所言说的对象——"西部"——外延的不稳定性；其次，证明西部话语的内涵，也就是社会各界对西部的表述，在历史上所表现出来的不稳定性。

在证明西部及西部话语的不稳定性和建构性过程中。我们将遵循如下两条线索：首先是时间的线索，讲述的是西部话语在不同历史时期中的不同表现，是西部话语的变迁；另一条线索是制度的线索，讲述的是不同制度环境下西部话语的呈现，是西部话语的语境。这两条线索相互交织，主要体现在第四章所做的工作中。

◆ **研究方法**

我们拟采用文献研究进行资料的收集和整理。文献是由人们专门建立的、用来传递和储存情报的对象，它包括各种书籍、报刊、档案、图像、文字资料、书面材料等。任何社会文献都是一定社会现实的结果，它本身反映着人们之间的各种关系，反映着人们的需要和利益，并且文献之中承载了大量过去的信息，如果利用其他方法收集资料，这些过去的信息是难以收集到的①。因此，以文献形式记载下来的社会情报，本身就是对社会

---

① 范伟达、范冰：《社会调查研究方法》，复旦大学出版社 2010 年版。

现实的特定反应，对相关文献进行整理和分析，也就成为了社会科学获得信息的一个重要途径，尤其是在对特定历史环境下特定社会现实的呈现方面，文献法有着其他方法所不具备的优势。这种通过整理和分析相关文献，获得对研究对象深入的、历史的、多层次、多方面的认识的方法，就是文献法。

我们的研究旨在考查不同历史环境下西部话语的状况，并在此基础上分析当今西部话语的建构逻辑。由于文献法对于反映特定历史环境中的特定社会现实有着独特的优势，非常契合我们的研究目标，所以，我们选择了文献法作为研究西部话语的一种工具。

我们的研究所选取的文献主要包括如下几种类型：首先是政府文档，包括国家出台的历年西部开发规划、国民经济和社会建设五年规划、领导人讲话等；其次是，媒体资料，报纸等平面媒体以及网络媒体上涉及西部的资料；再次是相关学术著作，包括论述西部的文章和专著；最后，我们还参引了一些建国以前对西部进行描述的历史资料，包括中国古代对西部的理解以及民国时期对西部的解读。

四　西部话语的变迁

在历史文献中，关于西部的说法由来已久，殷商时期有"立大事于西"（《合集》24）的说法，春秋时代有"天道多在西北，南师不时，必无功"（《左转》襄公十八年）的判断，到了汉唐之际，封建帝国立国于西北，史家司马迁这样总结西部的地位："夫作事者必于东南，收功实者常于西北，故禹兴于西羌，汤起于亳，周之王也以丰镐伐殷，秦之帝用雍州兴，汉之兴自蜀汉"（《史记》六国年表），直至两宋时期，我国政治经济中心南移，仍有时人感叹："自古中兴之主，起于西北，则足以据中原而有东南；起于东南，则不能复中原而有西北"（《宋史》李纲列传）①。从这些古代对于西部的描述中，我们大体可以总结出以下两个特点：首先，西部在古代政治中具有十分重要的地位，经略西部对于国家政权的建

---

① 刘乃寅：《何以西北：国史上西北情结的渊源》，载于张海鹏、陈育宁主编《中国历史上的西部开发》，商务印书馆 2007 年版。

立、巩固和兴盛具有十分重要的意义；另外，在古文献中，西部是一个方位名词，常常与东南、中原等地理区位相对应，其所指的区域范围也并不尽相同，在不同的历史时期有不同的人文内涵，古代文献中对西部的描述常常使用"西"、"西方"、"西土"、"西北"这样的概念。

到了民国时期，关于西部的说法就更接近于我们今天所说的西部了。早在民国初期，孙中山就在《实业计划》之中将西北列为全国铁路网建设的重点，并提出垦牧和移民实边的主张。抗日战争的爆发，使西部成为了全国的大后方，国家和社会对西部的热情因此被点燃。1938 年，民国政府拟定了《西南西北工业建设计划》，将四川、云南、贵州和湘西确定为新的工业基地①。1942 年，蒋介石视察陕、甘、宁、青四省时指出："我们西北既有如此广大肥美的土地，复有采之不尽的宝藏，不仅我们一生做不完，就是我们子孙后代，五百年以后，仍是做不完的。但是，我们要求国家能够世世时时生存下去，就必须乘此抗战时机，由我们这代手里建立起千年万世永固不拔的基础。"② 由此可见，民国时期的西部主要包括西北、西南地区，并且西北和西南常常作为两个独立的区域而不是一个整体出现在相关文件之中，许多时候，西部特指西北地区或西南地区，对此，民国时期的一份档案材料《开发西部讲习大纲》有充分的体现，大纲内容如下：

西部各省，面积广阔、蕴藏丰富而人烟稀少，急待移民开发。中央对此已有精密之计划，望各地国民月会和各机关学术会议，即以开发西部为题搜集材料，妥普讲习、积极宣传，以期鼓励人民踊跃移植，兹将讲习内容及宣传要点指示如此。

（甲）讲习内容 一、开发西部目的在于：（1）开阔地利；（2）平均人口密度；（3）充实边防；（4）增加生产；（5）富裕民生。二、西北各省虽多高山，但山间颇多平原，土地肥沃、水草丰美，渠道易于四达、灌溉便利，宜于畜牧及种植。三、西北包括陕西、甘肃、宁夏、青海、新疆五省及绥远一部，总面积约 350 余万平方公里，约占全国面积的 1/3，但

---

① 刘萍：《民国时期的西部开发》，《中国报道》，2009 年第 12 期。

② 蒋介石：《开发西北的方针》，《中央周刊》，1943 年第 27 期，转自张海鹏、陈育宁主编《中国历史上的西部开发》，商务印书馆 2007 年版。

人口总数仅 2100 余万，约占全国人口的 5%，平均每平方公里仅 6 人，急应移民垦殖。四、西北气候虽较寒冽，然平时亦甚温和，且空气干燥，不同于南方各省之早湿，故无疟病之患。五、西北物产甚丰，如煤、油、铁、金均为国防工业之主要资源。它如面粉、水泥、毛织、制革、棉纱、造纸、电汽等工业，亦均有丰富之资源，可资发展。六、我国过去建设，多偏于沿海、东南地区，人口亦多集中于此，西北则较少注意，为使国家建设平衡发展，应即促进西北之建设。七、西北交通虽未十分发达，然公路之干线已通，更将增设支线、加强漕运，此后交通不患阻滞。八、西北乃中华民族发祥之地，亦为中国文化发源之区，民性朴实淳厚，其间虽汉、回杂处，大体尚属相安，此后移民施教，更必趋于融洽。

（乙）宣传要点 一、开发西北之宣传方式，应普遍通俗，以使人民易于了解。二、应尽量阐述西北地利富厚之情形，鼓励人民移植。三、政府开发西北之详尽计划，应按其性质保守相关秘密。四、开发西北应以国家民族之利益为前提，不以个人利害为转移。五、开发西北者应具有艰苦奋斗、独立创业之精神，一心一德贯彻始终，不可存眼前利益之侥幸心理。六、开发西北者应了解总理民族主义真义，破除狭隘种族观念，以亲爱精诚之精神与当地住民及其他民族相融洽，不可歧视或欺侮之。七、移民相互间应发挥互助之精神，彼此团结援助。八、开发西北者除从事建设工作外，应注意发展边疆之教育，提高边疆同胞文化水准。①

　　大纲讲开发西部，但是从讲习内容来看，其主要是讲西北地区的开发，显然已将西部的外延与西北的外延等同了起来。由此可见，在建国之前，西部是一个内涵和外延不断变化的概念，与我们今天所说的西部，无论是在内涵还是在外延上，都存在着较为明显的区别。新中国成立以后，随着统一的国家政权的建立，我们今天所说的西部的地理面貌逐渐形成，但是，我们将在下文中看到，国家对于西部的界定以及关于西部的话语，在建国之后的各个历史时期也存在着较为明显的差异。

（一）建国初期：计划体制下的西部（1949—1978 年）

　　建国初期，为了整合资源、巩固国家政权，在"中央领导的区域制"

---

① 郭忠庆：《从"开发西部讲习大纲"看中国历史上的西部大开发》，《发展》，2010 年第 11 期。

这一制度设计原则指导下，国家形成了"大行政区"的行政区划思路，制定了《大行政区人民委员会组织通则》，1952 年 11 月，东北、华北、西北、中南、华东、西南 6 个中央人民政府行政委员会正式设立，确立了我国 6 大行政区的区域结构①。该制度设计对于之后我国区域政策的制定乃至今天东中西部概念的形成都产生了重大的影响，但这一制度本身并不是"自然而然"存在的，它是国家统筹考虑集权与分权的关系，照顾各方利益，几经波折，通过权力意志得以实现的。②

随着国家政权的巩固，社会主义改造的完成，国家的社会结构、经济结构以及区域结构发生了根本性的改变。在政治制度上，人民民主专政的统一的社会主义国家得以建立；在经济制度上，国营经济一统天下，计划经济体制得以贯彻；在社会制度上，阶级现象得以消除，社会分化程度降低，社会整合度空前提高。

在这样的制度环境下，国家有能力通过计划安排，统筹整个社会生产和资源分配。以当时的工资制度为例，1956 年工资制改革之后，实行了工资区类别制度。国家依据各地的自然条件、物价和生活费用水平、交通以及工资状况，并根据适当照顾重点发展地区和生活条件艰苦地区的原则③，在全国划分了 11 类工资区类别，各类工资区依次比一类工资区标准高 3%，工资区类别越高，工资标准越高，当时北京执行 6 类工资区标准，青海西宁执行 11 类工资区标准，这也就意味着西部地区城市西宁比东部地区城市北京的工资高出 15%。④ 在这种体制下，地区间生活环境和消费水平的差距通过工资的差别得以平衡，为西部艰苦地区吸引人才和留住人才提供了优势，因此也为大规模展开的西部建设创造了较好的制度环境。

---

① 李格：《略论建国初期大行政区的建立》，《党的文献》，1998 年第 5 期。

② 实际上，建国初期大行政区的划分几经变动，刚刚建国的时候，只存在华北和东北人民政府；后来华北改归中央政府直属，国内行政区划分为东北、西北、中南、华东、西南五大区；到 1952 年 11 月，才最终确立华北、东北、西北、中南、华东、西南六大行政区的区域格局。相关详情，请参见李格《略论建国初期大行政区的建立》，《党的文献》，1998 年第 5 期。

③ 黄新原：《1956 年的定级》，《湖北档案》，2004 年第 11 期。

④ 温振英、徐金华：《从 1956 年工资改革管窥建国初期的分配思想》，《企业经济》，2006 年第 7 期；方熙中：《"五点三三类工资区"的来龙去脉》，《中国劳动》，1991 年第 4 期。

1. "一五"建设时期

新中国成立初期的制度设计深受苏联社会主义建设的影响。1920年，苏联制定了第一个国民经济长远计划——俄罗斯电器计划，该计划首次开始对全国进行经济区划和生产力布局，把当时的苏联划分为8个经济区[①]，推动苏联经济实现了跨越式发展。在借鉴苏联建设经验的基础上，20世纪50年代初，我国制定了第一个五年计划，该计划的设计充分体现了均衡发展的原则：在全国各地区适当分布工业生产力，使工业接近于燃料、原料产区以及消费地区，并使工业分布适合于巩固国防的需要，逐步提高落后地区经济水平[②]。在经济建设大规模展开前，西部在制度设计中得到了充分的关照：

> 五年基本建设计划对地区分布作了比较合理的部署，这就是：一方面合理利用东北、上海以及其他城市的工业基础，发挥它们的作用，特别是对以鞍山钢铁联合企业为中心的东北工业基地进行必要的改建，以便迅速扩大生产规模，供应国民经济需要，支援新工业地区的建设；另一方面则积极进行华北、西北、华中等地新工业基地的建设，在西南开始部分工业建设。根据这样的方针，五年内开始建设的限额以上的694个工业建设单位，分布在内地的将有472个，分布在沿海各地的将有220个。为适合工业建设和整个国民经济发展的需要，为把原有工业基地同新工业基地连接起来，五年内对于铁路的建设也作了相应部署。同时，根据这种工业部署方针，我们现在城市建设的任务不是发展沿海大城市，而是在内地发展中小城市，并适当限制大城市的发展。现在，沿海城市有些盲目发展的毛病，是应加以纠正的。[③]

"一五"计划将建设重心向内地和西部进行倾斜，体现了西部在国家

---

① 葛新蓉：《俄罗斯区域经济政策与东部地区经济发展的实证研究》，黑龙江大学博士学位论文2009年。

② 李富春：《关于发展国民经济的第一个五年计划的报告》，《人民日报》，1955年。

③ 同上。

战略布局和制度设计中的重要地位，来自全国各地的建设者响应国家号召奔赴西部，东部地区一大批工厂、院校以及科研单位迁至西部，使本来社会经济十分落后的西部地区成为了国家建设的重点地区，成为了一个有发展前景、能够实现人生理想的地区，西部被描述成为一个有发展前景、可以有一番作为的，充满建设热情和希望的地区。以西安交大内迁为例，政务院总理周恩来这样阐释西北和交大内迁的意义：

> （西北）可以成为乌拉尔，那里有丰富的资源：煤、石油、水利资源、有色金属、包头铁矿、稀有金属，这是有利的；但那个地方交通、水陆公路还较落后，地下资源未勘察，机械工业可以说没有，这些是不利的条件。地形背靠蒙古、苏联，因此，西北是我国建设工业的重点，是必然之势，所以第一个五年计划就重视。
>
> 西南也应成为建设重点，资源丰富，森林茂盛，水力资源、人力丰富，但是交通条件比西北更差，因此不能先西北而后西南……
>
> 交大在西北发展前途广大，如回上海发展有局限性，前途有影响，最大规模6000人（包括研究生），上海不能大搞基建，这是国家方针。交大要受限制，上海工业的协作配合也有局限性，上海新工业不会有大发展，不如西北。[1]

在国家领导人的话语中，西北被形容为中国的"乌拉尔"。乌拉尔地区经济发达、交通便捷，是当时苏联最大的工业基地，直至今天，它仍然是仅次于俄罗斯中央区的第二大经济区，其所创造的社会总产值比北方经济区、西北经济区和伏尔加—维亚特卡经济区所创造的社会总产值的总和还要多[2]。由此可见，虽然当时西部社会经济条件落后，生活条件差，但是，西部的发展前景被形容得十分美好，一个有希望、有前途的地区，必定会成为建设者和人才集聚的地区。1954年7月2日出版的《人民日报》

---

[1] 周恩来：《周恩来总理在国务院召开的交大迁校会议上的讲话》，载于凌安谷等编著《西安交通大学内迁西安史实》，西安交通大学出版社1995年版。

[2] 《乌拉尔经济区_俄罗斯留学_新浪博客》，http：//blog. sina. com. cn/s/blog_ 53f9ccd 6010003r8. ht. . .

这样描述了一个年轻人的理想：

> 郭维林的志愿激发着人们对于草原生活的向往的感情。这个被太阳晒得皮肤黝黑的小伙子选择了兽医。他说他从小就喜欢喂养牲口，那时不管白天黑夜，天晴下雨，每天他总要好多次跑去照管它们。他的美丽的理想就在广阔的大草原里，他说："在祖国遥远的边疆，建立起一个牲畜旺盛的大牧场来，那时我将多么高兴！"[1]

同郭维林一样，在那个时代，许多建设者都是带着对西部最美好的想象以及拓荒者的荣誉感来到西部的，下面这则通讯显示了主流话语对于"到西部去"荣誉感的建构。

光荣的任务——到西北去

"下决心，为祖国的卫生建设事业而奋斗"是每一个赴西北工作同志们的愿望。8 月 29 日的拂晓，我们赴西北的 7 位同志——江西医疗队。在首长们的欢送声中，乘了富有重大意义的专车，离别了可爱的南昌。

在 8 天的旅程中，我们的脚迹，踏遍了江西、湖南、湖北、河南、陕西、甘肃六省，包括著名的城市：株洲、长沙、岳阳、武汉、郑州、洛阳、潼关、西安、宝鸡、天水……，一个个映入了我们的眼帘，异样的风光、崭新的见闻，我们伟大的可爱的祖国，引导着我们，一步步地投向了大西北的怀抱中。

……

现在我们都走上了新的岗位，虽然遇到了风俗习惯和气候语言上的一些困难，但我们是新中国的医务人员，绝不能向困难低头，我们要学习中国人民志愿军抗美援朝的精神，锻炼自己，克服困难，振作起最大的勇气来完成祖国交给我们的光荣任务。[2]

---

① 沈澄如：《每个青年人都有美好的理想》，《人民日报》，1954 年。

② 罗道拴：《光荣的任务——到西北区》，《江西中医药》，1953 年第 2 期。

综上所述，一五建设时期，在均衡战略指导下，国家在制度设计以及计划编制的过程中充分照顾到了西部地区特别是西北的发展，由此而产生的西部话语是：西部是具有发展前景和发展希望的，充满建设热情的地区，有理想的人可以在这里有一番作为，并且到西部去是一件光荣的事情。在这样的话语氛围中，加上国家的指令性计划，一五期间，大量资源流入西部。其中，苏联援建的 156 个项目，有 64 个被布局在了西部地区，它们具体的分布是：内蒙古 5 项，四川省 11 项，云南省 5 项，陕西省 24 项（其中西安市 17 项，是接受项目最多的城市），甘肃省 16 项，新疆 2 项，宁夏 1 项①。

2. 三线建设时期

新中国成立初期，对西部有重大意义的另一个事件是三线建设（1964—1968）。三线建设的提出与当时中国所处的国际环境有着紧密的联系。当时，美国在越南战争中采取了扩大战争的重大步骤，直接威胁中国的安全；在北方，苏联陈兵中国北部边境，中苏关系十分紧张，武装冲突一触即发；在东南沿海，美国驻军台湾，支持国民党武装袭扰大陆；在西南方向，中印双方一直处于军事对峙状态②。

在这样的国际形势下，国家从战略角度对我国的国土结构进行了一次重大调整：将全国划分为前线、中间地带和战略后方，分别简称一线、二线和大三线。一线地区是位于沿海和边疆的省区，如北京、天津、辽宁、黑龙江、吉林、新疆、西藏、内蒙古、山东、江苏、浙江、福建、广东等。二线地区是介于一、三线地区之间的中间地带，如江西、安徽等地区。三线地区最初指除新疆和西藏之外的西南、西北地区以及湘西、鄂西和豫西，这些地区又被称为大三线；70 年代后大三线的范围有所扩大，扩大之后的大三线范围是：四川、贵州、云南、陕西、甘肃、宁夏、青海、河南、湖南、湖北、山西的西部、广东的北部、广西的西北部，涉及 13 个省、区的全部和部分地区③。在国家的战略定位中，大三线是我国的

---

① 李周：《西部大开发与中国的发展》，载于郑易生主编《中国西部减贫与可持续发展》，社会科学文献出版社 2008 年版。

② 王庭科：《三线建设在西部开发的得与失》，载于张海鹏、陈育宁主编《中国历史上的西部大开发》，商务印书馆 2007 年版。

③ 王娟：《青海省"三线"建设述评》，西北师范大学硕士学位论文 2013 年。

战略后方基地，同时，一、二线省、市、自治区也有自己的后方腹地，这些地区被称为"小三线"，是各省、区的后方基地。三线建设中，大三线建设是三线建设的重点，其中，西南又重于西北。

三线建设时期，计划经济体制依然主导着中国的国家建设，在这一大的制度背景下，国家对于三线建设的制度设计主要体现在如下三个方面：国民经济第三个五年计划的制定、西南局三线建设委员会的成立和攀枝花特区的设立。西南三线建设委员会的主要任务是：领导和督促检查基建项目的开展；协调各省市对建设项目的支援；领导和督促检查各省市地方建设项目的进行；三线建委如同有关部委意见相左，报中央解决。由此可见，三线建设委员会的设立，充分体现了三线建设的制度原则，即集中领导、各方协作，以中央主管部为主，负责统一指挥、统一管理，有关各省、市、区和各部门协助进行[1]。第三个五年计划的出台确立了三线地区在全国的地位，为三线建设编织了蓝图。该计划明确提出，第三个五年计划期间要把国防建设放在第一位，加快三线建设，逐步改变工业布局；对于一二三线的区域关系，计划指出，一、二线要充分发挥生产潜力，为三线建设出人、出材料、出技术、出设备，一二三线要互相促进[2]。攀枝花钢铁城的建设是三线建设的重点，1965 年，国家决定设立"攀枝花特区"，纳入计划单列，实行特区统一领导和国家各部委分工负责相结合的体制，从科技、资金、人力和物力上予以充分保证[3]。

在这种制度环境下，三线建设时期所形成的西部话语是："这里得天独厚"[4]、"千军万马大搬迁，好人好马上三线"、"备战备荒为人民"[5]、"不做暖房一朵花，打起背包走天下，建设内地闹革命，什么困难都不怕"[6]。由于在当时的环境下，三线建设是为了备战而进行的，所以关于

---

[1] 中共中央文献研究室编：《中共中央、国务院关于西南三线建设体制问题的决定》，《建国以来重要文献选编》（第二十册），中央文献出版社 1998 年版。

[2] 同上。

[3] 陈东林：《三线建设：备战时期的西部开发》，中央党校出版社 2003 年版。

[4] 邓小平 1965 年 11 月视察攀枝花，审定攀枝花二线建设总体规划，听取冶金部副部长徐驰报告后，他高兴地说："这里得天独厚"。

[5] 陈东林：《三线建设：备战时期的西部开发》，中央党校出版社 2003 年版。

[6] 《上海市工厂企业搬迁工作的情况报告》，1966 年 4 月 27 日，上档：B112—1—736／4，转自李浩《上海三线建设动员工作研究》，华东师范大学硕士学位论文 2010 年。

三线的报道被严格禁止，当年对三线的言说很难寻找，但即使这样，我们也能从上述零碎出现的话语中，看到当年主流话语对于西部的界定：这是国家整体战略中的一个极其重要的地区，参与三线建设对个人来说也是一种荣誉。

三线建设的开展，进一步改变了西部的面貌，到 20 世纪 70 年代末，那里建成了 30 多个工业基地，大批企业建成投产，一批沿海企业迁到西部，西部地区的工业产值平均增长速度一度高于全国平均增长水平①。

（二）改革开放初期：体制改革与非均衡战略下的西部（1978 年—20 世纪 90 年代末）

1. 制度环境

在经历了十年"文化大革命"之后，国家开始反思社会主义建设。20 世纪 70 年代末，国家对我国的国民经济管理体制、资源配置方式、经济发展战略等制度进行了重大调整，这些调整主要表现在如下四个方面：政策目标由追求平衡转向追求效率，实施区域非均衡发展；经济开发的重点地区由内地转向沿海；政策工具由国家预算投资转向投资主体的多样化；调整了中央和地方政府的关系，政策实施除中央政府作用外，更多依靠地方政府积极性，市场调节和配置资源的功能逐步增强②。

改革开放对我国社会制度最重大的改变就是用社会主义市场经济体制代替了过去的计划经济体制，在此基础上，一系列有利于东部地区发展的制度得以确立。从 1979 年开始，国家先后在东部沿海地区设立了深圳、珠海、汕头和厦门 4 个经济特区，开放了大连、秦皇岛、天津、青岛、烟台、连云港、南通、上海、宁波、福州、温州、湛江、广州和北海 14 个沿海开放城市，形成了珠江三角洲、闽南三角洲、长江三角洲、山东半岛、辽东半岛 5 个沿海经济开放区。到 1988 年底，东部沿海形成了经济

---

① 李周：《西部大开发与中国的发展》，载于郑易生主编《中国西部减贫与可持续发展》，社会科学文献出版社 2008 年版。

② 李含琳：《西部开发政策》，甘肃人民出版社 2000 年版。

特区——沿海开放城市及经济技术开发区——沿海开放区，三位一体的多层次、多功能的对外开放格局。

在制度上，国家给予了经济特区、开放城市和开放开发区多方面的优惠：（一）享有较大的经济管理自主权。经济特区自行安排生产计划；在利用外资和引进技术方面，拥有省一级项目审批权限（3000 万美元以下）；允许建立特区外资银行等。开放城市和开放开发区拥有较大的利用外资项目的审批权，可审批国内人员因公出国、外国人员出入境以及办理签证护照等。（二）优惠的税收、费用等待遇。在经济特区，外商独资企业和内联生产性企业的所得税税率为 15%，经营期限在 10 年以上的生产性外商投资企业，从获利年度起，头两年免征所得税，从第三年起，减半征收所得税 3 年。在沿海开放城市老市区的外商投资企业，如果是技术密集型项目，或客商投资 3000 万美元以上、回收期长的项目，或能源、交通、港口建设项目，按 15% 的税率征收所得税。①

从上述优惠政策中可见，改革开放后一系列制度调整，使东部地区获得了充分的发展自主权，在调整后的制度环境中，东部沿海地区可以有效地发挥自主性和能动性，创新管理方式和发展方式。这样，沿海地区在区域经济事务中的决策空间得到扩展，激发了本地区经济建设和扩张的冲动，促成了本地区经济的高速发展。

接下来让我们看看，在制度设计中，西部被定位于哪一个位置。首先看西部在国民经济和社会发展计划中的定位，改革开放之后，"七五"计划对于我国当前区域格局的形成具有重要影响。在此之前，西部地区在国家文件之中常被冠以内地、内陆地区、西北、西南等称呼，其概念的外延在不同语境之中多有不同，而对于西部地区的正式称谓，则开始于"七五"计划时期②。"七五"计划于 1983 年由国务院着手起草，1986 年 3 月

---

① 李宗植、魏立桥、毛生武：《中西部地区发展模式及政策研究》，甘肃人民出版社 1999 年版。

② 陈耀：《国家中西部发展政策研究》，北京：经济管理出版社 2000 年版；杨柏：《我国归类划分东中西部经济已不适应发展要求》，《贵州财经学院学报》，2004 年第 4 期。此一时期三大地带的划分是这样的：东部是包括辽、京、津、冀、鲁、苏、沪、浙、闽、台、粤、琼、桂 13 个省区市，中部包括赣、湘、鄂、皖、豫、晋、黑、吉、蒙 9 个省区，西部是指今陕、甘、宁、青、新、渝、川、贵、云、藏 10 个省市区，下文我们将看到，此一时期，西部的概念仍与西部大开发时期略有不同。

在第六届全国人大四次会议上获准通过，该计划单独列出了一部分共七章谈论我国的"地区布局和地区经济发展政策"问题，它根据经济发展水平和地理位置相结合的原则，把全国划分为东部、中部和西部三大经济地带，明确指出了三大经济地带的发展定位：加速东部沿海地带发展，把能源、原材料建设的重点放到中部地带，积极做好进一步开发西部的准备①。这样，在国家规划中，将东部作为优先发展区域、西部作为待开发区域的区域关系格局被正式确立起来。

2. 重要事件

改革开放初期，体现国家对西部定位的典型事件就是大规模展开的扶贫行动。20世纪80年代中期，国家有针对性的扶贫计划开始实施，"七五"计划标志着这一行动的开始。"七五"计划指出，国家将对老、少、边、穷地区在资金方面进行扶持，组织发达地区和城市对老、少、边、穷地区进行对口支援②，这里的老少边穷地区绝大多数位于中西部地区。到"八七扶贫攻坚计划"，相关文件明确指出：减少对沿海省份贫困县的支持，将扶贫重点进一步放到中西部地区③。到1994年，被国家列为国家级贫困县的592个县中，中西部占了86%，国家每年划拨的40亿元以工代赈资金，有80%安排到了中西部地区④。国家扶贫计划从开始直至今日，都是"将西部作为主战场"⑤。

3. 西部话语

在上述制度环境下，改革开放初期国家关于西部的话语与建国初期相比发生了十分明显的变化。以学术场域为例，下面这两段话显示了西部话语在改革开放初期的变化：

西部"人口素质差"，"抱残守缺"，缺少"从事商品生产和经营

---

① 中国政府网，《中华人民共和国国民经济和社会发展第七个五年计划（摘要）》，ht-tp：//www.sdpc.gov.cn/fzgh/ghwb/gjjh/W020050715581805921895.pdf。

② 同上。

③ 汪三贵、李周、任燕顺：《中国的"八七扶贫攻坚计划"：国家战略及其影响》，上海扶贫大会会议论文2004年。

④ 李含琳：《西部开发政策》，甘肃人民出版社2000年版。

⑤ 中国西部开发网，扶贫始终把西部作为主战场——访扶贫办主任范小建。

的素质"，具体表现就是"创业冲动微弱，易于满足；风险承受能力较低，不能抵御较大困难和挫折，不愿冒险；生产生活中的独立性、主动性较差，有较重的依赖思想和听天由命的观念；难以打破传统和习惯，接受新的生产、生活方式以及大多数新事物、新现象；追求新经历、新体验的精神较差，安于现状，乐于守成"。[1]

（西部）在区位条件方面，地处欧亚深内陆，与各大经济中心城市和经济密集地区距离较远，同时缺乏可用于通航的江河湖海等自然通道。在地形地貌上，或沙漠戈壁、广袤无垠，或高山深峡、崇山峻岭。致使在此建设基础设施，技术难度大、费用高、周期长，各种通道、通讯网的密度和通达能力都很小。再加之长期闭关锁国的政策，在一个相当长的时期里，西部越来越趋向于封闭，关山阻隔、交流阻断、信息闭塞、知识贫乏、意识保守。加之人口数量扩张、素质下降、生态恶化、环境超载，导致人口、资源和生态的关系，科技、经济与社会的发展日益陷入难以自拔的恶性循环之中。估计，对西部地区全面大规模的开发可能是下个世纪的事情，甚至可能是下个世纪二三十年代或三四十年代的事情。[2]

由此可见，改革开放初期，在非均衡发展战略的指导下，在市场经济体制中，国家建构了一系列"重东部，轻西部"的具体制度。这一时期，西部被看成是生产生活很困难，需要国家给予帮助，特别是在物质上给以支持的地区[3]。关于西部的话语可以概括为：西部是一个贫困的、落后的、保守的、封闭的、素质低下的西部，因而西部短期内难以有较大发展。

（三）深化改革开放时期：制度的连续与开发话语的建构（20 世纪 90 年代末至今）

20 世纪末，我国经济经历了近 20 年的快速发展，总体规模已经很大，到 2000 年，中国国内生产总值已达 9.9 万亿人民币，世界排名第 6

---

[1] 王小强、白南风：《富饶的贫困》，四川人民出版社 1986 年版，转自陈文江、周亚平《西部问题与东部主义》，《北京工业大学学报》，2010 年第 2 期。

[2] 朱厚泽：《西部的困局与开发：历史成因与现实图景》，《科技导报》，1996 年第 7 期。

[3] 邓小平语，参见《坚持改革、开放、搞活》，人民出版社 1987 年版，第 13 页。

位。此时的东部沿海地区，产业体系开始由一般项目向高新技术产业转变，经济增长方式逐渐由劳动密集型转向资本密集型，一批具有现代企业制度特征和现代经营管理水平的大型企业集团开始成长起来。与此同时，20世纪90年代，西部的国有企业大量破产、兼并，国有企业职工大量下岗，西部拥有广阔的市场需求空间，却因为经济发展水平和购买力低下而难以开拓，这在很大程度上制约了东南地区产品的内销。东部高速发展，西部缓慢前行，导致了地区间差距的快速拉大，西部被赋予了"欠发达地区"的标签，由此而产生的社会问题也日益凸显。

1. 制度环境

在上述背景下，1999年11月，中共中央、国务院召开中央经济工作会议，提出了实施"西部大开发战略"的设想。随后一系列关于西部大开发的制度得以建立起来。其中，相关政策包括《"十五"西部大开发总体规划》、《西部大开发十一五规划》以及今年刚刚获得国务院批复的《西部大开发"十二五"规划》等；相关机构设置包括西部地区开发领导小组和西部开发办的成立。

西部大开发对七五以来西部概念的外延进行了重新界定，2000年10月，《国务院西部地区开发领导小组第一次会议纪要》正式划定了西部开发的外延，指出西部应按西南、西北10个省（区、市）加上内蒙古、广西两个自治区来界定，包括四川、重庆、云南、贵州、西藏、陕西、甘肃、宁夏、青海、新疆、内蒙古、广西12个省（区、市），此外，对湖南湘西州和湖北恩施州，比照西部开发的相关政策酌情予以照顾，形成了本研究之中"西部"的外延[1]。

需要指出的是，此时西部大开发所处的制度环境，已经与建国初期大有不同。在制度环境上，除了上述开发政策的制定和开发机构的设置外，基础的社会制度并没有发生重大的改变，西部大开发仍然在市场经济的体制下运行，改革开放以来所形成的区域格局仍然没有改变。特别是自20世纪90年代中后期以来，中国的社会格局趋于固化，东西互动方式难于改变，"以东部发展为中心"的区域结构主导着西部大开发[2]。《国民经济

---

[1] 马敏：《西部开发的历史审视》，湖北人民出版社2001年版。

[2] 陈文江、贾双跃：《权力知识视角下的西部特质》，《中国社会学年会论文集》，2011年。

和社会发展第十二个五年计划纲要》在谈到东西部关系的时候，提出要"推进新一轮西部大开发，支持东部地区率先发展"：

坚持把深入实施西部大开发战略放在区域发展总体战略优先位置，给予特殊政策支持。加强基础设施建设，扩大铁路、公路、民航、水运网络，建设一批骨干水利工程和重点水利枢纽，加快推进油气管道和主要输电通道及联网工程。加强生态环境保护，强化地质灾害防治，推进重点生态功能区建设，继续实施重点生态工程，构筑国家生态安全屏障……

发挥东部地区对全国经济发展的重要引领和支撑作用，在更高层次参与国际合作和竞争，在改革开放中先行先试，在转变经济发展方式、调整经济结构和自主创新中走在全国前列。

在上述国家文件对东西部的定位中，可以看出，在现行体制下，东部地区仍然获得了比西部更多的发展的自主权以及发挥能动作用的空间；在国家发展中，它们被赋予"先行先试"的使命；在发展定位上，它们应当在自主创新、转变经济发展方式和调整经济结构中走在全国的前列。相比较而言，西部的发展则被国家定位在加强基础设施建设和加强生态环境保护等方面。显然，制度环境规定了东部发展靠自主创新，西部发展依靠"项目开发"，也就是说，对于东部，国家给政策、给空间，支持它们去试、去闯，而对于西部，国家投资进行基础设施建设、生态环境建设、资源开发，等等。

2. 西部话语

在上述话语情境中，西部大开发期间，"开发"的思路与"扶贫"的思路并没有发生本质的变化，但是在开发话语的统领下，具体的西部话语发生了微妙的变化。

东部多省市对口帮扶西部11省区市
扶贫协作增强西部"造血"能力

浙江省对口帮扶四川省广元、南充两市12个贫困县（市、区）至今已经整整10年。他们坚持"输血"与"造血"相结合，帮扶与合作并举，政府的无偿支援和组织引导企业开展经贸合作双管齐下，为对口地区逐步摆脱贫困，提高发展能力发挥了重要作用。

作为国家围绕扶贫开发所采取的重大战略部署，东西扶贫协作实施 10 年来，东部 15 个发达省市对口帮西部 11 个省区市，通过资金支持、企业合作、人才交流、劳动力转移、技术合作等形式，帮助西部贫困地区解决扶贫开发中的实际问题。截至 2005 年底，东部各省市向西部贫困地区无偿捐资共计 44.4 亿元；安排劳务输出人员 150 万人，人才培训 34 万人次，西部贫困地区共获得劳务收入 82.7 亿元，引进各种科技实用技术 1351 项。东部省市还分别为对口帮扶的西部贫困地区进行了大量的修路、造田等基础设施建设，援建学校 2462 所。①

西部：大开发大发展

从封闭走向开放，西部地区与中东部地区的联系越来越紧密，与世界的联络也日益频繁。新疆的阿拉山口曾经人烟稀少，是世界最大风口，而现在，已经成为全国惟一的公路、铁路、管道运输一类陆路口岸；西部惟一的出海口广西，已经成为中国与东盟链接的前沿阵地……

公共设施、交通状况大为改观，能源工程全面强化。

……西部的能源基础工程正在全面强化。西气东输已成为现实，西电东送也正在进行之中。西部大开发的标志性工程——百色水利枢纽、广西龙滩水电站已建成投产，成为"西电东送"的重要电源补充基地。10 年来，四川新增电力装机容量 1900 万千瓦，紫坪埔电站、二滩电站等大型水电站先后建成。到 2008 年底，全省装机总容量达 3500 万千瓦，目前在建规模也已超过 3000 万千瓦。②

由上述话语可见，此时西部话语的基本假设仍然是"贫困"，这与改革开放初期的西部话语保持了本质上的连续性，但是在主流话语中，西部话语又有微妙的改变，这一微妙的改变主要表现在，话语中更多的增加了开发给西部带来的显著变化，这一改变旨在说明，西部受惠于大开发并且有待于进一步的大开发。对于西部话语中"贫困"、"欠发达"的假设，

---

① 顾仲阳：《扶贫协作增强西部"造血"能力》，《人民日报》，2006 年。

② 谢卫群、魏贺、胡洪江：《西部：大开发大发展》，《人民日报》，2009 年。

学术场域中大量存在的"西部欠发达地区研究"和"西部贫困地区研究"也是其很好的证明。在国家文件中，也能找到类似的证据：

西部地区与其他地区特别是发达地区发展差距还在扩大。基础设施依然滞后，尤其是西南地区交通条件有待改善，西北地区水资源严重缺乏。生态环境建设任务十分繁重，限制开发区域和禁止开发区域占国土面积比重高，生态补偿机制还不健全。自我发展能力特别是技术创新能力不足，产业结构不合理，产业链条不长，影响资源优势转化为经济优势。"三农"问题和城乡就业矛盾尤为突出，扶贫开发工作十分艰巨。基本公共服务水平偏低，人才不足和人才流失现象严重。西部地区幅员辽阔，人口分散，承担着守土戍边的重任，进行社会管理和公共服务的行政成本很高。改革攻坚难度大，国有企业改革滞后，非公有制经济发展缓慢，实际利用外商直接投资比重仅占全国的3%左右，发展观念和体制机制还不适应市场经济的要求。实施西部大开发在资金投入、人才开发、法制保障等方面的长效机制还不完善。①

由此可见，开发话语实质上延续了扶贫话语对于"贫困、落后、欠发达"的建构，渲染了项目建设和开发的成就，但是并没有构建出一个制度上充满活力和创造力、有利于创业和发展的话语氛围，因此也就不能有效地调动西部发展的主动性、积极性，不能形成吸引人才和资源主动流入西部的话语氛围。在人们的想象中，西部还是一个需要国家和东部发达地区帮扶的对象，只不过这种帮扶以"开发"的形式呈现在了人们的眼前。

（四）制度环境与西部话语的生产

在当代中国社会，对西部"贫穷"、"落后"、"欠发达"的界定几乎成为了一个社会公理为各界所接受，并且在这一界定背后隐藏着一系列诸如"封闭"、"保守"、"素质低下"等歧视性话语。所以，西部地区要实现发展，摆脱现状，单单靠开发是不够的，社会各界应该首先在理念上改变对西部的认知。这就要求既有西部概念的转换和西部话语的改变：一个以开放的、勇于改革创新、富于创造力的、充满活力的姿态呈现在人们眼

① 国家发改委，《西部大开发十一五规划》，http://wenku.baidu.com/view/5bd677d97f1922791688e8c8.html。

前的西部，才是一个充满希望、具有吸引力的西部，这样的西部才是具有发展自信和发展自觉的西部。

如果以"公理的思维"来看待西部，那么西部话语对西部的呈现并没有什么问题，甚至我们可以找出很多的事实来支持这样的话语。但是，通过前面的研究，我们发现，"公理性思维"是一种典型的去脉络化的话语方式，当我们把西部话语放回到它产生的语境中去的时候，西部话语远非那么的自然而然和不证自明。在不同的历史时期，国家政策不同、制度不同，社会中的西部话语也呈现出明显的差异，西部话语是不断变动和发展的，就连当前西部概念的外延也不是一蹴而就的，而是几经变化形成的。

1. 西部概念外延的变动

中国古代有"西土"、"西方"、"西北"的概念，这些概念表达含糊，与今天西部的范围相差很大；到了民国时期，习惯上将西部称为西北或西南，这一地区在抗战时期被作为战略后方来经营。新中国成立以后大行政区的区域制度设计，划定了东北、华北、西北、中南、华东、西南6大行政区，大体勾勒出了今天西部的范围；由于国家领导人对国际环境和发生战争可能性的判断，三线建设进一步调整了国家的区域格局，大三线的范围已经十分接近今天西部的范围。

需要指出的是，在"七五"计划之前，国家尚未形成对西部的正式称谓，西部在国家文件中多以内地、内陆地区、西北、西南等称谓指代，而这些概念的外延与西部又是有区别的。直到"七五"计划时期（1986—1990），国家才正式使用"西部"的概念。可见，"西部"是一个很年轻的概念，是国家为了调整社会经济发展的区域关系而形成的一个概念，其中包含着经济体制和国家发展战略的转变。西部大开发时期，针对待开发地区的社会经济情况，国家对西部概念的外延进行了略微的调整，在"七五"计划时期划定的西部范围的基础上，增加了内蒙古、广西两个自治区以及湘西、鄂西两个地区。

由此可见，不仅当前的西部话语不是不证自明的，就连"西部"的提法也是经历了很长的历史时间，到"七五"计划时期才正式提出的。

2. 西部话语的变动

研究发现，西部话语的变迁与特定的制度环境有着密切的联系，在各个历史时期，西部话语与制度环境总是在互动中相互匹配、相互适应的。下表显示了西部话语同制度环境的关系。

表 4.1　　　　　　　　　制度环境与西部话语

历史时期	重要事件	制度表现形式	西部话语
建国初期	一五建设	计划经济体制、国家分配资源、均衡发展战略、《国民经济和社会发展第一个五年计划》	西部是有发展前景、有希望、充满建设热情的西部；到西部去可以成就事业，是光荣的
建国初期	三线建设	计划经济体制、国家分配资源、战备制度、《国民经济和社会发展第三个五年计划》、西南局三线建设委员会、攀枝花特区	西部是国家的战略后方、具有重要的战略地位；参加三线建设是个人的荣誉
改革开放初期	扶贫工作	社会主义市场经济体制、非均衡发展战略、"经济特区—沿海开放城市及经济技术开发区—沿海开放区"的开放格局、《国民经济和社会发展第七个五年计划》、《八七扶贫攻坚计划》	西部是贫困的、落后的、保守的、封闭的、素质低下的待开发区域，短期内难以有较大发展
深化改革时期	西部大开发	社会主义市场经济体制、旧有的区域格局、历次西部大开发规划、西部开发领导小组、西部开发办	西部是落后和欠发达的，是需要国家开发、需要东部帮助的，国家对西部的开发和帮助极大地改变了西部的面貌

从表4.1中我们可以看出，新中国成立以来，在不同的制度环境下，西部话语经历了不连续的甚至是相互冲突的变化。"一五"时期，西部地区虽然在经济数字上严重落后于东部，但是在计划经济体制下，国家制定了均衡发展的战略，国家作为资源分配的唯一主体，可以通过控制资源的流向，推动

西部地区的发展。这个时候，西部被建构成一个有发展前景、有希望并且充满建设热情的西部，同时西部话语建构了一种到西部去的光荣感，其所呈现的西部是可以建功立业的西部。三线建设时期，我国虽然仍处于计划经济体制之下，但是，情况发生了微妙的变化，这一时期，由于国际环境的变化，国家领导人形成了可能发生大规模战争的判断，提出了建设三线的计划，形成了特殊时期的战备体制，因此，这一时期的西部被建构成具有重要的战略地位的西部，"好人好马上三线"，参加三线建设的人员都要上查三代，在此时的话语中，参加三线建设仍有荣誉的标签在里面。

改革开放之后，社会制度发生了重大的变化，市场经济代替了以往的指令性计划，非均衡性发展战略代替了均衡发展战略。为了支持东部沿海地区优先发展，国家设立了经济特区、沿海开放城市、经济技术开发区和沿海开放区，在政策上对这些地区给予特殊支持，激发了它们发展的主动性和发展的潜力，促进了东部地区的快速发展。与此同时，西部地区在国家战略中被定位为待开发地区，国家以西部地区为"主要战场"开展了大规模的扶贫行动。在这一时期的西部话语里，西部是贫困的、落后的、保守的、封闭的、素质低下的待开发区域，并且短期内难以有较大发展。在改革开放取得阶段性成果之后，面对日益扩大的东西部差距，同时面对扩大内需、产业升级等发展瓶颈，国家做出了西部大开发的决定。西部大开发的制度背景并没有发生根本性的变化，西部大开发仍然在市场经济体制下进行，特别是改革开放以来所形成的东西部关系格局并没有因为西部大开发政策的出台而发生改变，国家为西部大开发所做的制度调整，仅限于开发领导机构的设立和开发规划的编制等具体领域，并且开发经常被理解为国家投资进行大规模的项目建设。这就导致了开发过程中西部主体意识的淡薄，将开发话语建立在"落后"和"欠发达"的隐喻之上。所以，此时的西部话语是一种开发话语，认为西部是落后和欠发达的，是需要国家开发、需要东部帮助的，国家对西部的开发和帮助极大地改变了西部的面貌。

综上所述，在历史进程中，西部话语不是一成不变的，它总是嵌入在特定的历史环境和制度环境之中，随着制度环境的变动而变动，因此西部话语是特定环境下社会建构的产物。我们今天所理解的西部，是与市场化改革以及国家对东中西部关系的定位有着密切的联系的。如果在目前的体制环境和东西部关系格局中去谈论西部，那么对西部"贫困"、"落后"等一系列呈现都具有一定的合理性。但是，西部要发展、要改变，西部话语所呈现的西部不可能一直是当前所描绘的样子。当西部在西部话语中成为一个有希望、有前景、有发展空间的西部的时候，西部就会吸引到投资而不是依靠国家投资，会吸引到人才而不是依靠国家引导人才去西部"支边"。

这就要求整个社会对西部话语进行反思，创造有利于形成积极的西部话语的制度环境，构建西部发展的主体，增强西部发展的主动性，为西部创造一个发展积极性高、创造力强、不受既得利益者掣肘的发展环境，只有这样，西部才能实现真正的发展，才能改变当前东西部差距日益拉大的格局。

五　西部话语的建构逻辑

前文中，我们已经通过研究指出了西部话语的建构性。但是任何话语都不是一经产生就为社会所认可、获得统治地位的，即使是占统治地位的话语也要经过社会的认可和同意，要经过一定的过程才能获得统治地位。要改变当前对西部的歧视性话语，除了对制度环境的改变之外，还应当厘清当前西部话语是怎样获得合法性的。那么，我们接下来的问题就是，当前被建构起来的西部话语通过怎样的方式获得了社会的同意，它又是以什么样的逻辑获得其存在的合法性基础的？

（一）制度化："西部"的生产和定位

无论从内涵上还是从外延上说，西部概念都具有较强的可塑性并受到社会的影响。从内涵上说，西部话语对西部的呈现几经变动；从外延上说，西部的范围在各个历史时期也不尽相同。西部概念的这种可塑性和受社会影响的特征，决定了我们可以通过某种方式将西部纳入社会秩序之中，这一过程就是制度化的过程。

今天，我们一提到西部就会想象到相应的地理区域和特定的形象，这是因为，所有这些都已经成为客观的知识，被固定在社会之中，是西部概念在社会之中的"定型化"[①]。在西部话语中，要想对西部进行再现，就应当首先创造出西部的基本面貌，也就是我们言说的对象。

---

① 伯格、卢克曼：《现实的社会建构》，汪涌译，北京大学出版社2009年版。

西部的面貌首先是通过国家经济地理区划的方式形成的。建国初期，国家确定了 6 大行政区划，其中西北、西南属于今天意义上的西部，在建国初期 6 大行政区的基础上，西部的范围又经历了大三线、"七五" 计划时期两次变动，最终，西部大开发的提出确立了今天西部的范围；在东、中、西部三大地带的划分中，包含着国家对三个地区的定位：东部地区优先发展，中部地区重点发展能源、原材料建设，西部地区做好待开发的准备[①]。通过上述方式，国家在内涵和外延上对西部作出了规定，将西部纳入到社会秩序之中，实现了西部在国家区域格局中的定位以及在社会中的定型化，划定了言说西部的范畴，每当我们提及西部的时候，它总是以某种固定的形象呈现在我们的脑海。

但是，制度化的过程也不是一经设计就为社会所认同而获得合法性的，它总是伴随着解释的过程[②]。在西部话语的生产中，西部的制度化过程还伴随着解释与证明西部何以如此的过程。接下来，我们将呈现这种解释和证明的方式。

（二）创造可见性：建立西部的表征体系

西部话语的言说对象（西部）被建构起来之后，生产出令公众信服的关于西部的知识，建构起公众认为合理的知觉场，成为西部话语获得合法性的重要节点。作为感知西部的知觉系统，西部的表征体系遵循了客观主义的生产方式，通过分类和指标化的方式建构了描述和感知西部的标准。

我们在国务院西部开发办网站——中国西部开发网，找到了一组旨在呈现西部状况的指标：城镇居民家庭人均可支配收入增长率、农村居民人均纯收入、农村居民人均纯收入增长率、年末城乡居民储蓄余额、年底总人口、预算内财政支出、预算内财政收入、第三产业增加值、第二产业增加值、第一产业增加值、农林牧渔业总产值。所有这些指标，都可以量化为相应的统计数据，因此，通过这一指标体系呈现出来的西部，容易给人以直观和客观的印象。在西部话语中，存在着大量类似的指标体系，通过

---

① 胡东莉：《新中国三代领导人关于西部开发战略思想与实践的比较研究》，河南大学硕士学位论文 2007 年。

② 伯格、卢克曼：《现实的社会建构》，汪涌译，北京大学出版社 2009 年版。

对主观判断的排斥和对客观化的追求，这类指标体系往往被贴上"科学"的标签，为社会公众所易于接受。

在"通过数字可见"的西部表征体系中，在"经过科学确定的西部状况"这一话语前提下，西部话语对西部的呈现被建构为真实的、客观的。比如，在表达"开发"对于西部的重要性时，有人采用了西部地区"全社会固定资产投资"这一指标作为言说的尺度：

表 5.1　　　　2000—2008 年西部地区全社会固定资产投资（亿元）

地区	2000年	2001年	2002年	2003年	2004年	2005年	2006年	2007年	2008年	平均增长
内蒙古	423.6	503.6	707.9	1174.7	1788.0	2643.6	3363.2	4372.9	5475.4	39.6
广西	583.3	655.6	750.3	921.3	1236.5	1661.2	2198.7	2939.7	3756.4	24.5
重庆	572.6	697.0	899.3	1161.5	1537.0	1933.2	2407.4	3127.7	3979.6	27.3
四川	1418.0	1617.5	1902.7	2336.3	2818.4	3595.2	4412.9	5639.8	7127.8	21.1
贵州	397.0	536.0	633.0	748.1	865.2	998.3	1197.4	1488.8	1864.5	21.3
云南	684.0	738.5	814.6	1000.1	1291.5	1777.6	2208.6	2759.0	3435.9	20.8
西藏	64.1	83.3	106.6	134.0	162.4	181.4	231.1	270.3	309.9	23.4
陕西	653.7	773.4	915.3	1200.7	1508.9	1882.2	2480.7	3415.0	4614.4	25.8
甘肃	395.4	460.4	526.2	619.8	733.9	870.4	1022.6	1304.2	1712.8	18.3
青海	151.1	196.4	234.2	255.6	289.2	329.8	408.5	482.8	583.2	18.4
宁夏	157.5	191.1	227.0	318.0	376.2	443.5	498.7	599.8	828.9	22.4
新疆	610.4	706.0	800.1	973.4	1147.1	1339.1	1567.1	1850.8	2260.0	17.2
西部	6111	7159	8515	10844	13754	17645	21997	28251	35949	23.9

转自李纲主编《2010 中国地区经济监测报告》，中国统计出版社 2010 年版。

通过上述数据的客观化呈现，作者可以很自然地生产出下面的西部话语：十年来，西部大开发进展顺利，实现了大发展、大跨越，西部大开发期间，西部地区固定资产投资快速增长，一大批重点建设项目建成投产，基础设施建设得到强化，经济增长后劲明显增强①。

上述结论及其隐含的开发话语在可见的表征体系支撑下，可以顺利通过公众的审视，获得公众的同意，进而获得合法性。这显示了西部表征体系在建构西部话语时的重要性和有效性。然而，这种以创建可见性为目标、以客观化和科学化为方法的西部表征体系，在建构的过程中往往抽离了西部所处的制度环境和历史背景，话语中所呈现出来的西部，往往与话语生产者所选择的指标、所构建的表征体系具有密切的联系。这样，西部表征体系的确定就成为了一个权力问题，也就是说，在言说西部的时候，谁具有确定言说标准的资格、谁具有制定西部表征体系的能力，对于西部在话语中的呈现具有重要影响。

所以，在现有的以 GDP 为主要指标的西部表征体系中，我们所感知到的西部只能是贫困的、落后的，是需要国家开发、需要东部帮助的，并且国家对西部的开发和帮助极大地改变了西部的面貌。

（三）发现异常：贫困的表达和问题化

以 GDP 为主要指标的西部表征体系建构了我们感知西部的知觉场。在这一体系中，贫困被作为西部的一个问题提了出来。持有技术论观点的人们带着医生的视角去检视西部的问题，当一系列有关贫困线标准、人均收入、生产总值、贫困发生率的数据进入我们视野的时候，西部成为了社会话语中的贫困地区。

西部话语对西部贫困的刻画往往伴随着对文盲率、医疗卫生条件、人均寿命、人口出生率、死亡率等指标的描述。比如，有作者在描述西部地区贫困村的特征时这样写道：

> 贫困人口大多数居住分散、偏僻，办学条件差，教育设施落后，加之贫困户生活困难，无力支持子女上学，适龄儿童失学、辍学率较高，其中女童平均辍学率 12.5%，且青壮年文盲率比重偏大……医

---

① 李纲主编：《2010 中国地区经济监测报告》，中国统计出版社 2010 年版。

疗条件差，卫生诊所设备简陋，缺医少药严重，并且还有很多贫困村没有卫生室和医疗保健人员，妇女长期患病率平均高达 20%。[①]

通过这样表征体系建构起来的西部话语，人均收入低、贫困发生率高，2006 年西部地区不能解决温饱问题的绝对贫困人口 1421 万，占全国总数的 60.1%；同时，相较东部地区而言，西部地区文盲率、患病率高，医疗条件差，人均寿命短。显然，以这样的话语体系来看，一个温饱、医疗、教育都成问题的地区，必然是一个脆弱的、多病的地区。那么，在处理西部问题时，我们首先应该做的就应当是改善西部的贫困状况，为西部提供教育、医疗以及基础设施的帮助，只有把这些问题解决了，才能考虑西部的进一步发展问题。

在此，我们并不是要说明扶贫没有必要，我们所展现的恰恰是，西部话语通过对贫困话语的渲染，造成了贫困话语主导了社会各界对西部的言说。从普通人的视角来看，一个依靠"扶贫"发展的地区不可能实现质的变化和跨越式的发展，因此是没有希望的。西部话语过分强调西部落后的、需要国家帮助和开发的一面，而掩盖了对发展话语的强调，贫困的问题化使西部被建构成一个缺乏发展能力、不具备发展基础的地区。显然，这样的话语氛围不利于西部的发展，反倒是扶贫工作有可能会因此而获得进一步的"生命力"。

（四）描述的简单化

贫困话语之所以主导了社会对西部的言说，很重要的原因是话语在呈现西部的过程中采用了简单化的方式。指标化和可见化的西部表征体系能以客观的形式呈现西部，容易为公众所接受，但是在指标的选择过程中，往往出现简单化的问题：仅仅以某一个方面的指标来呈现西部，忽略西部处境的复杂性，脱离指标所反映问题的语境。

在当前"数字出政绩"的社会氛围中，描述西部的主要指标是生产总值、人均收入等经济指标，仅仅依靠这些指标就给西部做出了贫困的诊断，使西部背负着贫困的标签发展，争取援助成为了发展的思维，甚至

---

① 李小云等：《中国农村贫困状况报告》，《中国农业大学学报》，2004 年第 1 期。

"贫困县"的标签也成为地方政府争抢的对象。大规模的扶贫和开发成为国家改变西部现状的社会工程，但是东西部差距却在我国区域格局中呈现出超稳定结构①。

嵌入于中国制度环境和社会结构中的复杂的西部往往被简化为具有某一单一特点（比如"欠发达"、"落后"、"贫困"）的西部，因此对西部贫困的解释也极容易被言说为是由于西部的内在品质而导致的贫困。并且，这种归咎往往是通过关注某些特定地区来实现的，这些特定地区包括西部的贫困村、贫困县等。当媒体用一个生活极度贫困甚至连饮用水都不能解决的村庄来呈现西部的时候，西部在公众中的形象无论如何也不可能变成具有发展前景和充满活力的西部。

综上所述，西部话语对西部描述的简单化表现在指标选取的简单化、特征界定的简单化以及用个别极端的案例展现西部整体面貌。一个地域广阔、文化多样、情况复杂的西部，一个嵌入于中国社会结构和制度环境中的西部，被以这种简化的方式转译为他者的知识，西部的利益也随之成为操控在别人手中的东西，西部经验被掩盖、西部发展主体因此沉睡，西部因而成为一个缺少发展主体、缺乏发展自觉的西部。

（五）"救赎"的隐喻

造成西部缺乏发展自信和发展主动性的原因还包括，西部话语对西部"弱者"身份的建构：一个缺乏发展能力的地区无疑是需要外界予以帮助的，只有通过外界的开发和帮助才能实现西部的发展。下面，我们截取了2006年中石油社会责任报告中的一部分，显示了相关话语对西部弱势身份的建构以及中石油作为"拯救者"进入西部的姿态。

> 长庆油田发展促进当地经济腾飞。长庆油田分公司所处鄂尔多斯盆地45个县（旗），长期以来经济欠发达。长庆油田分公司支援地方公益事业、社区建设和绿化，在油田快速发展的带动和支持下，地方经济迅速崛起。延安、榆林、鄂尔多斯3市年财政收入已突破人民

---

① 林凌、刘世庆：《西部大开发的进展、经验与前景》，载郑易生主编《中国西部减贫与可持续发展》，社会科学文献出版社2008年版。

币 150 亿元，庆阳市财政收入在甘肃省排位快速上升。[①]

弱者的暗喻是救赎话语中不可缺少的一部分，从一个侧面为开发西部提供了合法性。从相关话语中我们可以看到，鄂尔多斯地区长期以来经济欠发达，是中石油的进入改变了当地的面貌，在这一话语的深层逻辑之中，是中石油对当地的付出和给予才帮助当地改变了贫困的状况。这其中包含着一种信念，它相信有一条正确的道路，那就是开发，只有通过开发、通过创造条件让相关开发机器进入当地，才能让当地发生迅速改变。

而事实上，促使当地发生改变的是"石油"（当地自己的资源）而非"中石油"。2007 年，油价已经高达每桶 90 美元，而中石油为此支付的资源费却仅仅有：0.25—0.5 美元的"资源税"、销售额 1% 的"矿产补偿费"、每桶售价 40 美元以上部分 20%—40% 的"石油特别收益金"，以及可以称得上是象征性的"探矿权"（每平方公里每年收 100 元）和"采矿许可权"（每平方公里每年收 1000 元）。中石油旗下重镇大庆油田 2006 年每桶开采成本仅 6.86 美元，这在国内还属于偏高水平，中石油开采成本之低，正是建筑在这种几乎免费的资源付费上[②]。开发机器从当地获得低廉的资源开采权之后，获得高额利润，而此时它们不以"感恩"和"回馈"的姿态出现在当地人面前，反而在话语中被建构成救赎者的身份，造成了开发机器和地方"救赎者—弱者"关系的形成，在这样的关系结构中，西部要想寻找发展的自信和发展的自觉几乎是不可能的。

六　西部话语与发展

（一）西部话语的建构性

通过研究，我们发现，西部是一个具有可塑性的言说对象，这种可塑性是西部话语被建构的前提。我们说当前关于西部的知识是被建构的，这种建构性表现在如下几个方面：

---

① 中国石油天然气股份有限公司，《2006 社会责任报告》，http://wenku.baidu.com/view/bf99b14ffe4733687e21aa83.html。

② 陈涛：《中石油：老大是怎么当上的》，《南方周末》，2007 年第 20 版。

第一，我们今天所使用的"西部"概念，是在特定的历史时期出现的较为年轻的概念。"西部"成为广为言说的对象开始于"七五"计划时期，与这一时期所确定的区域非均衡发展战略有着密切的联系。从这一个层面上来讲，"西部"是国家调整区域经济结构所生产出来的概念，没有国家区域政策的改变，就没有我们今天意义上的西部。

第二，"西部"所指的范围在历史上也处于不断变动的状态。中国古代有"西方"、"西土"等模糊的表达。新中国成立之后建立了大行政区制度，划定了西南和西北的范围，西南地区包括云南省、贵州省、四川省、重庆市、西藏自治区五个省市自治区，西北地区包括新疆维吾尔自治区、青海省、甘肃省、宁夏回族自治区、陕西省五个省自治区，西南、西北的范围后来成为西部大开发所划定的西部的主体。20世纪60、70年代，在战备体制下，国家将国土划分为三线，其中三线地区包含了除新疆和西藏之外的西部主要地区。"七五"计划时期，"西部"正式成为普遍言说的对象，但是那时的西部所指代的地区同今天也有所不同：西部大开发之前的"西部"不包含内蒙古、广西两个自治区以及湘西、鄂西两个地区。西部大开发战略提出之后，国家综合考虑各地区社会经济发展水平，划定了今天西部地区的范围。因此，西部范围的形成经历了一定的历史时期，根据各个时期情况的不同，国家所划定的西部的范围也有所不同，西部范围的确定深受国家政策的影响。

第三，西部话语对西部的呈现也是随着制度环境的变化而变化的。从计划体制和均衡战略下，"一五"时期"充满发展前景"的西部，到战备体制下，三线建设时期"具有重要战略地位"的西部，再到市场经济体制下，改革开放初期作为"待开发地区"的西部，以及今天开发话语中"贫困、欠发达"的西部，西部话语对西部的呈现经历了不连续的甚至是相互冲突的变化。可见，我们对西部的表达并不是那样的自然而然，而是与特定的制度环境有着密切的联系，随着制度环境的变化而变化。

(二) 西部话语的建构逻辑

"西部"虽然具有可塑性，但是西部话语也不是一经产生就获得合法性的，而是需要一个社会同意的过程。西部话语获得合法性运用了如下几方面的建构逻辑：

首先是制度化，即明确西部的发展定位，将这一发展定位作为知识传输给社会公众。

其次是建立可见的西部表征体系，即对西部的呈现指标化、标准化。

再次是将贫困问题化，即通过可视化表征体系将西部描述为一个经济发展水平低、缺乏发展能力的脆弱、多病的地区，建构起西部的弱者身份。

另外还有描述的简单化，即通过指标选取的简单化、特征界定的简单化以及用个别极端的案例展现西部整体面貌等方式，将一个地域广阔、文化多样并且嵌入于中国社会结构和制度环境中的西部，描述成为"贫困、欠发达"的西部。

最后还包括"救赎"的隐喻，也就是开发机器以一种傲慢、优越的姿态进入西部，获取效益，而西部被建构成一个"受到帮助"的地区，与开发机器形成了一种"救赎者—弱者"的关系。

（三）讨论：制度建设、话语转换与西部发展

随着西部大开发的深入进行，对西部地区发展问题的讨论已经成为我国社会中的热门话题，这些讨论包括西部资源产业的建构、外资的引进、城市群的形成，等等。但是我们发现，这些讨论绝大部分仍在现有的区域关系结构内进行，仍然停留在西部大开发之前的话语框架之内，讨论的前提往往是西部作为"弱者"的存在。

有学者指出，西部的落后，本质上源于改革开放以来形成的"东部主义"的发展思路，这是一种以空间置换时间的现代化，是在制度设计中充分体现东部优先的思维方式。改革开放初期它促进了东部的快速发展，而时至今日，继续沿用这种发展思维，将不利于西部发展和中国社会现代化①。我们认为，要改变这种思维方式，首先需要改变既有的西部话语，在呈现西部的问题上转换话语，抛弃以往话语中对西部缺乏发展前景和发展能力的表达，呈现出一个拥有发展能力、具有发展前景、充满发展希望的西部，只有在这样的话语氛围中，人才和资本等资源才会主动流向

---

① 陈文江、周亚平：《西部问题与"东部主义"——一种基于"依附理论"的分析视角》，《北京工业大学学报》，2010 年第 2 期。

西部，而不是依靠国家的支援。

　　建构一个有利于西部发展的话语氛围，也是激发西部发展主动性和积极性、形成西部发展主体的需要。长期以来，西部话语对西部"弱者"身份的建构以及伴随着"开发"而来的救赎隐喻使西部在发展中缺乏发展的尊严和发展的自信。我们认为，只有打破这种对西部"弱者"地位的建构，才能真正唤醒西部发展的自觉，形成西部发展的主体，最终推动西部内涵式发展。

　　研究指出，西部话语具有建构性，同其所处的制度环境有着内在的联系。因此，要改变当前西部话语对西部的呈现，首先应指出西部话语建构的逻辑，使公众对当前的西部话语拥有感受力，了解其建构性，而不是将其当成不可改变的公理去看待。另外，还应在制度环境上进行调整，在政策上给予西部创新自身发展模式的空间，创造一个有利于激发西部发展能动性和积极性、有利于增强西部发展能力的制度环境。综上所述，我们认为，只有通过对当前西部话语的解构和转换，对西部发展制度环境的调整和改善，才能使西部在市场经济体制下实现真正的发展，才能真正缩小东西部差距，改变已经趋于固化的东西部关系格局，最终实现共同富裕和中国社会的现代化。

西部问题与"东部主义"

——一种基于"依附理论"的分析视角

1917 年 7 月 20 日，《每周评论》第 31 期上发表了中国近代思想名家胡适先生题为《多研究些问题，少谈些"主义"》的文章。这位启蒙运动的先驱提倡从具体的问题出发，通过对具体问题的研究提出解决问题的假设和方案并进行检验，进而提炼有价值的思想。他反对空谈从外国"引进"的某一种"理论"或"主义"而忽视解决具体问题的研究方法，认为空谈"主义"并不困难，但对于解决社会问题"既没有用处，也很危险"。同年 8 月 17 日，另一位近代思想名家李大钊在《每周评论》第 35 期上发表了《再论问题与主义》，对胡适的文章做出了回应。李大钊指出，必须有一个根本的解决，才有把一个一个的具体问题都解决了的希望。自此，中国近代史上著名的"问题与主义"之争便拉开了序幕，究竟是"问题"优先还是"主义"优先就成为思想界和政治界普遍关注的问题焦点。也正是由于这场争论是同中国民族解放和民族自强的道路选择联系在一起的，"问题和主义"之争也就成为近代史上影响巨大的历史"公案"。每隔十年八年，这段历史公案就会被翻箱倒柜地折腾一番，成为人们争取话语权的焦点。伴随着时代的更进，中国近代史上的两代人甚至三代人分别以自己的方式争夺着对于"问题与主义"的解释权，而每代人都结合着自己所处的时代特点、学术背景和政治理想构筑着独特的时代焦点，同时也依托着自己掌控着的话语权延续着这场思想交锋。随着时代主题和斗争格局的变化，这场"问题与主义"之争的公案早已有了一个明朗的结果，即"主义统摄问题"，意指只有在解决了中国社会的发展目标和发展道路等根本的方向问题之后再来面对具体的问题。每当遇到涉及中国社会发展道路的重大选择的时候，人们都会重申"主义"对于"问题"的主导作用，从而建构起了近百年来影响中国政治文化和学术话语的不容置疑的"绝对理念"。

值得注意的是，"主义"与"问题"之争虽然建构起了国人解决中国发展道路的基本范式，但它同时也铸就了"主义优先"、"主义统摄问题"的思维定式。"问题和主义"之争的解决实质上是以共产党的胜利和国民党的失败而告终的，共产党人不仅以无可辩驳的事实宣告了这场论辩的结果，而且也为未来的社会治理留下了"丰厚的遗产"：一方面，在"主义"的话语下解决了统一意志、统一行动的问题；另一方面也造就了国人热衷于讨论"主义"而且长于从"主义"出发统摄"问题"，但却拙于从"问题"角度审视"主义"的思维特征。今天，当社会发展到仅有"主义"的选择并不能一劳永逸地解决中国社会发展所面临的所有问题的时候，"问题"本身也就成了"主义"的一个重要组成部分。因此，我们尝试在"问题"的视域中审视"主义"的问题，可以得到意想不到的收获。

一 西部问题：富饶的贫困和甜蜜的悲哀

在现代化的进程中，困扰中国的问题层出不穷，其中，区域差距就是困扰中国现代化的一个重大问题。当前中国区域发展的研究在"问题"层面呈现出了繁荣的景象：一方面，研究者基于对中国区域差距现状的考察，在政策和实践等方面发现了大量问题。如基于微观数据运用指数法和微观计量方法展开的个人收入分配的地区差距问题的研究[1]；宏观数据进行的地区差距研究中，对差异的数量描述和指数分解[2][3]。在新古典增长理论收敛假说的基础上，分析地区经济增长差距的变化趋势，检验是否收敛[4]；对

---

[1] 李实：《中国个人收入分配研究回顾与展望》，《经济学》（季刊），2003 年第 2 期。

[2] Shorrocks, 1980, *The class of additively decomposable inequality measures*, *Econometrica*, 48 (3).

[3] 徐宽：《基尼系数五十年》，《经济学》（季刊），2003 年第 4 期。

[4] 王小鲁、樊纲：《中国地区差距的变动趋势和影响因素》，《经济研究》，2004 年第 1 期。

地区差距的形成提出理论解释①②等。另一方面，这些"问题"研究的繁荣景象又被统摄在一个个被喻为"主义"的理论化的标签下面。在这样一个"诸神纷争"的时代，"问题"背后的各种"主义"异彩纷呈，如国家主义、民族主义、民粹主义、自由主义等，各自在意识形态的"市场"上轮番出场，抢占着话语的"滩头阵地"。遗憾的是，争夺到话语权的"诸神"往往满足于口水之娱，除了互相指责之外，对于"事情本身"到底是怎么一回事却说不出个所以然，他们似乎都忘记了议论的初衷，因而也就无法深入下去了。

应该说，"事情本身"还是相对清楚的：区域差距问题的表象是区域发展的不均衡状态，也即在中国现代化发展的过程中，当东部地区蓬勃发展的时候，中部地区、东北地区，尤其是西部地区的发展却相对滞后，其中，最突出、最核心的就是西部地区的超缓慢发展。而在对"西部问题"的研究方面，许多研究者更多地采用了实用性和功利性的考虑，他们往往是以推进政策和改进政策作为自己研究的归宿，因而陷入了在还没有搞清问题的情况下就开始进行"对策分析"的死结之中；更有甚者是在研究论证的过程中陷入纯粹的理论思考而不能自拔，以至于脱离了研究的主题，忘记了研究的本来目的。

西部问题不只是西部的问题，它是关系到中国现代化建设成果的巩固，关系到中华民族未来发展，关系到中华民族自立于世界民族之林的长远战略问题，是 21 世纪中国社会发展所面临的具有"主义"价值的问题。在步入 21 世纪的重要时期重新审视西部问题，不仅是学界迫在眉睫的重大课题，也是实现民族振兴、建设和谐社会的重要任务。

那么，到底什么是西部问题？

（一）西部地域

从区域上看，西部地区包括重庆、四川、贵州、云南、西藏、陕西、甘肃、青海、宁夏、新疆、内蒙古和广西 12 个省（区、市）和湘鄂西 2

---

① 蔡昉、都阳：《中国地区经济增长的趋同与差异——对西部开发战略的启示》，《经济研究》，第 10 期。

② 林毅夫、刘培林：《中国的经济发展战略与地区收入差距》，《经济研究》，2003 年第 3 期。

个民族自治州，其土地面积 690 万平方公里，占全国国土面积的 71%；目前有人口约 3.9 亿，占全国人口总数的 29%。除汉族外，西部地区共有 51 个少数民族，是中国少数民族分布最集中的地区。与俄罗斯、蒙古、哈萨克斯坦、吉尔吉斯斯坦、塔吉克斯坦、阿富汗、巴基斯坦、印度、尼泊尔、不丹、缅甸、老挝、越南等 13 个国家接壤，陆地边境线长达 1.8 万千米①。

（二）西部环境

西部尤其是西北地区，如甘、宁、青、新四省区，无法直接利用的面积极大，这里有腾格里沙漠、巴丹吉林沙漠、河西戈壁、青海的海西戈壁沙漠、新疆的古尔班通古特沙漠、塔克拉玛干沙漠、库木塔格沙漠等；至于高山无人区也不在少数，帕米尔高原、昆仑山、天山、可可西里，人类在这些地方生存都成问题；在西南，除了成都平原、昆明周围小块平原之外，云贵川高原的绝大部分地区都是崇山峻岭，交通十分不便，居住条件也是十分恶劣。整体讲，西部地区适宜人类居住的地方其实并不多。

（三）西部资源

西部环境虽然较之东部沿海地区恶劣，但却拥有丰富的矿产资源。西部的能源资源非常丰富，特别是天然气和煤炭储量，占全国的比例分别高达 87.6% 和 39.4%。在全国已探明储量的 156 种矿产中，西部地区有 138 种。在 45 种主要矿产资源中，西部有 24 种占全国保有储量的 50% 以上，另有 11 种占 33%—50%。西部地区全部矿产保有储量的潜在总价值达 61.9 万亿元，占全国总额的 66.1%。塔里木、黄河中游、柴达木、东天山北祁连、西南三江、秦岭中西段、攀西黔中、四川盆地、红水河右江、西藏"一江两河"为十大矿产资源集中区。2000 年，西部地区的矿业产值分别占其工业总产值和国内生产总值的 17.3% 和 5.97%，分别比全国平均水平高 7.09 个和 1.67 个百分点。攀枝花、六盘

---

① 中华人民共和国商务部网［EB/OL］．http：//www. mofcom. org. hk/article/200309/20030900130437_ 1. xml。

水、金昌、克拉玛依等城市已经成为地区经济发展中心，促进了地区工业化和城镇化进程。此外，西部地区成矿地质条件优越，具有巨大的开发利用潜力。

（四）西部人口

中国人口的生存空间十分有限，全国平均人口密度为每平方千米 125 人左右，北京为 600 人，上海高达 2200 人，江苏为 635 人，浙江为 418 人，广东为 330 人。相比之下，西部尤其是西北地区相对宽松，新疆 9 人，青海 5.8 人，西藏 1.8 人，宁夏 68 人，甘肃 55 人。尽管西部人口密度较之东部小了很多，但是西部适宜人居住的面积也是有限的。

（五）西部农业

1996 年全国农业普查结果显示，西部地区（含西藏）耕地总面积约为 5.54 亿亩，占全国的 28.4%。而根据第 5 次人口普查数据，2000 年末该地区农业户人口数为 2.77 亿人，占该地区人口总数的 79.2%，占全国农业总人口的 34.3%。由于自然条件所限，西部地区的农业生产条件与中东部地区相比更为恶劣。其中，西北地区的陕、甘、宁、青、新、蒙多为内陆戈壁、沙漠地带，土地贫瘠，降水少、植被少、旱地多、水土流失多；西南地区的云、川、贵、渝、桂，则是降水多，山坡地多，石灰岩地区多，人均耕地少。就西部地区内部看，西北地区人均耕地面积比西南地区更大一些，地势也更为平坦。西北地区农户户均耕地面积 10.6 亩，户内人均耕地面积 2.7 亩，西南地区则分别只有 4.1 亩和 1.1 亩；所有耕地都是陡坡地的农户比例，西北地区为 12.7%，西南地区则高达 31.6%，整个西部地区总体为 27.5%。调查数据显示，所有耕地都不能得到灌溉的农户比例，在整个西部地区高 31.7%，西北地区更达到 36.0%。西部地区还是我国自然灾害的频发地区，水、旱、雪、病、虫等各种灾害都威胁着农业生产。西部大调查的结果显示，1900 多个农村社区（行政村）中 60.7% 的村子 2004 年间曾经发生过某种形式的严重自然灾害，其中，近 80% 的农户表示，2004 年的自然灾害给村里造成了明显的农作物减产。对整个西部地区来说，旱灾、洪涝灾害、植物病虫害、冰雹等自然灾害最为普遍。此外，西南地区的泥石流滑坡也很普遍，西北地区的霜冻也经常发生①。总体而言，西部地区的农业生产，粗放式耕作、靠天吃饭问题很严重。由于西部生态平衡较为脆弱，所能承载的人口和农业经济活动有一定限度，超出这个限度进行开发可能会造成西部不可逆转的贫困化。

表 1　　　　　　　　　　西部大调查之农业简情

自然特征	户均耕地面积/亩	户内人均耕地面积/亩	陡坡地的农户比例/%	耕地不能灌溉农户比例/%
西北　两多两少：降水少、植被少、旱地多、水土流失多	10.6	2.7	12.7	36
西南　三多一少：降水多、山坡地多、石灰岩地多、人均耕地少	4.4	1.1	31.6	

本表根据"西部大调查"的数据结果制作。

从以上诸多方面可以看出，尽管西部在某些方面还有一些优势，但总体上讲，西部的"外部约束"还是比较严峻的。如果说比较脆弱的外部条件只是西部地区发展的"硬约束"的话，更为严峻的是西部的软性资源的禀赋，其中，最为关键的是人的素质，以下从健康和教育两项指标来分析。

（六）西部人的健康

西部地区不仅经济发展较为落后，整体健康水平也远远落后于东部地区。根据西部大调查得出的数据发现，西部 17.8% 的居民患有慢性病，老年人患慢性病的比例明显高于青壮年人。特别需要指出的是，除了年龄这个生理性因素外，教育程度和家庭人均收入也影响着人们患慢性病的比例。随着教育程度的降低，患慢性病的人口比例显著增加。在受过高等教育的人群中仅有 10.6% 的人患慢性病，而在从未上过学的人口中，患病

① 何光喜：《西部农业科技：恶劣的自然条件，粗放的生产方式》，《科技中国》，2005 年第 11 期。

人口比例已达 35.6%。然而，需要指出的是，在未上过学的人中大量是 60 岁以上的老人，而老人患慢性病的比例往往高于其他年龄组。患慢性病的人口比例也随人均收入的下降而增加。西部大调查数据显示，在过去 30 天中受了伤或得过病，使正常的工作和生活受到影响的人中，有 77.0% 的看过医生，23.0% 没有。而在没有看医生的人群中，因为经济原因不去看的人数最多，接近一半（43.1%）；选择自己处理和认为没有必要看医生的人数也相对较多，分别占总人数的 1/3 左右；因为附近没有合适的医疗设施而没有就医的人非常少，只有大约 2%。可见，医疗设备的缺乏并不是人们不去看病就医的原因，无力支付医疗费用才是遏制人们就医行为的主要原因[①]。

（七）西部教育

西部大调查数据显示，西部近 1/4 的居民是文盲，农村文盲是城市文盲的 4 倍多；西部地区有相当比例的孩子没有接受中等教育，在农村地区尤为明显；在西部培养一个大学生要花费一个家庭年收入的 84%；西部地区在读学生中每天使用电脑的人比例不到 10%；西部地区每万人接受中等职业教育的在校生数只有全国平均水平的 61%[②]。

通过以上两项指标的基本情况，可以看到过去对于西部的开发，人们的注意力往往集中在投资，而投资则主要集中于物的投资，即基础设施建设的投资。中央在西部地区的基础设施建设、退耕还林、改善生态环境、培育特色产业等方面投入了大量的资金。从 2000 年起，西部地区人均占有国家预算内财政投资开始超过中部和东部地区，但是这些投资主要集中在交通、能源和生态建设等方面，对人的投资却微乎其微。

从以上 7 个方面的事实中可以看到，西部的生态环境恶化、人的健康水平低、教育落后、贫困人口集中，西部在"中国现代化"的结构中越来越处于被边缘化的地位。即使从纵向比较西部地区也在发生改变，但是这种改变与东部地区相比微不足道；尽管西部的资源丰富，但恶劣的自然

---

① 马缨：《社会经济条件：影响西部居民健康的重要因素》，《科技中国》，2005 年第 11 期。

② 赵延东、邓大胜：《西部教育：任重而道远》，《科技中国》，2005 年第 11 期。

环境和经济发展滞后,人口素质(以健康和教育来衡量)低下,贫困、落后仍是主流。20 世纪 80 年代中期,对于地区资源丰富与经济发展落后之间的矛盾现象,王小强、白南风通过对贵州的研究,提出西部问题是一种"富饶的贫困"的观点,认为西部地区存在着令人震惊的自然资源富饶和令人震惊的贫穷的矛盾现实,他们率先把人口素质确定为西部贫困的原因,也就是西部人"从事商品生产和经营的素质"较差。具体的表现就是"创业冲动微弱,易于满足;风险承受能力较低,不能抵御较大困难和挫折,不愿冒险;生产与生活中的独立性、主动性较差,有较重的依赖思想和听天由命的观念;难以打破传统和习惯,接受新的生产、生活方式以及大多数新事物、新现象;追求新经历、新体验的精神较差,安于现状,乐于守成"①。邹东涛则将这种地区资源丰富与经济发展落后之间的现象称之为"悖逆现象"②,同时也指出,对西部落后地区来说,他们所拥有的恰恰是一种传统的自然资源的硬要素,缺乏的却是一种软要素。随着科学技术的迅猛发展,传统的自然资源作为一种硬要素,其在经济发展中的作用正在逐步下降,而观念、人才、技术、管理和营销经验等软要素的作用则越来越显得十分重要,而且西部地方政府对中央政策的灵敏度不够。蔡昉、都阳则指出,人文因素的落后是西部落后的极其重要的因素③。

西部问题是不是一种"富饶的贫困"呢?种种形式的"人文"归因是否就是问题的实质所在?曾经有一位农民出身的副总理到甘肃考察,看到一望无际的黄土高原,感慨他的家乡土贵如金,并"望土生怨",认为甘肃的农民"太懒了",他哪里知道,甘肃黄土高原地区的农民依靠自己的勤劳几乎将所有可以耕作的土地都开垦成了农田,但这种勤劳在十年九旱的老天爷面前换来的常常是无奈!西部地区虽然地大物博,每平方公里的人口数和人均占有的资源量足以使西部人民过上幸福的生活,但是矿产资源和开采权的国家所有制割裂了这些资源同当地人民的联系,即使是地方政府也只能在"重要资源国家所有、重要产业国家控制"的框架之外

① 王小强、白南风:《富饶的贫困》,四川人民出版社 1986 年版。

② 邹东涛:《什么粘住了西部腾飞的翅膀》,中国经济出版社 2000 年版。

③ 蔡昉、都阳:《制度、趋同与人文发展——区域发展和西部开发战略思考》,中国人民大学出版社 2003 年版。

思考地方经济发展的问题！不是西部人民不勤劳，也不是西部的地方政府缺乏政策的灵敏度，正如民谚中所述的"贫贱夫妻百事哀"一样，面对贫瘠的土地、贫穷的人民、捉襟见肘的"吃饭财政"和处处可见的政策禁区，纵有冲天之志也只能是望洋兴叹。即便如此，西部人还是做出了可歌可泣的英雄伟业，例如甘肃的定西是全国少有的几个极度干旱地区之一，自古就有"苦甲天下"的恶名。但是，自改革开放以来，历届政府励精图治、奋发图强，硬是将毫不起眼的"土豆"（别名洋芋，学名马铃薯）做成了"产业"，实现了依靠农业脱贫致富的梦想。但是，这种致富之路实际上是在黄土窝里硬"刨"出来的，这条路走的实在是太艰难了。

研究者仅仅看到了丰富的自然资源和令人震惊的贫困状况，就简单地将二者联系起来得出结论，这也是一种令人无可奈何的悲哀。当人们只是凭借简单的观察和数学运算去衡量地区发展中资源和贫困的关系时，怎么能得出令人信服的结论呢？事实上，怎样利用当地的自然资源促进经济的发展一直是各级地方政府考虑问题的出发点。问题的关键是当地丰富的自然资源同当地人的生活是一种什么样的关系？即一个地区自然资源的丰富程度与其经济发展水平之间有何种相关性才是问题的本原。越是资源丰富的地方，其地理地貌等自然条件却不一定适宜农业生产，这其中不仅包含自然条件恶劣而不适宜人类居住的因素，也有资源保护和资源开发的因素。正是在这样的前提下，资源的保护、开发和利用一定要考虑生活在周边的居民和资源所在地方的利益。西部地区，尤其是在西部地区恶劣的自然条件下，人民的生存条件和生活质量的提高应当是其资源保护、开发利用的终极目标。充分利用当地的自然资源为民所用，推动以资源开发利用为前提的产业发展，改变当地的人文环境，实现教育和健康水平的提高，应该是西部问题的中心议题。这不仅是西部地区自身发展的问题，实际上也是中国经济和社会现代化的核心问题。在西部的很多地区，自然条件限制了农业的发展，依靠农业致富已经是不太可能的事情。因此，在自然资源相对充沛、尚未被攫取一空的条件下依靠资源禀赋和比较优势建立起适合西部的工业、经济和社会发展的基础模式是解决西部问题非常重要的途径，这其中的关键问题是西部地区的资源能否和西部地区的发展"搭上钩"，进而形成一个良性循环的产业发展链条。遗憾的是，我们所看到的西部的资源开发和利用在很大程度上不是资源对当地经济发展的良性积淀和稳定性贡献，而是近乎掠夺性的开发和简单的直接输出，基本上没有形成有效的产业积淀。这样一来，就出现了近乎神话一般的"甜蜜的悲哀"：当资源地周围还是一片不毛之地、普通居民还生活在绝对贫困或是刚刚满足了温饱的状态之时，处于中心区的自然资源已经都被开采殆尽了，而资源对于当地经济发展和人民生活的贡献率是微乎其微的。甘肃省白银市的现状正是这一发展模式的鲜明例证。

西部地区的真正悲哀在于"英雄无用武之地"。在这里，来看两则案例。

案例一：陕北油田之争

陕北的定边、靖边、安寨、吴旗等县过去都是全国有名的贫困县。10年前，这些县每年的财政收入只有几百万元，而现在它们的年财政收入都超过了1亿元大关。使贫困县快速富裕起来的重要人群，就是到陕北开采石油的民营投资商。但是，就在他们让荒凉的黄土地流出财富的时候，当地政府却发出收回油田的禁令，他们好不容易才实现的采油梦刚刚开始就被断送。1994年4月13日，原中国石油天然气总公司和陕西省政府签订了《关于开发陕北地区石油资源的协议》，从中石油和陕西延长油矿管理局已登记的探矿权、采矿权区块范围内，划出1080平方千米的区域，交由地方市县组织开发。此后，陕北地方政府开始大规模招商引资。1999年7月，原国家经贸委和国土资源部联合发布"国经贸石化1239号文件"，要求陕北当地各县政府必须依法行政，"坚决停止和纠正允许投资商参与石油开采活动的做法"和"杜绝越权审批石油区块及井位的行为"。2003年春，陕北地方政府采取"先收井，后清算"的办法，突然强行收回油田，引起当地财政的极大反弹①。

案例二：陕北农民告官

1999年12月23日，中央电视台的"焦点访谈"报道了陕北的几个农民因为当地开采石油而破坏了他们的耕地、水源、空气等生活和环境资

---

① 孙立平：《121文件陕北油田之争》，《经济观察报》，2005年。

源而状告地方政府，但他们四处碰壁。这样的例子在陕北并不稀罕，已经大规模开采的著名神府煤田一直经历着类似的事情，这些年刚开采的靖定的油田气田使得这类情况成为了焦点，而刚刚发现的绥米清的据说几百年开采不完的大盐矿也肯定会出现这种情况。陕北地下新发现的煤、石油、天然气和盐，究竟是属于祖祖辈辈生活在这个地方的农民，还是属于当地政府、中央政府，这无疑取决于国家的法律。至于开采煤、石油、天然气和盐的利润则是通过财税在中央和地方之间进行分配的①。

第一则案例是一个极其特殊的状况，即具有石油开采权的国有企业为了照顾陕北革命老区，特批给陕北一些县市以石油开采权（这样的殊遇是全国绝无仅有的）。但就是这样的特殊待遇，也在刚性的体制安排下夭折了，又一条地方致富的路中断了。第二则案例情况更不容乐观，因为这是一些老实巴交的农民，他们所能依赖的仅是这几亩薄田，如果说几亩薄田没有什么"金银宝贝"还好，他们还能将就生存下去。但就是因为薄田有了"宝"，连薄日都没得过。这在西部不是什么特殊的例子，而是相当普遍的情况。从中可以看出，西部尽管资源丰富，但是这些资源基本上与当地的居民无关。不仅如此，甚至能源开采的部分成本都由那些本已贫苦不堪的西部农民来承担。另有一个长庆石油管理局因为甘肃庆阳地区不愿低价划拨土地愤而迁址西安，导致相当数量的高收入人口和部分税收由石油开采地流失，严重影响石油开采地财政收入和居民生活的例子。其中虽然不无某省地方政府为争取税源而展开的"不正当竞争"和国有企业为提高职工生活水平、为企业的进一步发展寻求低成本的地理空间等因素，但恰恰是这种"理性选择"导致了对陇东黄土高原地区原有经济格局的严重影响。这一切无不说明西部人"守着宝山讨饭吃"，或者"宝在山中睡，人在家里穷"的可悲现象是有原因的，问题的核心是西部人只能"望山兴叹"：尽管他们天天面对着"宝山"，生活在"宝山"，但是"宝山"同他们一点关系都没有，甚至"宝山"的保护和开采还会增加他们原本已是非常严峻的生存压力②。他们不仅不拥有自然资源的所有权，

---

① 强世功：《陕北故事和科斯定理》，《读书》，2001 年第 8 期。

② 西部有很多风景如画的自然风貌，政府为了保护它们设立了自然保护区，禁止当地的居民干这干那。例如原本依赖附近森林供应的柴火生产被禁止后，当地人们的生存成本提高了，结果是村民的"违规"越来越多，而保护区则越保护越糟糕。

而且还要为资源的保护和开发承担一些"社会成本",例如资源开采后对当地环境的破坏,等等。在某种意义上,西部丰富的资源和西部人贫困的生活状态并非人们通常所理解的"富饶的贫困",这些资源实际上已经成为他们"甜蜜的负担",对西部人而言这也是一种无可奈何的"甜蜜的悲哀"。

西部问题的核心是国家所有制前提下的资源保护、开发、利用模式,西部的许多困难和问题都与制度安排下的形形色色的"市场之手"有关。它们对西部自然资源的开发、对西部社会财富的攫取、对西部人才资源的利诱、对西部底层民众生存和发展权利的侵犯,已经成为西部发展的重大威胁,形成了东、西部断裂和对峙的严重局面:一方面,中央的政治精英、东部的经济精英和日趋商业化的知识精英已经形成一个巩固的联盟,构成了对西部发展强势的压迫力量;另一方面,则是西部发展的碎片化状态,西部发展的弱势状态进一步显现。这种发展态势的结果自然是不言而喻的。

二 西部大开发:战略与策略的"辩证法"

事实上,中央政府已经充分注意到了上述情况,并且开始下大力气思考并试图扭转这种局面,其代表性的行动就是"西部大开发战略"。"西部大开发战略"到底是基于什么样的背景来考虑的?主流经济学界的说法是:由于中国经济从短缺经济转变为过剩经济,需要通过积极的财政政策来扩大内需,在这样的前提下由中央政府出资开发西部,为西部的发展奠定必要的物质基础的时机已经成熟;西部大开发也是"发达了的东部反哺西部"的一种方式;西部的开发是纠正市场"局限"的一种策略,即东部的发展已经到了极限,必须为东部的超速发展找到有分量的平衡要素,西部的长期落后也会拖累整个中国现代化的发展。因此,加大对西部投资,加大西部基础设施的建设力度应该是这个时期的最好选择。在此,笔者以西部大开发中甘肃省的投资领域为例进行必要的分析(见表2)。

表2　　　　　　　　　　西部大开发中甘肃重点投资领域

重点领域	主要建设内容	标志性骨干工程
资源综合开发	煤炭、石油、天然气和金属、非矿产资源综合开发利用和深加工	石化"1161"工程、天然气综合开发利用、有色512工程、冶金50万吨炉卷工程及不锈钢加工、中药材现代化加工、产品深加工、林牧业基地建设。
基础设施建设	公路、桥梁、隧道、机场、轻轨、电厂、水利等大型基础设施；城市供水、供热、房地产开发、污水处理、环境保护等市政基础设施项目；旅游景区建设	公路主干线高等级化工程、兰渝铁路甘肃段建设、中心城市基础设施改扩建、重点旅游景区基础设施建设、引洮工程、引大济西工程。
生态建设环境保护	植树种草、封山绿化、旱场改良、旱灾防治、污染治理、自然区保护	黄河长江上中游退耕还林还草、河西防沙治沙、天然林保护、兰州南北两山绿化、滑坡泥石流防治、"三化"草场治理。
科技教育	科技开发、人才培养、基础教育、高校扩招	科技创新工程、软件园区建设、贫困地区义务教育工程、高校改建扩招工程、高新技术示范区建设。

资料来源：国务院西部开发网，http：//www.llas.ac.cn/xb/zhengce_9_2.htm，2003－06－14。

从表2可以看出，西部大开发的真正重点实际上是对生态环境的保护和基础设施的建设①。在中央政府实质性的投资中，围绕生态环境建设和基础设施的占到了80%以上，而真正能增强西部地区经济发展能力的仅占到极小部分，并且由于体制的因素，这些投资对于西部地方经济再生能力的影响又是微乎其微。这样一来，我们就在西部的建设中看到了令人尴

① 例如交通部准备在未来10年在西部投资7000亿元建设15万公里公路，其中大部分将以高速公路的标准建设；铁道部称将在2005年前投资400多亿建设西部外连铁路。（资料来源国务院西部开发网）

尬的一面:不仅中央斥巨资修建骨干交通网,地方政府也不甘落后,开始广修公路。但在西部高等级、高标准的公路上,行驶的车辆却是寥寥无几,以至于在西部高速公路的出口往往只开一个通道即可满足通行需要,甚至有提供贷款的银行因为怀疑公路部门的诚信而派员到高速公路出口测量每日车流量的可笑之事。在能源开发和利用方面,西部地区依然是"输字当头","西气东输"、"西电东输"、"西煤东输",进而"西人东输",输走的是宝贵的资源,换来的却只是可怜的生活费!西部的最大优势是资源,其中也包括劳动力资源,但西部最缺少的也正是资源。正如在发达国家凭借技术和资本优势垄断着世界工业命脉之时,发展中国家却在争相开发本国资源,使资源和工业制品的比价越来越处于不利地位一样,西部地区正处于为中国的现代化耗尽最后一点积蓄的过程之中。如果西部在这种全球性的资源开发竞争中继续原有的发展模式,只能会被逼入"现代化的死角",其结果"不是在沉默中爆发,就是在沉默中灭亡",而无论是哪一种结果,都会对中国社会的现代化产生严重的影响。

西部开发建设热火朝天,但西部地区的自然资源和人力资源也在这个过程中被无情地"开发"掉了,这已经成为无可争辩的事实。源源不断的能源、资源和廉价劳动力的输出,使原本就比较脆弱的西部经济再生能力和增长能力进一步被削弱,"吃饭财政"和几近于零的投资能力以及对丰富资源缺少支配权的实际状况使得地方政府只要能保证治下属民能脱贫致富、保有温饱就已经是付出最大努力所获得的"政绩"了,至于吸引外来投资,建立起适合自身发展的产业体系等,几乎是一种不着边际的奢谈。由此不难发现,尽管西部大开发在话语方式上一再表明是在"战略"(stratagem)层面考虑西部问题的,但从它采取的实际措施和实施效果看,西部大开发不仅没有遏制西部同东部、中部的差距,反而使差距越来越大,在中国大地上也开始出现了市场经济时代的"俱乐部趋异和趋同现象"①。我们认为,这种状况的根源就在于中央政府对西部问题的认识和定位并没有真正站在经济政治一体的"国家战略"的高度上,其本质还

---

① 若以东部、中部和西部分别来看经济增长,则它们之间的差距越来越大,这就是俱乐部趋异现象;若以东部或中部或西部内部的省份来看经济增长,则区域省份之间的经济增长的差距越来越小,这就是俱乐部趋同现象。

是在"策略"（strategy）层面上来考虑问题的。诚如挪威社会人类学专家潘·列宁所说的："西部大开发可以看作是世界上最大的扶贫项目"①。真是一语中的！

在理解"西部落后"这一概念时，学术界及政府决策层的出发点实际上是社会公平，也就是把西部发展的滞后理解为一个道德问题：在统一的国家内部，西部的长期发展滞后，对东部乃至全国而言是一个严重的"道德问题"，这种"发展的不平衡"也会引发一系列严重的问题，如民族分离主义、社会动乱等，因此，不能让西部的发展"拖"了东部地区现代化的"后腿"。这样一来，中国经济发展的"全国一盘棋"被下成了道德话语主导下的"反哺"、"补偿"甚至是"支援"的格局，西部"蛮荒之地"便成了需要并且亟待"东部老大哥、支援"、"开发"和"拯救"的不毛之地，西部的"落后"与"欠发达"就在"东部主义"的语境中被建构起来了。只有当滚滚沙尘暴频频袭击北京等内陆地区、黄河断流的时间越来越长等自然灾害严重威胁东部发展的时刻，人们才有可能重新去思考东西部关系的特殊意义。但是，可以肯定的是，在中央政府的战略考量中、西部地区的生态环境整治可能比西部地区自身经济发展水平和增长速度的提高要重要得多。因此，投资西部的生态环境以保障环境的可持续发展，投资西部的交通拉动整体经济发展，投资资源开采加工以满足高速增长的经济发展需要，西部大开发实际上变成了保障国家经济发展需要的应急策略，"全国一盘棋"又成为"西部大开发战略"最形象的表达和注脚：西部的美好是为了全国更美好，新的"协调发展"战略背后仍然有着极为深刻的效率因素，话语上的公平是为了现实中的追求效率的需要。由于这是一场实际上只有一个弈者的"棋局"，没有对手，没有博弈双方，自然也就没有博弈的规则。"赢者恒赢"不仅是不变的法则，而且也成为获益者以"支援"之名尽享"让子"、"扶弱"美誉的必然逻辑，无论是受益者还是付出者都无法真正以理性的态度重新思考东西部的关系问题，在这个前提下所采取的任何政策措施都只能是不断地"重复昨天的故事"，西部地区也正是因此在市场经济时代依然唱着计划经济时代

① 王冠丽：《政策研究就是构筑政策环境——专访 MEDOW 项目顾问列宁》，《科技中国》，2005 年第 11 期。

"童年的歌谣"!

　　知识界的知识话语和实际决策的同构，显现出东西部发展在中国经济社会发展整体格局中不同地位。从改革开放之初东西部"投入产出比"到"投资效益分析"，从现代化建设"梯度发展"理论和"全国一盘棋"，到"东部支援（反哺）西部"，我们无不感到在知识界和决策层实际上存在着一种针对西部发展的"东部主义"话语体系。西部问题在什么时候是"战略"问题，什么时候又成为"策略"问题，都是在东部主义的话语下进行的娴熟的转换，它体现了中国经济社会发展中东西部关系的"辩证法"。在这个层面上"关照"西部问题，不仅没有从根本上解决西部问题，反而更加显露了西部问题的特殊性、脆弱性和严峻性。西部人历经了漫长的"甜蜜而又悲哀"的发展历程，同时又浑然不觉悲哀之所在，也难以理解为什么会长期存在这种情况，反而还要为有可能被"反哺"而欢呼雀跃！我们不禁要问，这种现象背后的思维逻辑和话语支撑是什么？又是什么支撑了这种话语逻辑的扩张？

三　东部主义：用空间置换时间的现代化

　　西部问题是在东西部发展的关系之中被考量的，因此，有必要对"东部主义"的知识谱系做一个回溯。所谓"东部主义"是在"发展"的语境下形成的一种思维逻辑，20世纪80年代在中国社会现代化理论中有一种被称作"梯度发展"的理论风靡一时，他们在"让一部分人和一部分地区先富起来"的理论启发下，设想市场经济将使东、中、西部梯次发展，先富带动后富。这种理论其实只是市场浪漫主义的理论逻辑推论，先培育经济中心，再通过中心来辐射周边，在最初的阶段，中心的培育需要周边为其做出牺牲。那么实践中的情形是怎么样的呢？其实中心地区的发展并不能带动边缘地区的发展。事实上即使在东部，富裕程度也远不是均匀的，如环京津贫困带的出现，这倒是证实了漩涡理论的正确性。事实上，如果东部不利用西部地区的资源而压低资源价格，不利用西部源源而来的打工仔压低劳动力价格，东部也很难发展得这么快。因此，如果说梯度发展理论真的有什么现实意义的话，恐怕就是使东部的优先发展获得一种合法性的理由，使西部人在被限制发展的情况下获得一种聊以自慰的满足。梯度发展理论更有些辐射理论的意蕴，或者更确切地说是一种翻版的依附理论。

在发展理论的"谱系"中，世界体系理论同依赖理论有很大的关联，它将国家和地区分为中心、半边陲和边陲。但世界体系理论强调经济过程与国家疆域并非完全重合，因此核心与边陲的关系是多层次的存在。对于依赖理论学者而言，跨国公司资本在第三世界之影响力远远超过国家机器，并且跨国资本的存在表现了核心国家对边陲国家的剥削关系。但是核心与边陲的多层次关系并非意味着核心国家剥削边陲国家如此简单的命题，而是如同城乡关系一般，核心国家之内也有边陲分子，当然边陲国家之内也有核心分子，因此，国家内部的剥削关系与国家间的剥削关系同样普遍地存在。一方面世界体系中半边陲国家也对边陲国家进行剥削；另一方面则是国家内部的剥削关系会出现 Hechter 所提出的内部殖民（Hechter，1999）。[①]

世界体系理论认为，资本主义体系的运作具有周期性的规律，当长周期波动发生时，就促成了世界经济体制结构内部的位置改变，也提供世界经济体系世俗化趋势的基本动力。所谓世界经济体制结构内部的位置改变就是国家体系中相互位置的改变，有从核心到半边陲，也有从半边陲进入核心，或降为边陲（如西班牙、荷兰、英国在历史上相继由核心到半边陲，日本却是由半边陲进入核心）。世界体系有一个世俗化过程。第一是扩张的趋势，资本主义的扩张就是不断将体系外的地区（国家）纳入整个分工体系之中。这样的扩张是从 16 世纪的欧洲开始，直到 20 世纪初达到极限。其实这样的极限指的是外部的扩张，至于内部的扩张则仍有空间，依靠的是第 2 个趋势。第 2 个趋势是商品化，尤其所有土地与劳力陆续地商品化是很重要的现象。当供需平衡的价格机制渐渐取代其他社会安排，变成所谓生产因素而联结在一起。第 3 个趋势是机械化，现代世界之成立基础即为工业革命及科技革命，而这 2 项革命都不是一日一地之事，

---

① Michael Hechter, Internal Colonialism: The Celtic Fringe in British National Development, Berkeley: University of California Press, 1999, p. 3.

而是一个世界性的、稳定累积的、从未停歇的生产方式的改变①。持续机械化一直重新界定着核心的生产方式，也对核心、半边陲、边陲的位置产生巩固或重组的效果。如果世界体系真的如前述的周期律动及发展趋势，则半边陲国家在其中究竟具有何种性质？中国是不是被半边陲化了？又如何剥削国内的边陲分子？

国家间的核心与边陲关系被称为新殖民主义，国内的关系是否可以被称为内部殖民？当然，世界体系理论所关注的是经济上的不平等交换（剥削）。在内部殖民的议题上，存在着经济剥削及文化殖民两个方面。对于沃勒斯坦而言，国家内部的剥削关系则是类似地缘政治经济学的分析，以核心地区及边陲地区的不平等交换为分析单元。依照上述理论，东部是处于世界体系的半边陲地带，而西部地区则处于世界体系中的边陲地带，尽管在我国并不存在所谓的国家间的"经济上的殖民主义"，但在国家内部却存在着"东部中心"对"西部边缘"的掠夺性开发，这是否也可以被视为经济上的"内部殖民主义"（internal colonialism）呢？在这个意义上，所谓的"梯度理论"不过是新时期的内部殖民主义的翻版，进而也就可以认为所谓"东部主义"实质上不过是"内部殖民主义"的合法性外衣罢了。

当然，东部主义话语下产生的内部殖民也是一个在残酷外部约束下的被动选择。这和近百年来中国的民族命运息息相关，同所谓日本的"脱亚入欧"一样也是为民族命运所作的一种选择。日本国内的资源极度缺乏，人口密集，选择了对外殖民的道路。中国的发展同样处于一个极其复杂而且残酷的资本体系中，内忧外患，使得中国难以选择一种健康的发展道路，总是在一种被挤压和逼迫的焦虑感中前行。而现代化对于被迫纳入世界体系的中国来讲实际上就是一种时间刻度的重新界定。在1840年之前，中国仍以世界的中心自居，还能傲慢地以一种"怀柔远人"的心态对待英国使团代表玛噶尔尼；而1840年英国打败了中国以后，中国就开始被纳入到这一资本扩张所形成的世界体系中来。中国变成了"落后"、"传统"的代名词，欧洲则代表"先进"、"现代"的方向。不论是近代

---

① 沃勒斯坦：《现代世界体系》，罗荣渠译，高等教育出版社1998年版。

中国还是当代中国从本质上来说都存在着一种对于时间的焦虑，从 19 世纪末的"变法"，到 20 世纪初的"革命"，从"文革"后的"改革"，到今天的"转型"，无一不在缩小自身同欧美等发达国家在时间上的距离的主题下展开。这种对比差距感使中国对时间有强烈的诉求："一百年太久"，要"只争朝夕"，"步子再迈快点"，"几年就要上一个台阶"。这样一来，发展就有了"先后"之分。

这种一直延续到今天的近代命运和发展的使命感迫使中国高度地压缩"时空"，"大干快上"和"加速发展"成为中国工业化、现代化的基本模式，几十年就要走完资本主义几百年的路，"赶上和超过"自然也就成为中国现代化的目标。然而，"鱼和熊掌不可兼得"，现代化必然要付出相当的代价，那么就只好牺牲西部，举全国之力来建设沿海和中心地带，倾西部之源发展东部。在这个意义上，可以认为东部主义是一种以空间置换时间的现代化，是在现代化的进程中应对世界体系的一种妥协策略，是以东部发展为中心的国家主义的必然逻辑。就中国现代化的发展而言妥协是必要的。但是，妥协的目标绝不应该是使自己成为世界体系中的半边陲或是边陲。正如 20 世纪 60 年代帕森斯所"推销"的如日中天的"美国现代化"理论，终归有一天要坍塌一样，今日的中国不可能依附于世界体系的中心——美国来生存，那种以时间置换空间换来的现代化只能是一种畸形的现代化。韩国、英国、日本作为美国为核心的世界体系的重要组成部分被安插下来，而像香港、新加坡这样一些殖民港口城市天然地具有"二奶气质"。但是，这个世界体系中却没有中国这样一个大国作"二奶"的位置。厚重的文化、苦难的现实将逼迫中国走"自力更生"的道路，中国将被迫寻找自己的发展道路，历史将迫使中国发展出一种真正自我主导的大国思维，中国的现代化也必须是一种具有独立地位、完整、彻底的现代化。

因此，被置换的西部并不是解决了问题的西部，"西部问题"实际上是"中国问题"，再进一步说也就是"世界问题"。在这样一个地域辽阔、内部异质性极大的国家，"西部问题"非常复杂，它是多种不同性质的问题的交叠和累加。正如世界体系世俗化的过程，一般会经历 3 个阶段，而当前的欧洲正处于从扩张到收缩的历史过程之中，阶级对抗和旧式的殖民斗争已渐行渐远①。而中国不仅有世界上高度发达的城市，而且也有非洲式的第四世界；有最先进的科学技术，也有最原始的生产方式；有最富有的人口群体，也有大面积的最贫困人群；有高度认同的组织形态，也有危险的分离力量。在日本和欧美等发达国家将矛盾转移到国外的同时，中国内含的剧烈的矛盾却无法向外转移。无论是意识形态、文化传统，还是综合国力、世界潮流，都不允许中国通过海外殖民掠夺来完成资本的原始积累和达成现代化，因此，中国将会长期存在内部发展不平衡的状态，西部人也许将会长期忍受内部殖民的痛苦。当有人乐观地高喊 "推进城市化进程" 的时候，实际的情况可能是中国在 50 年后仍然还会有 5 亿—8 亿农民。因此，对于中国来说，"消灭农民"、解决 "西部问题" 是一个漫长而痛苦的过程。农村与城市之间的紧张，西部问题与东部主义之间的辩证关系将长期地存在于一个民族国家的内部并被强烈地感觉到。因此使得我们必须具备卢卡奇所说的 "总体性思维"，在民族国家与世界体系的互相联系中辩证而又深刻地理解西部问题和东部主义。

因此，西部问题远非想象的那么简单，在缺失大国战略的东部主义的思维考虑下，西部问题就将更加严峻，东部主义的危害性就会更加隐蔽。比如教育、医疗等，在东部一路高歌猛进地进步的同时，西部许多地方却出现了倒退水平。如西部大调查中发现在西部许多村庄中的调查，20 世纪 80 年代和 90 年代出生的人的教育水平还不如 60 年代和 70 年代出生的人。

四 下一波的抉择:十字路口的中国

正是以西部空间置换我们追求的现代化，使西部问题与东部主义的关系是一个看似断裂却又紧密关联的悖论。在某种意义上，中国的区域关联实际上只不过是层级间的内部殖民关系。

因此，东部主义视域下的西部同东部之间的关联，是一种断裂性的亲

①　欧洲从原来的海外殖民，引起欧洲大陆的剧烈对抗，种种矛盾都滋生过，甚至引发了两次世界大战；但如今的欧洲则是立体一个声音说话，并讨论欧洲是否需要一部宪法。

和，是一种"貌合神离"，即"关联"的目的是为了更好地"断裂"，最终形成断裂社会。孙立平借用法国社会学家图海纳用"马拉松"来比喻法国近些年来社会结构的变迁，这是一种与金字塔式的等级结构不同的运作机制。人们在金字塔中虽然占有不同的社会/空间位置，但始终处于同一结构之中，而马拉松的游戏规则则是不断地使人掉队，即"被甩到了社会结构之外"，剩下那些坚持跑下去的就是被吸纳进国际经济秩序中的就业者，在这个意义上，参与游戏的与被淘汰的处于结构性的"断裂"之中，这是世界体系下出现的游戏机制。若将马拉松这一时间性的比喻来替换金字塔这一空间结构的修辞来描述中国当下社会的区域状况，似乎能够解释一部分中国社会的事实。西部和东部这种结构性的断裂，说明了这种社会结构不是这种经济增长的结果，而恰恰是强化和保证这种经济增长的条件，这样的话，中国社会中并列存在着农业文明、工业文明和以信息技术、生物技术为代表的新文明：以上海、北京为首的东部处于新文明，而西部贫瘠的地区则处于原始的农业文明，社会最终处于"断裂"状态。孙立平认为，这并非"多元社会"的表征，这是中国近代以来被纳入资本主义"世界体系"就不得不面对的问题，这种在时间向度上不具有"同时性"的"断裂"恰恰完成了空间上的连续性①。

这样的断裂使得东部主义视阈下的东部地区自我感觉非常良好，他们认为，是自己的才能和勤奋"赢得了"先进的地位。其实从全球产业价值链的角度看，东部无非是在以跨国公司为核心的世界体系的价值链中占据了一个边缘性的位置而已。随着这一地区生活水平的提高，跨国公司在此地区生产的成本也在上升。一旦单位生产成本上升到可以抵消工厂迁移的成本，那么跨国公司将此边缘性位置转给发生过金融危机的印尼、泰国等地的可能性就会凸显出来。

殖民主义的现象，使落后地区产生了被发展地区剥削的感觉，导致了国际政治经济中所谓的"政治民族主义"（political nationalism）。而东部主义话语下的内部殖民对西部来说，就是这种"政治地方主义"（political localism）的体现。经济问题就极有可能扩展到政治方面而演变为政治问

---

① 孙立平：《断裂——九十年代中国社会结构发展新趋势》，社会科学文献出版社2003年版。

题。在国际政治中，国家间的经济冲突往往演变为武力冲突，甚至导致战争。而在国内政治中，由于中央权威的存在，这种冲突往往可以通过中央的协调而取得地区之间的合作，因此政治乃至军事冲突的可能性应该比较小。但是，如果中央权威衰落，其协调功能每况愈下，则地区之间政治无政府主义状态就会加剧，政治地方主义很可能会登上国家的政治舞台，导致国家的整合危机。改革中的地方贸易保护主义或"诸侯经济"，还只不过是政治地方主义的一种最简单的表现而已，而极端的则会如民国政府时期，地方政府利用农民暴动来抵抗、消磨中央政府。

内部殖民的空间终将会有尽头，"过剩"的农民只能硬生生地承受掠夺，但等剥夺超出了一定的生存底线，伤害了下层人民的生存伦理，社会动荡就将不可避免。在目前的情况下东部地区的感觉很好，全国人民的感觉似乎也很好，在一些"盛世吉言"的表象下沉湎于有限的增长不可自拔。但是，这是一种极为危险的麻木，是一种在固有的思维定势中自我陶醉的自闭行为。东部主义的思维定势不仅不能换回时间，反而会使我们更可能丢失西部空间，进而延缓现代化的宝贵时间。

100 多年以前，韦伯在弗莱堡大学作了题为《民族国家与经济政策》的激情而又冷峻的教授就职演说。演说以论述德国东部的农业结构变迁和劳工的处境开始：19 世纪中叶，容克地主庄园经济在新兴的资本主义经济冲击下开始衰弱，东部边界廉价的波兰斯拉夫等民族劳工开始流入德国东部，为落后的庄园经济提供了降低成本、苟延残喘的机会。与此同时，原来收入较丰、素质较高的德国劳工则纷纷外迁，流入工业城市或西部地区。而庸俗的"国民经济学"则一再从学理上论述这种廉价的劳动力的优势，利益集团的庸俗政治与民族前途的长远政治摆在了德意志民族面前。尽管当时的德国在经济发展上突飞猛进，科技水平日新月异，人民生活不断改善，但时不时冒出的路德主义和威权主义仍然深深地困扰着这个民族，德意志民族仅仅只是在国家统一的迷离景象喷薄出了一片"祛历史"、"祛政治"和"祛责任"的迷雾。德国外部的情况则是要同"日不落"帝国做一世界性的较量，周围的法国、俄国也让它不能轻松起来，在夹缝中求生存。而国内盘踞或企图盘踞在政治统治地位上的，除了"行将就木的没落阶级"（容克地主）就是"远未成熟的政治侏儒"（资产阶级），要么就是"一群没有政治意识的市侩"（工人阶级），急功近利的庸俗经济学通过国家的经济政策而深入人心，以致"德国的任何一个角落现在都是丑态百出"。一句话，就是经济的快速发展与政治上的不成熟将最终会使民族振兴的愿望付诸东流①。

现今中国的处境与当时的德国还颇有几分相似之处。现今的中国现代化一路狂飙猛进，称为"经济增长的奇迹"，"民族国家"的国势可谓蒸蒸日上，"现代化"前景似乎指日可待。中国的国内生产总值已跃居世界第2位，但人均收入和人文发展指数的世界排名却相当靠后，中国离全面的现代化还相距甚远。中国改革开放后的有关制度安排和政策取向，特别是20世纪90年代以来大规模的权力寻租，城乡之间、东西部之间和地区内部严重的两极分化，经济增长的内需动力持续衰减。一方面是突飞猛进的经济增长，但发展的马太效应已经十分严峻，既得利益集团在政治上固守着东部主义思维；另一方面，历史的责任要求这个民族做出伟大的复兴，同样，利益集团的庸俗发展与中华民族的长远利益也摆在了我们面前。而我们的外部环境并不乐观，处在美国确立的世界体系格局中，不仅面临着这样一个大格局，我们东部的近邻日本跟我们一样也是处于一种焦急的竞争状态中，他们担心中国的崛起，台海问题使得中国要周旋于复杂的国际形势中，也同时在夹缝中小心翼翼地生存。但是中国问题的关键是不能只作为贪图小康安逸的国家，它是一个文化古国，有责任作为一个文化大国，更应作为一个有世界胸襟和历史抱负的大国来求生存、谋发展。一句话，中国已经处于历史的十字路口。

世界体系总会有周期性的震动，世界体系的核心地带并非永远不变，如16、17世纪是西班牙和葡萄牙，18、19世纪则是英国，而20世纪至今则是美国。每一次世界体系的变通都带来民族国家格局的极大改变，下一波是什么时候，谁都不知道。但是问题的关键在于"机会是给有准备和有实力的人"，中国能否搭上这趟"列车"，取决于中国较好的发展形

---

① 诚如韦伯所担心的，威廉二世的德国和魏玛共和国的政治不成熟，导致后来纳粹上台，发起二战又失败，德国分裂，1989年"柏林墙事件"后统一，德意志民族为其政治上的不成熟付出了沉重的代价，时间耽搁了近百年。

势，西部问题的严峻性要引起我们的充分重视，东部主义的思维需要我们时刻警惕。因为西部问题与东部主义始终在双螺旋上共舞，西部问题起始于东部主义，东部主义终结于西部问题。而解开“问题”与“主义”的枷锁，需要的是“西部问题，中国眼光”、“西部问题，世界眼光”，而非“西部问题，东部眼光”。

"东部主义"的形成缘由与知识特性

在"西部社会学"理论体系中，"东部主义"的概念和解释方式实质上是构成"西部社会学"理论的一个重要基石，同时也是理解"西部问题"的一个核心概念和方法论基础。①在《西部问题与"东部主义"——一种基于"依附理论"的分析视角》一文中，作者揭示了在中国现代化的过程中实际存在着一种"东部主义"的思维和话语方式，其最突出的特点就是站在"东部人"的立场上规划中国的现代化发展，为"梯度发展"和"三步走"的现代化发展模式奠定了基础。② 而在其后的研究中，西部社会学研究团队多是基于该理论判断，从批判性的角度对中国的现代化道路进行了理论与经验方面的反思，其中也包括对"东部主义"这一思维的话语方式及发展实践的研究③。

但是，目前对"东部主义"的研究还基本上停留在概念阐释阶段，仍然缺乏较为深入的学理性研究。主要表现在：第一，从知识生产的角度来看，"东部主义"思维是基于何种的社会背景而形成和发展出来的，其产生的缘由何在？第二，从知识论的角度来看，"东部主义"又指涉及何种的知识内涵和所具有的特质；第三，从方法论角度来看，究竟是何种力量支撑了"东部主义"思维的思想和实践？进一步需要讨论的问题是，在目前"西部社会学"研究已取得的共识认为"西部问题"的本质在于

---

① 陈文江、寇星亮：《西部社会学的价值取向与学术立场》，《2014 年 7 月中国社会学年会"西部社会学"论坛论文集》，2014 年。

② 陈文江、周亚平：《西部问题与"东部主义"——一种基于依附理论的分析视角》，《北京工业大学学报》，2010 年第 2 期。

③ 陈文江、黄超：《"东部主义"的话语方式及其发展实践》，《2012 年 7 月中国社会学年会"西部社会学"论坛论文集》，2012 年。

"东部主义"思维主宰了中国的现代化进程的前提下，根治"西部问题"的源泉真的就在于如何清理和走出中国现代化进程中的"东部主义"这一思维范式吗？

一 "东部主义"的概念和内涵

"东部主义"概念首次见于 2010 年发表在《北京工业大学学报（社会科学版）》上的《西部问题与"东部主义"——一种基于"依附理论"的分析视角》一文。该文指出，学界和政界在对中国西部问题的考察上，采取的是一种所谓的"东部主义"立场，认为"东部主义"思维模式追求的是一种以空间置换时间的现代化路径，而在这种东部主义视域下，东西部之间实质是处于一种断裂性的亲和状态。① 由于该文的重点在于从"东部主义"概念出发对"西部问题"进行认识论意义上的反思，从而显得对"东部主义"这一概念内涵的探讨相对欠缺，并且"东部主义"概念在经验层面上能否成立还是需要划上一个大大的问号的。

而《"东部主义"的话语方式及其发展实践》一文则对上述问题进行了较好的解答，该文指出，"东部主义"指的是在中国的现代化进程中，出现的以东部地区优先发展或主导发展的一种发展取向、思维模式及发展实践。它的外延是东部地区优先发展、主导发展、率先发展的各种话语、政策安排、政策实施及效果，及在这种发展取向之下的东部地区与中西部地区的发展关系。该文通过对"东部主义"的话语表现方式及其发展实践的分析，认为"东部主义"发展话语造成了发展的固化，即从东部优先发展变成了东部主导发展，东部地区在成为发展神话的同时，西部地区则走向了开发与限制发展的命运。②

我们认为，"东部主义"首先固然是作为一种思维模式而产生于对中国现代化进程方向与路径的判断，但当这种作为中国现代化的主导性思维

---

① 陈文江、周亚平：《西部问题与"东部主义"——一种基于依附理论的分析视角》，《北京工业大学学报》，2010 年第 2 期。

② 陈文江、黄超：《"东部主义"的话语方式及其发展实践》，《2012 年 7 月中国社会学年会"西部社会学"论坛论文集》，2012 年。

模式一旦建立，便具有了一种特殊的生命力，表现出独自的建构性、渗透性以及再生产性等特质。

就建构性而言，在"东部主义"思维的规划下，中国确立了"三步走"的现代化发展之路，然而要确立这种现代化模式的合理性与合法性，"东部主义"思维便合乎逻辑地建构了一系列的表述话语，如政治话语、政策话语以及学术话语①。另外在对西部的话语表述上更是表现出了"东部主义"思维的建构性，正如贾双跃②所述，西部话语本质上是社会建构的产物，是随着制度环境的变化而不断变化的，其建构的逻辑便是制度化、建立可见的西部表征体系、贫困的问题化、描述的简单化以及"救赎"的隐喻。正是在这种"东部主义"的话语建构下，西部被置于一种"被凝视者"的地位，等待着"被拯救"、"被援助"、"被发展"，进而丧失了应有的发展主体性。

就渗透性而言，主要表现在两个方面，即思维的渗透性和权力的渗透性。作为一种思维方式，"东部主义"从本体论与认识论的层面将"东部"与"西部"做出了区分，并成为中国现代化进程中的一种政治和经济发展话语，渗透进公众和国家的意识里面。而作为一种权力，"东部主义"则通过"标签化"、"制度化"等一系列社会运作的综合处理机制，实现了对"西部"的话语支配，并在获得"西部"认同的同时，赋予"东部"一种结构化力量。

就再生产性而言，在"西部"对"东部主义"思维抱得认同之后，也在生产着自身的"东部主义"话语，实现了"东部主义"在西部地区的话语再生产。正如周凡在《西部地区发展与西部话语建构——西部地方政府对西部话语的建构逻辑分析》一文所述，"一方面，西部地方政府在争取中央资源的时候会使用西部地区落后、贫穷、亟须开发援助这样的表述；另一方面，西部地方政府在招商引资、吸引人力物力的时候又会使用另一种表述，'西部地区经济近些年发展迅速，发展前景很好、发展空

---

① 具体可参见陈文江、黄超在《"东部主义"的话语方式及其发展实践》一文对三种话语方式的归纳和整理。

② 贾双跃：《被建构的西部：西部话语的建构性及其建构逻辑》，兰州大学 2012 年硕士研究生学位论文。

间大'"。① 笔者认为，从表面上看，尽管西部地方政府对西部话语的表述是多样的，但这种表述的逻辑依然没有脱离"东部主义"的思维范式，即以"东部"②为参照，为中心，通过顺从、示弱、诉求表达、博弈等行动逻辑去试图谋求自己的发展之路。

综上，笔者认为"东部主义"思维已经在很大程度上主宰了中国的现代化进程。然而值得细究的则是"东部主义"思维缘何产生于80年代，并呈愈加凶猛之势迅速占领了中国现代化的主流话语体系。

二 "东部主义"思维的产生缘由

诚如前文所述，"东部主义"指的是在中国的现代化进程中，出现的以东部地区优先发展或主导发展的一种发展取向、思维模式及发展实践。在国家区域发展规划层面上，"东部主义"的重要表现便是在20世纪80年代逐步形成的"梯度发展战略"或"梯度推移战略"，并于"七五"规划（1986—1990）正式提出以该战略思想为核心的区域经济发展战略。"七五"规划提出："要加速东部沿海地带的发展，同时把能源、原材料建设的重点放在中部，并积极做好进一步开发西部地带的准备。把东部沿海的发展同中、西部的开发很好地结合起来，做到相互支持，相互促进。"③ 然而这种战略思想在我国确定了"改革开放"这一基本国策时就已初步形成。

由此也产生了我国现代化进程中存在的两种区域经济发展战略，一是自1952年至1978年执行的均衡发展战略，强调生产力空间"均衡布局"的同时重点进行三线建设，提高不发达地区的发展水平，缩小地区发展差距。然而三十年的实践证明，"区域平衡推进和收入平均分配的选择是低效率的，必须集中优先的资源首先发展一部分地区，以此为动力逐步推进

---

① 周凡：《西部地区发展与西部话语建构——西部地方政府对西部话语的建构逻辑分析》，兰州大学2015年硕士研究生学位论文。

② 在这个层面上，"东部"并不仅仅是一种具体的所指，如东部地区抑或东部省份，已包括站在东部立场上的中央政府等利益主体。

③ 《中华人民共和国国民经济和社会发展第七个五年计划》，人民出版社1986年版。

其他地区的发展。"① 这也就是我国自改革开放之后逐步确立的"非均衡"发展战略，强调我国在区域布局的产业政策以及资金投资方面上应向东部倾斜，优先发展东部。

当然，在以"梯度发展理论"为基础的"非均衡"发展战略逐步确立的 80 年代中，许多中西部地区的学者以及实际工作者们也纷纷对其进行理论批判。例如西部地区的学者们针对"非均衡发展"战略的缺陷②提出了"超梯度"发展论，认为在构想中国的经济发展战略过程中，必须摒弃"梯度发展论"，指出我国应首先发展能源产业、交通运输业等制约着我国经济发展的一些"瓶颈"产业。由于西部地区拥有丰富的自然资源，因此，只有加速发展西部地区，尤其是能源产业、交通运输业，才能保证沿海地区加工工业的持续发展。③

然而值得注意的是，80 年代中西部地区学者与工作者们对"梯度发展理论"的批判丝毫没有影响国家"非均衡发展"战略的制定，"东部主义"更是成为区域经济发展中一种主流的思维方式，渗透到国民经济发展的中长期计划之中。因此，需要思考的则是为何东部主义具有如此强硬的生命力？能够长期地主宰中国区域经济发展的主流话语？

我们认为，从产生来源上看，"东部主义"思维直接承自中国早期现代化的积极探索。近代以来，东部沿海地区一直是处于与西方国家碰撞的前沿地带，民族工业发展最为充分，在中国早期现代化的探索中具有重要的地位。自 1872 年由广东华侨商人陈启源在南海简村创办我国第一家民族工业工厂后，近代民族工业规模曾逐渐壮大之势，并经历了几个重要发

---

① 石璧华：《我国非均衡区域发展战略理论述评》，《淮北煤炭师院学报（社会科学版）》，1998 年第 4 期。

② "梯度发展理论"在 80 年代中后期越来越多地受到了现实层面的挑战，有学者指出这种挑战主要表现在四个方面：一是能源与原材料供应的严重不足迫切要求加快中、西部资源产业的开发；二是在外部环境变化和对外开放发展过程中内陆与周边国家接壤的地区获得了新的发展机会；三是各省区在地方经济利益的推动下，利用国家财政制度改革过程中积累起来的地方财力纷纷大力发展自己的加工产业，以致出现了以重复引进与生产能力过剩为特征的"地区经济结构趋同"趋势；四是许多地区经济发展出现了剧烈起伏和不断再组合的现象。（陈淮：《90 年代中、后期我国地区经济发展的基本对策》，《中国工业经济研究》，1994 年第 3 期。）

③ 蔡尤礼、高敬海：《略论我国经济次发达地区的发展道路》，《江西社会科学》，1986 年第 3 期。

展时期。① 但不可否认的一个事实便是这些大都集中在沿海地区，造成东部地区的经济发展基础要远好于中西部地区，而东部过去的这种辉煌似乎也成为国人挥之不去的骄傲。由此来看，"东部主义"思维是有着一定的历史基础和发展脉络的。

其次，从产生动力上看，"东部主义"思维产生的根本动力在于自近代中国以来由民族主义激发出来的对现代化的强烈渴望。而"近代中国的现代化在很大程度上是由民族主义激发而成为国家的变革目标，毛泽东时代的现代化也是民族主义促迫下的产物。"② 这从近代中国主题——"救亡图存"以及毛泽东"落后就要挨打"、"赶英超美"等一系列的口号中也可以看出对民族独立与民族富强的迫切追求，前者涉及的便是在西方帝国主义侵略下民族主义意识的觉醒与勃兴，后者表现的正是以西方现代化为参照的中国发展之路以及对现代化的急盼之心。而当中国于1976年结束"文化大革命"追溯新中国成立以后近三十年的发展历程时，才意识到这远不是一条通往共产主义的光明大道，而是血迹斑斑，最终剩下的只是近乎崩溃的国民经济③。但随之即来的挑战便是中国现代化之路的前进道路又在何方？当我们再度放眼看世界时，却发现我们的诸多近邻④已经凭借西方发达国家的产业转移一跃成为亚洲最发达富裕的地区之一，日本更是在短短的一二十年中成为了世界经济第二大强国。毫无疑问，对发展现代化的紧迫感接踵而至，而中国又能否踏上这趟现代化的快车呢？"改革开放"似乎确已成为我们走向现代化的最后一棵救命稻草。

再次，从理论上看，世界经济中心转移，即由大西洋沿岸的欧洲和北美东海岸转移至太平洋四周的黄金海岸，为"东部主义"思维的产生提

---

① 徐文华：《中国近代民族工业的发展和反帝救国运动——兼谈民族工业发展的分期》，《淮阴师专学报（社会科学版）》，1984年第1期。

② 冯静：《民族主义、现代化与国家——中国现代化道路的诠释与反思》，《西南大学学报（人文社会科学版）》，2007年第1期。

③ 当然，针对"文化大革命"时期国民经济状况还存在着诸多争论，主要的观点有"崩溃边缘论"、"濒临崩溃边缘论"、"有所发展论"等，但不可否认的是，"文化大革命"对国民经济发展的破坏是巨大的。具体可参见陈东林《"文化大革命"时期国民经济状况研究述评》，《当代中国史研究》，2008年第2期。

④ 如以韩国、台湾、香港、新加坡为代表的"亚洲四小龙"，以及以泰国、马来西亚、菲律宾和印度尼西亚为代表的"亚洲四小虎"。

供了充分的合理性支撑。因为不可否认的是，东部沿海地区最接近甚至就处于这一中心地带，优先发展东部沿海地区似乎就成为不二的选择了。而对于刚刚从计划经济体制走出来的国家，要尽快融入资本主义世界经济中心，最急需的便是国家政策的支持，以及通过充分发挥社会主义集权体制集中办大事的"优越性"为其提供充分的人力、物力和财力的支持。

最后，从价值取向上看，中国现代化进程中的"效率优先"原则从本质上直接催生了"东部主义"思维。从投资效益的角度来看，东部沿海地区由于具有良好的工业基础、便利的海内外交通、较为丰富的人力资本以及相对先进的科学技术，使得其投资效益在一定程度上要优于中西部地区[①]。在当时国内资源紧缺的状况下以及"效率优先"经济发展原则的指导下，对东部沿海地区实行了倾斜投资的政策，从而保证了东部地区乃至全国的快速发展。在国家层面，也形成了"不问姓'社'姓'资'"、"不管黑猫白猫，抓住老鼠就是好猫"等一系列近乎功利主义的发展话语。而这最终使"东部主义"思维显得更具一定的"合法性"。

综上，我们可以看出"东部主义"思维发展的种种迹象及缘由，但笔者认为，对"东部主义"的分析更应从其知识特质的角度出发，剖析"东部主义"思维的本质。

三 "东部主义"思维的知识特性

诚如前文所述，"东部主义"思维是源于民族主义国家对现代化的极具渴望，是一种近乎功利主义，对发展问题简单化处理的思维模式。"'东部主义'在本质上是在国家发展的整体格局中确立了东部的主体地位和西部的从属地位，以东部地区的发展代表和概说中国现代化的整体发

---

① "东部地区的投资效益高于中西部地区"的观点也是中国"非均衡发展"战略的一个重要立论根据。而这也成为诸多反"梯度发展"理论、反"非均衡发展"战略的主要批判点。如有学者认为中国的生产力空间十分复杂，具有多层次性，像东部地区整体上虽然发达，但也存在大片低梯度的欠发达区域，主张中国宏观区域经济梯度的分布应以经济中心为极核的圈层构造和以交通线为辐射带交错的图像，不应采用东、中、西这样带有明显简单化的划分方法。（郭正模：《"梯度推移"、"发展极—增长点"与"点线面扩展"——宏观区域经济发展理论探析》，《生产力研究》，1988 年第 1 期。）从该角度来看，"东部主义"思维亦是一种将中国现代化路径"简单化"的思维方式。

展。在'东部主义'的思维定势中，中国的西部则被建构为一种边缘化的'他者'立场，处于一种'被凝视者'的被动地位。"[1]

可以说，"东部主义"是源于"发展"、源于"现代化"。而这在很大程度上则应归结为二战以后，以美国为首的发达国家向发展中国家和不发达国家成功推销"发展"话语的结果，即"发展主义"理念在世界范围内得到了传播，且愈来愈多的国家对其抱以认同，纷纷开始满怀雄心地展开各自的现代化计划[2]。这种"发展主义"是一种以经济增长为中心的社会进步理论，代表着工业革命以来的进步主义价值观，[3] 认为经济增长是社会进步的先决条件。在这种"发展主义"理念的刺激下，国家政策制定的逻辑便是唯经济增长是大，且着眼点往往是当下的效率，而非长远的公平。在这方面，邓小平的"三个有利于"理论无疑是一种最为典型的发展话语。因此，"东部主义"思维在本质上正是在这种以经济增长为核心的"发展主义"知识体系下展开的。

然而，不可否认的，在"东部主义"思维的模式下，中国经济在短短的三十几年实现了量的跨越和腾飞，并于 2010 年超越日本成为世界第二大经济体。然而诸多学者却是对此报以冷眼，认为中国经济增长粗放，GDP 质量较差，民众收入差距大，GDP 增长没有惠及全体国民，仍然缺乏公平、自由的市场竞争，最终导致其"质"难保。另外，在区域发展的问题上，东西部地区之间的发展差距亦是呈拉大之势，尽管国内对"梯度发展"理论以及"非均衡发展"战略存在着诸多争论，那么"东部主义"思维为何还能够深入扎根在国家现代化的发展战略之中，并使东部地区的经济发展远远领跑于全国？

我们认为，除了上述原因外，一个重要的力量则是国家主义。在国家主义的立场下，国家的富强是绝对优于东部繁荣与西部落后并存的状况，

---

① 陈文江、寇星亮：《西部社会学的价值取向与学术立场》，《2014 年 7 月中国社会学年会"西部社会学"论坛论文集》，2014 年。

② 关于"发展"如何在二战以后逐渐成为的世界性命题，阿图罗·埃斯科瓦尔在其经典著作《遭遇发展——第三世界的形成与瓦解》一书中有着深刻的论述。据其观点，诸如"发展中国家"、"不发达国家"的概念本身便是由西方国家创造出来的。

③ 周穗明：《西方新发展主义理论述评》，《国外社会科学》，2003 年第 5 期，持类似观点的还可见许宝强《发展主义的迷思》，1997 年第 7 期。对"发展主义"的系统梳理可参见叶敬忠、孙睿昕《发展主义研究评述》，《中国农业大学学报（社会科学版）》，2012 年第 2 期。

这也决定了中国的现代化之路更多的是一种国家立场，而非个人立场。另外，也正是在国家主义的庇护下，"东部主义"思维得以确立，并"从中央到地方，全国都支持，并从理论上论证，政策上实行税收优惠、政策支持、金融倾斜、资源保障、舆论导向，等等"①，进而保证了东部地区的快速发展。因此，"东部主义"思维在形式上乃是国家主义的一种必然表现。

问题接踵而至的则是，进入 21 世纪，虽然国家举全国之力实施西部大开发战略，从金融、政策、舆论等方面都给予了西部不小的支持，但为何西部地区在种种经济发展指标上仍保持着与东部地区的拉大趋势？笔者认为，这在很大程度上是源于"东部主义"思维一旦形成便具有了强有力的生命力，而生命力的核心在于资本，资本的逐利性则直接导致了"内部殖民主义"的产生。

"内部殖民主义论"是一种研究第三世界内部社会关系的理论，20 世纪 60 年代期间由墨西哥人类学家冈萨雷斯·卡萨诺瓦和鲁道夫·斯坦夫海根等人提出。他们指出，在许多第三世界国家摆脱了来自外部的殖民主义统治和剥削后，在这些国家的内部却仍然存在着一种统治与被统治、剥削与被剥削的关系。对于这种关系，现成的二元化理论、城乡关系理论、阶级关系理论以及民族理论都无法提供令人满意的解释。内部殖民主义不仅体现在不同种族之间的关系上，而且还反映在不同地区的不平衡发展进程中。发达地区（增长极）通过多种机制从落后地区（外围）中汲取大量经济"剩余"。因此，"增长极"的发展是用"外围"的落后换来的。②

1975 年，郝克托在其《内部殖民主义》一书中对内部殖民主义论进行了更为丰富的论述。③ 他针对一个多族群国家内的发达核心地区与欠发达地区之间的关系，提出了两种发展模式：扩散模式与内部殖民主义模式。扩散模式是假设一个国家内有两个在政治、经济上存在明显差异的两个族群，它们在对国家政治、经济等各方面事务的主导权方面力量悬殊，

---

① 谷亚光：《是梯度发展理论失灵还是政策调整没到位》，《中国改革报》，2005 年第 005 版。

② 江时学：《"内部殖民主义论"概述》，《国外理论动态》，1993 年第 15 期。

③ Michael Hechter, Internal Colonialism: The Celtic Fringe in British National Development, Berkeley: University of California Press, 1999, p. 3.

且分别居于国家的核心地区与边缘地区。在扩散模式下，两个地区在工业化过程中相互之间的联系逐渐增加，处于核心地区的行政机构、经济商业机构、文化形式、消费方式逐渐向边缘地区扩散，地区经济差距逐渐缩小，边缘地区开始步入工业化的进程，并最终实现核心和边缘地区在财富分布上的均匀。内部殖民主义是指中央政权对国内的一些地区采取了一种与殖民主义相似的统治形式。为了核心地区的利益，边远地区有可能也会得到一定的工业发展，但是这些有限的工业可能主要是为核心地区提供原材料和初级加工业，而且中央政权也不允许这些工业具备真正的实力和竞争能力。①

但我们认为，扩散模式仅仅是一种理想状态下的国家工业化模式，忽略了核心与边缘地区在历史、文化以及经济利益等方面的冲突与矛盾，未能真实地勾勒出国家现代化过程中复杂的权力与利益关系。从中国的实际发展来看，我们并未能看到——如扩散模式所认为的——东西部地区之间在经济差异上的逐渐缩小，而是更多地看到了带有"内部殖民主义"模式的发展经验与案例②，所谓的地质"扩散"或许只是消费主义文化以及东部地区和"国家代理人"主导下的某些产业，前者是消耗了西部地区仅有的经济增长，后者则是在消耗西部地区的生命——资源与环境。从这方面来看，"东部主义"发展思维下的开发方式是一种近乎"内部殖民主义"的行为。

四　结　语

回到我们在前文所述的，"西部问题"在本质上是一个"东部主义"的问题，因此，唯有对"东部主义"做出彻底的反思和清理，西部才不

---

① 马戎：《民族社会学——社会学的族群关系研究》，北京大学出版社 2004 年版。

② 马戎在其《西藏的人口与社会》一书中，借用郝克托两个模式框架，试图去理解我国中央政府与西藏地区之间的关系。他认为，我国中央政府自 20 世纪 50 年代以来在西藏地区实施的政策大致应归为"扩散模式"，而不是内部殖民主义模式。因为内地的社会、经济制度"扩散"到了西藏，中央动用了大量财力、物力来推动西藏的经济现代化，但四十多年的努力结果没有形成一个"扩散—工业化"模式，而是形成了一种"扩散—供给"模式，造成了西藏地区的经济是一种依赖型经济（马戎：《西藏的人口与社会》，同心出版社 1996 年版）。

会成为"问题西部"。而这种反思和清理不仅包括学术话语中的"东部主义"思维①，也应包括"东部主义"知识特质——发展主义、国家主义、内部殖民主义。另外，这种反思和清理亦不能仅仅局限于包括中央政府在内的"东部"，还应指"西部"所浸染的"东部主义"更应得到彻底地反思与清理。

---

① 贾双跃：《社会学东部主义与西部社会学的实践：基于反思性视角的分析》，《2014 年 7 月中国社会学年会"西部社会学"论坛论文集》，2014 年。

社会学东部主义与西部社会学的实践：
基于反思性视角的分析

　　2010 年，在中国社会学年会上，出现了一个名为"西部社会发展与西部社会学"的论坛，这是西部社会学第一次进入中国社会学界的视野，自此以后，西部社会学论坛连续举办 4 届，形成了一系列研究成果。通过梳理这些成果，我们发现，西部社会学自提出以来总是带有一点与主流社会学格格不入的气质，其理论观点和研究进路都与主流社会学大相径庭，因此也饱受质疑，甚至多数主流学者都在怀疑"西部社会学"的提法是不是成立。然而，即使在这样的氛围下，西部社会学还是在学术界坚持了 6 年，并且从目前的态势来看，这个领域的研究还将继续坚持下去。这一方面表现出中国社会学界宽容、和谐的学术氛围，另一方面又显示出中国社会学研究也存在着"主流"和"边缘"的问题。

　　我们认为，国内学术发展的进程同中国社会现代化进程一样，都存在一个"东部主义"的"思维和话语"问题，西部社会学与主流社会学的格格不入正是这种问题的现实体现。自 1979 年中国社会学恢复重建以来，已经走过了 35 年的历程，这期间中国社会学经历了对西方社会学的学习、借鉴、吸收、再创造的过程，形成了一批具有中国特色、中国风格和中国气派的研究成果。而随着中国社会学的日益成熟，学术界也越来越强调理论自觉的重要性[①]，其重要的表现就是对自己"正在做什么"有一个清醒的认识，这个认识过程属于反思社会学的范畴。站在反思的立场上，纵观当代中国社会学的发展，我们又发现了什么？中国的主流社会学家们正在

---

　　① 郑杭生：《"理论自觉"与中国风格社会科学：以中国社会学为例》，《江苏社会科学》，2012 年第 6 期。

做什么？为什么"西部社会学"的提法会引来主流社会学者们的片片质疑声和不屑一顾的态度呢？在与主流社会学并不协调的关系中，西部社会学的合理性又体现在哪里？基于这一系列的疑问，本文尝试以"社会学东部主义与西部社会学的实践"这一题目，通过反思性视角分析社会学研究中"东部主义"的隐含假设，在实践的意义上解读西部社会学存在的合理性。

一　社会学的"反思性"

在社会学界，"反思性"这一概念拥有多重意义，因此布迪厄提出，如果不经进一步说明，"反思社会学"这一标签几乎含糊的毫无意义。布鲁尔将反思性等同于学科的自我指涉，认为知识社会学的解释模式可以用于社会学本身①。吉登斯则在行动、科学和社会这三个意涵上使用了反思性这一概念：从行动上来看，如果行动主体拥有反过来针对自身并监控自己行动的能力，说明他们是反思性的；在科学意涵上，如果社会科学所生产的知识被"注入"到它的研究对象中，此时我们也可以说社会科学是反思性的；最后在社会层面，如果社会的演进使社会具有控制和规划其自身发展的能力，那么社会也可以被称为是具有反思性的②。本文所使用的反思性概念指的是社会学对其学科的自我关照和清理。

20世纪70年代，美国社会学家古尔德纳提出了"社会学的社会学"，他认为社会学的反思性主要关心社会学家要做什么和他们实际在做什么。对于古尔德纳来说，反思社会学肇始于这样一个非常基本的假设：即理论是通过知识分子的实践以总体方式创造的，并为他们经验的生活所塑造③。因此，在古尔德纳那里，社会学的反思性主要关心单个的社会学家，社会学家的"主我"是反思性的对象，也是反思性的承担者。

---

① 高小波：《浅论布迪厄的反思社会学》，《世纪桥》，2014年第11期。
② 布迪厄、华康德：《实践与反思》，李猛、李康译，中央编译出版社1998年版。
③ Gouldner, Alvin, 1970, *The Coming Crisis of Western Sociology*, New York：Basic Books.

与古尔德纳相比，布迪厄对反思性的认识更加开阔也更加深刻。他将反思性置于社会学研究的中心位置，并认为反思性是社会学认识论的一个基础向度，是任何有远见的社会学实践的必要前提。为了与其他各种形式的反思性区别开来，布迪厄主要在三个方面论述了反思社会学的独特特点：首先，反思社会学的基本对象并不是个别社会学者，而是根植于分析工具和研究操作中的社会和学术无意识；其次，从反思的主体来看，反思社会学并非压在孤身一人的学究肩上的重负，而必须成为一项集体的事业；最后，从反思目的来看，反思社会学并不企图破坏社会学的认识论保障，而恰恰是要去巩固它，也不是要削弱客观性，而是通过扩大社会科学的知识范围，增强其可靠性①。

布迪厄对社会学的反思首先从清理存在于社会学中的主客体二元对立开始。以反思性的视角来看，社会学场域中的一系列二元对立，都是没有任何意义的"虚假的对立"，它们表面上是科学的对立，实际上却根源于社会对立②。为了证明这种对立的社会关联性，布迪厄反思了社会学中的唯智主义偏见，这一偏见诱使社会学者把社会世界看成一个旁观的场景，当作一系列有待解释的意指符号，而不是有待实践解决的具体问题③。唯智主义偏见将研究者和研究对象、研究者和他身处的社会（包括各种利益）、理论和实践之间的勾连性④，进行了隐藏的处理，使社会学家拥有了一种远离了普通人生活的、高高在上的感觉。社会学家用一种不在场的、事不关己的客观手法对普通人的实践进行描述、分析和裁判，借此获得了学术之于大众的权力。

将社会学中的二元对立还原到学术场域中，对其形成脉络和社会决定因素进行分析，实际上反映了反思性"理论自觉"的学术品质。反思性对社会学的重要意义就在于，对那些知识生产过程中不假思索的自明前设和先在范畴保持批判的态度，改变社会学研究中集体无意识的状况，从而在学术内外形成更负责任的政治。那些理论前设，既未经反思又缺乏验

---

① 文军：《反思社会学与社会学的反思》，《社会科学研究》，2003 年第 1 期。

② 王庆明：《社会学的社会学：从反思性到自主性》，《晋阳学刊》，2008 年第 4 期。

③ 布迪厄、华康德著：《实践与反思》，李猛、李康译，中央编译出版社 1998 年版。

④ 葛卉：《话语权力理论与 90 年代后中国文论的转型》，华东师范大学博士学位论文 2007年。

证，却支配着社会学者的思考，划定了社会学思考的范围，预先确定了思考系的内容，实际上却成了思想和观念生产的"母机"，有什么样的前设就有什么样的思想，大量的社会学知识在相同的前设中生产出来，所以，它们都存在着"家族相似性"①。

为了实现对"集体无意识"的超越，培养社会学的想象力，反思性视角要求社会学从各种认识论障碍中解放出来，尤其是从卡里斯马式的、不受社会因素限定的自我观念中解放出来，把社会学研究看成是发生在学术场域中的一种实践，通过分析社会学扎根于其中的结构条件和权力斗争，揭示出影响社会学观点的那些支配性力量和社会决定因素，消除社会学对自身的幻觉。同时，社会学还应当对理论范式产生的历史渊源保持清醒，因为任何场域都无法超越历史因素的影响②，对于学术场域来说，占统治地位的范式和概念本身就是历史建构的产物，那些脱离了概念语境而进行的社会学分析，只能拉大理论逻辑与实践逻辑的距离，强化社会学的"无意识"，并不能很好地描述实践。

反思性研究为社会学摆脱集体无意识，实现视角转换，培养一种新的关注方式提供了路径，为超越各种二元对立，使社会学回归对实践的现实关怀提供了认识论保障。这样的反思精神和反思性视角，对当前中国社会学来说具有特别重要的意义。作为从西方社会母体中脱胎的知识，社会学与西方工业社会的发生和发展有着密切的联系，它不可能是纯粹普世的，因此也不可能完全准确地把握和解释中国社会现代化的实践③。中国社会学自1979年恢复重建以来，对西方社会学经历了一个学习、借鉴和吸收的过程，经过近35年的发展，今天，中国社会学日益强调自身研究的理论自觉和对西方社会学的再批判，其本质上就是用反思性的视角，清理社会学研究中的一系列自明前设，消除社会学在考察中国社会时的思维定势，激活社会学对实践的关怀和洞察力，重新思考中国社会中的各种实践（包括现代化实践），使社会学理论更贴近中国社会转型的实际，从而达到对中国社会更真实、更客观的理解。

---

① 陶东风：《社会科学的反思性》，《开放时代》，1999年第4期。
② 布迪厄、华康德著：《实践与反思》，李猛、李康译，中央编译出版社1998年版。
③ 郑杭生：《当今社会学要做好三门功课》，《人民日报》，2014年。

二 社会学东部主义

中国社会学的恢复重建是在"中国特色社会主义的现代化进程中"实现的，它的发生和发展都与中国现代化建设和社会转型有着密切的联系。近十年来，由于国家政策的需要和社会现实的变化，社会学迎来了一个高速发展的机遇期，有学者将这一时期称为"中国社会学的春天"[1]。人们可以清楚地看到，从社会学科研队伍的规模、社会学科研教学单位的数量、学生数量、科研成果数量以及社会接受程度、国家重视程度等多个指标来看，中国社会学正处在一个高速发展和繁荣的时期。但是，如果站在反思性的立场来审视中国社会学的发展，缺乏学科的理论自觉，社会学最兴盛的时期，就有可能是危机开始的时期。陆学艺[2]和邓伟志[3]认为，推动社会学春天到来的原动力之一就是"和谐社会"和"社会建设"等政治理念的提出，而事实上，这一动力本身就暗含着中国社会学发展的社会决定因素以及权力意味。它们渗透到中国社会学的研究中，成为"思想的非思想范畴"，从而使相关研究包含了一系列反映这些关系的前提和假设。如果不对这些自明前设保持理论自觉，中国社会学很可能会陷入布迪厄所说的"唯智主义谬误"，失去对现实社会的把握能力。

"社会学东部主义"就是广泛存在于中国社会学研究中的一个"统治性范式"，反映了社会学研究中的"学术无意识"。社会学东部主义是一种去脉络化的、权威式的、无视实践的多样性和复杂性的研究范式，从表现形式来看，它往往以东部为中心建构社会学理论，将东部的体验当作全国的体验，把东部的需要简化为全国的需要，用"贫困"和"发达"、"开放"和"保守"等二元对立的词汇描述东西部差异，在西部人不在场的情况下，通过对西部的问题式诊断，维系着东部对于西部的优越感，同时也强化着东西部二元对立的社会结构。大部分社会学家对社会学东部主义的接受，导致他们难以对中国社会现代化中出现的一些新问题、新现象

---

① 陆学艺：《社会学的春天和社会学家的任务》，《北京社会科学》，2009 年第 5 期。

② 同上。

③ 邓伟志：《社会学的春天》，《深圳特区报》（B10），2012 年。

做出具有说服力的解释。因此社会学东部主义正在日益成为我们理解当前和未来社会经验的一个重要障碍。

在中国的社会学研究中，"东部地区"这一概念较少出现在学术文献中，而是通过一种"以我为中心"的、权威的、独白式的言谈形式强化着东部的存在。以社会建设的相关研究为例，有学者认为中国经济结构已经达到工业化中期水平，而社会结构却处在工业化初期阶段，社会结构严重滞后于经济结构，以此为依据，相关研究提出，中国已经进入以社会建设为重点的新阶段[1]。从理论的逻辑来看，这是一个近乎完美的论述，但是仔细考察相关研究划分中国社会发展阶段的指标，我们发现，研究中所使用的诸如三次产业结构、城镇化率等数据，往往更符合东部地区的实际，而事实上，西部大量贫困地区远远还没有达到工业化中期的水平，更谈不上社会建设了。这些研究以一种更符合东部地区状况的描述，隐匿和掩盖了其他地区的现实体验，无形中强化着东部对于发展权力的主导，将其他地区置于了被动和从属的地位。

不仅如此，社会学还通过强化对西部的诊断式研究，再生产出东部主义研究范式。那些以"西部农民工"、"西部城镇化"、"西部荒漠化"、"西部移民"等为主题的研究，生产出了大量对西部的问题式诊断，这些研究带着医生的视角，在西部身上发现了许多病态现象，把西部建构为一个脆弱、多病的地区[2]。而研究者却很少意识到，他们正在将一个个抽象的理论表达从西部丰富的地方实践和中国现代化场域中抽离出来，用一种"科学知识无可置疑"的姿态把西部钉在了"问题"的十字架上，这一行为恰恰显示了社会学东部主义的"符号暴力"。

从本质上来看，社会学东部主义是一种权力说话的方式，是强势集团与弱势集团二元对立的思维方式：强势一方强调自身的优越性同时贬低另一方，弱势一方陈述自己的虚弱同时强调另一方的责任，通过这种方式，社会学东部主义生产出双方的自我认同，同时也强化着双方的对立。至此，我们可以进一步看到，社会学东部主义由若干假设组成，在以往的社

① 陆学艺：《社会建设就是建设社会现代化》，《社会学研究》，2011年第4期。
② 贾双跃：《被建构的西部：西部话语的建构性及其建构逻辑》，兰州大学硕士研究生学位论文2012年。

会学研究中，这些假设既没有得到过系统的清理，大多数时候也没有被社会学家所意识到。这些假设包括：

1. 中国社会存在着一个地理上独一无二的东部，它在文化上区别于全国其他地区。

2. 东部代表了进步、开放、高素质、发达，相比较其他地区而言，它对时代的反应更敏感、更迅速。

3. 因此，东部的成功并不是天生的，而是在社会竞争和世界市场竞争中奋斗而来的，对比东部发展前后的状况，更能显示出东部的优越性。

4. 东部的优越性意味着，中国的主要问题是落后的问题，而问题的原因并不出在东部身上，需要对落后地区进行系统的诊断。

作为一种研究范式，社会学东部主义的形成与社会学场域内的结构关系以及社会学场域嵌入于其中的中国社会有着密不可分的关系。在影响社会学场域的外部力量中，国家的政治需要是形成社会学东部主义的决定性因素。由于特殊政治力量的影响，当代中国社会学与其他国家的社会学相比，有一个非常明确的起点，那就是改革开放。1979 年，随着中国政治环境的变化，社会学得以恢复名誉，开始走上重建之路。社会学从废墟中复兴，一开始就把中国的改革和现代化实践作为自己的立足点[1]。20 世纪80 年代，中国现代化的路径被表述为"两个大局"：一个大局是加快沿海地区的对外开放，使其先发展起来；另一个大局是，当沿海地区发展到一定时期，要拿出更多的力量帮助中西部地区发展[2]。作为改革开放产物的中国社会学，其研究的主题和观点深受此战略的影响，从理论上论证了分层推进现代化的合理性[3]，把关注的重点放在东部地区现代化上，进而把现代化的研究简化成东部现代化的研究，把对东部的关注当作对全国的关注，东部主义逐渐渗透到社会学的研究实践中。

改革开放初期，社会学对东部的关注主要是出于政治需要和对现代化实践的自觉。这一时期，虽然社会学也受到社会决定因素（如国家政治需要）的支配，但是至少保持了对中国现代化实践的现实关怀；虽然社

---

[1] 张琢：《发展理论与中国现代化研究述评》，《社会学研究》，1986 年第 6 期。

[2] 陈文江、严学勤：《西部社会转型与发展社会学范式转换》，《探索与争鸣》，2013 年第 1期。

[3] 张琢：《发展理论与中国现代化研究述评》，《社会学研究》，1986 年第 6 期。

会学对国家的政治需要是迎合的，但是对此也保持着清醒的认识。这也体现出中国社会学自产生之初所具有的学术、道德和政治使命。因此，在理论自觉的意义上，改革开放初期的中国社会学并不存在"社会学东部主义"的研究范式，社会学东部主义是历史发展的结果，但是其根源在于改革开放初期的社会学研究实践。

随着改革开放的深入推进，社会学东部主义伴随着"学术无意识"逐渐形成，并成为"既得利益者思维"的表现，成为进一步改革的阻力。改革开放三十年，东部地区的现代化建设取得了意想不到的巨大成就，但是在"第一个大局"逐渐实现之后，中西部地区发展的"第二个大局"却难见起色。其主要原因就是以"东部"为标签的既得利益集团，企图将中国的社会结构定型化，维持其在中国社会的"中心"地位，很不幸的是，社会学东部主义代表了这样一种思维方式，成为既得利益者施展符号暴力的工具①。与此同时，学术场域通过审稿制度，社会科学基金对研究方向的导向，社会学规范化教育等一系列制度形式，强化着东部主义研究范式对社会学研究的主导作用。以社会学学术论文发表为例，学术权威的文章引领了论文发表的方向，为了发表论文，许多研究并没有深刻理解权威文章所产生的历史背景以及社会政治背景，就盲目将其中的观点"拿来"，作为自己研究的基础，用理论的逻辑代替实践的逻辑，毫不理会研究对象的生动实践，造成了研究成果并不能很好地反映社会现实，而仅仅成为"社会学东部主义"再生产的机制。这种研究不仅限制了社会学的想象力，而且严重阻碍了社会学对中国社会实践的把握能力。

三　西部社会学的实践

社会学东部主义代表了一种权力说话的方式，它的产生与中国的现代化实践和社会学场域的内部结构有着密切的联系。目前社会学东部主义已经成为阻碍社会学发展的一个重要认识论障碍，为了克服这一障碍，进一步巩固中国社会学的认识论基础，有学者提出了"西部社会学"的研究

---

① 陈文江、贾双跃：《"权力—知识"视角下的"西部特质"》，《"西部社会学：中国道路与西部模式"论坛论文集》，2011年。

计划，从本质上来讲，这一计划就是反思性的清理社会学东部主义的"学术无意识"，推进中国社会学的理论自觉，实现中国社会学知识范式的转换①。

具体来说，西部社会学就是基于中国社会东西部差距的现实，基于中国现代化的伟大实践，对中国西部经济、社会、文化领域的真问题进行系统研究，是出于对西部发展的现实关怀（公共性），站在西部人的立场（本土化），以批判的视角（反思性）对中国社会结构和中国现代化建设进行的再思考，是在对改革开放以来西部地区的学者以及关注西部发展的学者所关注的研究领域和研究问题进行梳理、整合的基础上提出的特殊命题②。

在这样的研究计划指导下，西部社会学形成了一系列研究成果，这些研究成果确立了西部社会学的研究主旨与核心命题，清理了东部主义发展模式对西部发展的影响，指出了现有发展社会学理论在解释西部转型时的困境，分析了"西部话语"以及"西部特质"的建构性及其背后的权力意味。并且，在社会事件研究、民族研究、环境研究、城市研究、互联网研究、社会流动研究等多个研究领域，西部社会学都实现了研究范式的突破，通过对既有研究的批判性反思，逐步摆脱社会学东部主义的束缚，将问题还原到它所产生的场域中去，对问题背后的社会结构、社会制度、支配性力量等因素进行系统梳理，使研究逐步贴近研究对象的丰富实践，形成了对问题的全新的认识。

从西部社会学的研究实践中，我们可以发现一组全新的理论前设，它们与社会学东部主义的假设构成了鲜明的对比，拓展了社会学的研究空间和对现实世界的把握能力。这些假设主要包括：

1. 在中国社会中，西部、中部和东部在身份和地位上是平等的，它们相互依存，共同组成了中国这一民族国家的版图。

2. 中国的现代化实践深刻地影响着所有中国人的生活，其中包括东部人，也包括西部人，中国现代化的历史经验是属于大家的。

---

① 陈文江：《社会学的知识转向和西部社会学研究》，《"西部社会发展与西部社会学"论坛论文集》，2010 年。

② 同上。

3. 由于中国社会内部的异质性，不同人对中国现代化实践的体验是多样的和复杂的，东部人和西部人对中国社会现代化拥有不同的感受。

4. 正是这种不同的感受，强化着东西部之间的二元对立，其本质上是强势集团和弱势集团的对立。

从西部社会学的研究计划和理论前设中，我们可以看出，西部社会学的出现，是与中国现代化实践所产生的新问题紧密联系在一起的，是对这些问题在学术层面的回应。改革开放三十年，中国特别是东部地区的现代化建设取得了辉煌的成就，2007 年基辛格访问上海时说，他第一次到上海是 1972 年，如果那个时候有人说 35 年后上海会是现在这个样子，他是不会相信的①。由此可见，以上海为代表的东部地区，在中国社会现代化过程中发生了翻天覆地的变化，东部地区的现代化取得了长足的进展。而改革开放在取得巨大成就的同时，也形成了一个既得利益群体，当改革取得阶段性成果，逐渐完成改革之初"第一个大局"设想的时候，推进"第二个大局"的实现却面临着利益群体的阻碍。改革中所形成的利益群体为了维持改革中所获取的利益和权力，要求维持现状，阻止进一步变革的过程②。

西部社会学正是在这样的背景下提出来的，它要解决的问题是，如何打破改革以来日趋固化、日益对立的社会结构，推进中国现代化建设第二个大局的实现，最终真正实现中华民族的伟大复兴。所以，西部社会学对东部主义的批判③，对社会学东部主义的反思，实际上是对以"东部"为标签的既得利益者的反抗，是真正抛弃了宏大理论和抽象经验主义的束缚，回归到西部社会发展实践中去，深沉地凝视西部这片土地，所产生的全新的研究范式。

在西部社会学看来，东部的傲慢态度以及西部的抱怨文化，东部的区域优越感以及西部的穷光荣思想，实际上都在强化着东西部的二元对立，只有超越这种二元对立及其产生的文化基础，以平等、理性和对话的方式看待东西部差异，才能够为建构更好的未来提供文化基础。实际上东西部

---

① 陆学艺：《社会学的春天和社会学家的任务》，《北京社会科学》，2009 年第 5 期。

② 清华课题组：《"中等收入陷阱"还是"转型陷阱"?》，《开放时代》，2013 年第 3 期。

③ 陈文江、周亚平：《西部问题与"东部主义"》，《北京工业大学学报》，2010 年第 2 期。

人民共同参与了 35 年的改革开放历程，中国现代化的历史经验深刻的嵌入于东西部人民的个人体验中。当东部人民体验了私营企业和小城镇的蓬勃发展的时候，西部人民也体验了劳务输出和打工潮对当地生活的冲击；当东部人民体验了全民经商对生活质量的巨大提升时，西部人民也体验到了国有垄断企业进入当地对当地生活的改变。这些不同的体验都是对改革开放这一影响了所有中国人的重大事件的反应，应当以理性的态度看待这些不同的体验，把它们放在它们所产生的政治环境、社会结构、制度基础中去分析、去理解，而不应当仅仅拿"先进和落后"、"发达和欠发达"、"开放和封闭"、"勤劳和懒惰"、"干净和肮脏"等二元对立的词汇表达这些多样化的体验。

当西部社会学转而凝视自己所研究的土地，西部社会内部的异质性会呈现在社会学的视野中，西部人民丰富的、多样的实践活动，完全不同于社会学东部主义所描述的那样抽象和简单。因此社会学会在更平等的意义上，重新发现西部人民的创造性，以及蕴含于其中的西部人民的主动精神和蓬勃的发展活力。只有在这样的话语氛围中，才有希望打破既有的利益格局，实现中国现代化的"第二个大局"的构想。

四　小　结

中国社会学的重建是以"恢复名誉"的方式展开的，其本身就是一个政治事件，因此，不能不受到所谓"社会决定因素"的影响。可以说中国的改革开放和现代化实践是当代中国社会学赖以发端的母体①，中国社会学的研究问题、学术传统以及方法论取向都与这一"母体"有着密不可分的关联。中国社会学在与现代化实践的长期互动中，形成了自己的学术、道德和政治使命，深刻地参与到了中国现代化和社会转型的过程中，为中国现代化和社会转型做出了应有的贡献。

但是，在融入中国社会现代化的过程中，中国社会学也形成了一系列

---

① 本文认为恢复重建的社会学与恢复重建之前的社会学发生了质的变化，不仅是因为这中间存在近 20 年的断档，而且在研究主题、研究范式、理论前设、方法论取向、学术传统上都发生了非常明显的变化，最重要的，恢复重建的社会学是根植于中国社会现代化这一土壤之上的。

我们称之为"社会学东部主义"的理论前设，这一研究范式逐步融入了社会学的研究中，成为中国社会学"学术无意识"的一个表现。随着社会发展阶段的转向，改革走到十字路口，社会学东部主义的研究范式日益成为中国社会学把握时代真问题的一道障碍，成为进一步推进改革的障碍。为了打破这一认识论障碍，更好地推动中国社会学达到理论自觉，需要我们引进反思性的视角，把社会学拿来当作"一个对付自己的武器"，系统清理社会学东部主义的预设，实现知识范式的转换。

西部社会学的出现突破了"社会学东部主义"研究范式的束缚，体现了中国社会学知识范式的转换。其本质上是对改革进入新阶段的知识回应，是为了突破社会结构固化的藩篱，推进中国社会现代化"第二个大局"的实现，在学术领域提出的方案。它的理论诉求和现实关怀，与中国社会学的学术、道德和政治传统保持了连续。西部社会学提倡一种平等、理性和对话的价值观，认为全体中国人共同参与了改革开放的伟大实践，中国社会现代化塑造了东西部人民共同的、有差异的体验，应当在政治环境、社会结构、制度基础中去看待东西部之间的差异，而不是用一种二元对立的思维强化东西部之间的对立。西部社会学还主张回到西部人民多样的、复杂的、生动的实践活动中去，改变宏大理论和抽象经验主义不在场的、权威的、高高在上的研究方式，通过对所研究土地的凝视，发现西部的创造性和活力。

当然，西部社会学还存在许多问题，比如，研究队伍的规模还很小，研究成果数量不多，理论观点还没有得到学术界的广泛认同（当然这也反映了社会学场域中的权力关系以及社会学东部主义的影响力），等等。但是，通过用反思性的视角考察社会学东部主义以及西部社会学的实践，我们发现，西部社会学是对时代真问题的揭示，因此是天然的根植于时代的和现实的土壤之中，在这样的土壤中成长起来的知识，必将保持其应有的生命力。

"东部主义"的话语方式及其发展实践

在对东西部区域差距问题的解读过程中,存在着形形色色的解释,既有理论方面的探讨,又有政策方面的研究,这些研究往往又被统摄在国家主义、民族主义、民粹主义、自由主义等理论标签之下(陈文江、周亚平,2010)。经济学、社会学、政治学、地理学、历史学等众多学科纷纷加入,抢占话语权,其中以经济学最为活跃。人们在某种区域理论的指导下用数据整体描述东西部之间的差距、解释原因并进而提出一系列的应对策略(卢丽春、李延国,2006;刘胜强、周兵,2008),这些理论既包括要素决定论、结构决定论、地理决定论、制度决定论(金国轩,2011),又包括政治经济学,从多重角度解释了导致东西部区域差距的根源。但是,究竟又是什么原因导致了不同区域之间经济要素与经济结构、地域选择、地方官员配置、区域发展政策等一系列制度、结构等方面的区域差距,这些解释并没有给出明确的回答。本文认为,正是这些隐藏在背后的制度、结构因素主导了中国的区域发展战略,成为区域发展差距的主要影响因素。很显然,如果仅从经济学的角度,不可能解释清楚这个问题,因为经济学只关心是哪些因素影响了经济的发展,而不会去考虑是什么原因影响了这些要素的配置,这超越了经济学的研究逻辑(董才生,2001)。

社会学对西部发展中的问题进行了广泛的研究,问题涉及西部少数民族发展、城市问题、农村社区、贫困问题、人口流动与农民工问题、妇女等弱势群体以及宗教问题、环境问题、相关政策评估及社会分层等专题研究(贾双跃,2012;黄超,2010),但对区域发展的制度结构等问题方面涉足不多。研究者沉浸于分支学科和具体问题的探讨之中,失去了对于"西部发展"这一宏大问题的整体把握,社会学家真的成为了一个"解释者"、一个在专业的笼子里跳舞的"舞者"(郑杭生,2011),没有很好地承担起"制度性反思"和"文化启蒙"的作用。缺乏把握时代重大问题的气派，相关研究也必然是狭隘的，这也使得社会学研究陷入学科"碎片化"的境地（贾双跃，2012）。正如 Horowitz 所指出的，碎片化使社会学出现了让位的过程，分支学科的崛起带来了核心学科的分解溃烂，必然会成为"单变量的社会学"（Horowitz，1993）。

把区域发展置于中国现代化道路选择与实践的高度来考察东西部地区发展差距，人们会有不同的发现。"东部主义"的发展取向是中国的现代化进程中现实存在的发展范式，是一种建立在集权体制之上的功利主义的发展道路选择。这种起源于 80 年代、以空间换时间、以牺牲西部地区利益换取东部地区优先发展的现代化取向和思维，是造成今天东西部地区发展差距和西部发展诸多问题的根本原因（陈文江、周亚平，2010）。"东部主义"的分析视角使我们摆脱了就东西部地区发展的经济要素来讨论区域差距问题的局限性，也使我们摆脱了西部社会研究中"碎片化"的窠臼，从而使我们能够反思当前中国的现代化进程及其实践。

本文将采用文献研究的方法，以话语分析的范式对"东部主义"发展取向和思维进行话语分析。话语分析就是要对在该时空范围内的人们以各种话语形式（日常生活中的言论、新闻报道、政府文件、书刊文章、日记、书信、广告、电影、电视节目、音乐、时装、建筑等）所建构的某一社会现实和他们所采用的话语策略及其社会效应进行分析（谢立中，2010）。

一 "东部主义"的话语方式及其表现

（一）东部区域的划分与"东部主义"概念

1. 东部地域的划分及演变

我国的区域划分，特别是经济区域划分一直处于变动之中，所以关于东中西三大地区的具体所指也处于变动之中。20 世纪 50 年代为谋求沿海和内地的平衡发展，以行政区划为基础，将全国经济划分为六大区域，即：华北、东北、华东、西北、中南、西南六大区域。50 年代末至 60 年代初，将全国划分为一线、二线、三线地区。一线地区包括新疆、内蒙古、黑龙江、辽宁、吉林、天津、山东、江苏、上海、浙江、福建、广东等省区；三线地区包括四川、贵州、陕西、甘肃、青海、宁夏、广西、湖北、湖南、山西等省；其余地区为二线地区。60 年代末到 70 年代初，又依据各大军区，将全国划分为西南、西北、中原、华北、华东、东北、华南、闽赣、山东、新疆十大片区。70 年代末到 80 年代初，在制订"六五"计划时，在地区经济发展上采用了沿海和内地的提法。1987 年，国家"七五"计划首次正式提出了我国经济区域按东、中、西三大地带划分的模式（宋岭、魏秀丽，2000）。

1982—1992 年这一时期的经济区划对中国的区域经济产生重要影响。"六五"计划中提出沿海与内地的划分方法，"七五"计划中又明确提出了对当代中国区域经济研究最有影响力的且沿用至今的东中西三大地带的提法。这一时期的经济区划不仅在理论上对区域进行了划分，同时根据区划采取了倾斜的梯度发展战略和对策，从而促成了真正意义上的经济区域形成。两种经济区划，无论是沿海与内地，还是东中西三大地带，受到特殊优惠政策倾斜的始终是东部沿海地区（宋岭、魏秀丽，2000）。

基于以上的理由，本文"东部主义"概念中所指东部即指的是"六五"计划所划分的沿海地区所包含的区域，又指的是"七五"计划中所划分的三大地带中的东部地带所包含的区域。目前，国家确认的东部地带包括北京、天津、河北、辽宁、上海、江苏、浙江、福建、山东、广东和海南等 11 个省（市）；中部地带包括山西、吉林、黑龙江、安徽、江西、河南、湖北、湖南等 8 省；西部地带包括重庆、四川、贵州、云南、西藏、陕西、甘肃、青海、宁夏、新疆、广西、内蒙古等 12 个省（区、市）（张继良，2007）。

2. "东部主义"的概念

"东部主义"指的是在中国的现代化进程中，出现的以东部地区优先发展或主导发展的一种发展取向、思维模式及发展实践。它的外延是东部地区优先发展、主导发展、率先发展的各种话语（领导人的讲话、学术话语）、政策安排、政策实施及效果，及在这种发展取向之下的东部地区与中西部地区的发展关系。东部主义的实质是一种以空间置换时间的现代化，是在现代化的进程中应对世界体系的一种妥协策略，是以东部发展为中心的国家主义的必然逻辑（陈文江、周亚平，2010）。"优先发展"指的是在中国的东中西部区域发展顺序中，相比较中西部地区而言，东部处于首先发展的地位，"主导发展"指的是在中国经济社会发展过程中东部处于主导地位，处于经济或产业发展的上游，其他地区处于经济或产业发展的下游或依附地位，如中西地区处于原材料及能源支持地位，东部发展处于引导、示范、辐射其他地区的地位。

（二）"东部主义"话语的几种表现

1. "东部主义"的政治话语

早在 1978 年，邓小平在《解放思想，实事求是，团结一致向前看》的讲话中，首先提出了让一部分地区优先发展起来的区域发展战略。邓小平指出："在经济政策上，我认为要允许一部分地区、一部分企业、一部分工人农民，由于辛勤努力成绩大而收入先多一些，生活先好起来。一部分人生活先好起来，就必然产生极大的示范力量，影响左邻右舍，带动其他地区、其他单位的人们向他们学习。这样，就会使整个国民经济不断地波浪式地向前发展，使全国各族人民都能比较快地富裕起来。""当然，在西北、西南和其他一些地区，那里的生产和群众生活还很困难，国家应当从各方面给以帮助，特别要从物质上给以有力的支持。"邓小平强调"这是一个大政策，一个能够影响和带动整个国民经济的政策"（邓小平，1978）。

此后，邓小平同志几次谈到了区域发展战略。1980 年 5 月，他在会见几内亚总统杜尔时说："像中国这样的大国，也要考虑到国内各个不同地区的特点才行"。1983 年 1 月，他在同国家计委、国家经委和农业部门负责同志谈话时说："农村、城市都要允许一部分人先富裕起来，勤劳致富是正当的。一部分人先富裕起来，一部分地区先富裕起来，是大家都拥护的新办法，新办法比老办法好"。1984 年 2 月，他在视察广东、福建、上海等地回到北京后，同几位中央负责同志谈话时说："如果将来沿海地区搞好了，经济发展了，有了条件，收入就可以高一点，消费就可以增加一点，这是合乎发展规律的。要让一部分地方先富裕起来，搞平均主义不行"。1985 年 3 月在一次讲话中，邓小平又指出："我们提倡一部分地区先富裕起来，是为了激励和带动其他地区也富裕起来，并且使先富起来的地区帮助落后的地区更好地发展"。1985 年 9 月，他在党的全国代表会议上说："鼓励一部分地区、一部分人先富裕起来，也正是为了带动越来越多的人富裕起来，达到共同富裕的目的"。1986 年 12 月，他在同中央几位负责同志谈话时说："我们允许一些地区、一些人先富起来，是为了最终达到共同富裕"。1988 年 9 月，他提出了著名的"两个大局"思想："沿海地区要加快对外开放，使这个拥有两亿人口的广大地带较快地先发展起来，从而带动内地更好地发展，这是一个事关大局的问题，内地要顾全这个大局。反过来，发展到一定的时候，又要求沿海拿出更多力量来帮助内地发展，这也是个大局。那时沿海也要服从这个大局"。1988 年 10月 5 日，邓小平在会见肯尼亚总统莫伊时说："我们的发展规划，第一步让沿海发展，第二步，沿海地区帮助内地发展，达到共同富裕"（中共中央文献出版社，1998）。1992 年，邓小平在南方谈话中，再次明确"走社会主义道路，就是要逐步实现共同富裕。共同富裕的构想是这样提出的：一部分地区有条件先发展起来，一部分地区发展慢点，先发展起来的地区带动后发展的地区，最终达到共同富裕。如果富的愈来愈富，穷的愈来愈穷，两极分化就会产生，而社会主义制度就应该而且能够避免两极分化。解决的办法之一，就是先富起来的地区多交点利税，支持贫困地区的发展。当然，太早这样办也不行，现在不能削弱发达地区的活力，也不能鼓励吃'大锅饭'。什么时候突出地提出和解决这个问题，在什么基础上提出和解决这个问题，要研究"（邓小平，1992）。

从邓小平的相关讲话中，我们可以看出邓小平将一部分地区先富起来，后富带动先富，作为走社会主义道路的必然选择，同时邓小平设计了"三步走"的战略步骤，将"两个大局"战略构想作为实现中国现代化目标的战略部署和具体的途径与方法。邓小平"两个大局"的战略构想，将优先发展东部地区作为走社会主义共同富裕道路的战略选择，也将之视为中国国民经济发展、实现四个现代化的发展路径。这种发展路径体现了邓小平的区域非均衡发展思想，也成为我国实行东部沿海地区优先发展战略和西部大开发的基本理论依据（保建云，2002）。

2. "东部主义"的政策话语

邓小平的区域非均衡发展是党的区域经济发展指导思想，这一思想通过国民经济和社会发展规划得以明确和付诸实施，从而上升为国家政策。

"六五"计划指出："要积极利用沿海地区现有基础，充分发挥它们的特长，优先发展，从而带动内地经济进一步发展"、"内陆地区要加快能源、交通和原材料工业建设，支援沿海地区经济的发展"。计划同时提出："在广东的深圳、珠海、汕头和福建的厦门试办经济特区，把特区建设和管理好"（国务院，1980，中华人民共和国国民经济和社会发展第六个五年计划）。

"七五"计划进一步实施和完善区域经济发展战略，明确把全国划分为东、中、西部三大经济地带，形成了东、中、西部三大经济地带非均衡发展梯度推进的发展战略。"'七五'期间以至九十年代，要加速东部沿海地带的发展，同时把能源、原材料建设的重点放在中部，并积极好进一步开发西部地带的准备。把东部沿海的发展同中、西部的开发很好地结合起来，做到相互支持，相互促进。""七五"计划不仅提出要继续搞好深圳、珠海、汕头和福建的厦门经济特区同时，还提出开放十四个沿海城市和海南岛，同时形成长江三角洲、珠江三角洲和闽南三角区开发区，在这些区域实施特殊政策和灵活的措施（国务院，1986，中华人民共和国国民经济和社会发展第七个五年计划）。

"八五"计划提出"正确处理并协调沿海和内地的关系。继续发挥沿海地区资金、技术、人才优势，积极发展技术水平较高的产业以及出口创汇产品，将耗能高、运量大工业的建设重点逐步转移到能源充足、资源富集的地区。同时，积极发挥内地的资源优势，在加快资源开发的前提下，适当发展加工工业，并逐步提高加工深度"。在对外开放政策上提出："继续推进沿海地区经济的发展，办好经济特区，巩固和发展已开辟的经济技术开发区、沿海开放城市和开放地区，认真搞好上海浦东新区的开发和开放。同时，选择一些内陆边境城市和地区，作为对外开放的窗口"（国务院，1991，中华人民共和国国民经济和社会发展第七个五年计划）。

"九五"计划提出"东部地区要充分利用有利条件，多利用国外资金、资源和市场，进一步增强经济活力，发展外向型经济。依靠高新技术、集约经营，重点发展资源消耗少、附加价值高、技术含量高的产业和产品，同时建立比较发达的农业。在深化改革、转变经济增长方式、提高经济素质和效益方面迈出更大的步伐，促进经济又好又快地发展，为全国提供新的经验"。在对外开放方面提出："国家对经济特区和上海浦东新区的基本政策不变，在发展社会主义市场经济的过程中，有些具体办法要有所调整和完善。经济特区要增创新优势，更上一层楼。经济特区、沿海开放城市和开放地带要积极参与国际经济合作，充分发挥示范、辐射和带动作用"（国务院，1996，中华人民共和国国民经济和社会发展第九个五年计划）。

"十五"计划对东部地区提出了更高要求："东部地区要在体制创新科技创新对外开放和经济发展中继续走在前列有条件的地方争取率先基本实现现代化"。国家决定实施西部大开发战略，提出："加快水利、交通、通信、电网及城市基础设施建设突出抓好西电东送、西气东输、节水和开发水资源等一批具有战略意义的重点工程"（国务院，2001，中华人民共和国国民经济和社会发展第十个五年计划纲要）。

"十一五"规划提出鼓励东部地区率先发展："东部地区要率先提高自主创新能力，率先实现经济结构优化升级和增长方式转变，率先完善社会主义市场经济体制，在率先发展和改革中带动帮助中西部地区发展"。东部地区以高新产业发展为主要着眼点。实施西部大开发战略方面依然采取基础设施和生态环境建设为重点，"加强基础设施建设，建设出境、跨区铁路和西煤东运新通道，建成'五纵七横'西部路段和八条省际公路，建设电源基地和西电东送工程"（国务院，2006，关于国民经济和社会发展第十一个五年规划纲要）。

"十二五"规划提出积极支持东部地区率先发展，指出"发挥东部地区对全国经济发展的重要引领和支撑作用，在更高层次参与国际合作和竞争，在改革开放中先行先试，在转变经济发展方式、调整经济结构和自主创新中走在全国前列"。推进新一轮的西部大开发战略，加强基础设施建设、推进生态功能区建设和构建国家生态安全屏障。对中部地区的定位则是："巩固提升全国重要粮食生产基地、能源原材料基地、现代装备制造及高技术产业基地和综合交通运输枢纽地位"（国务院，2011，中华人民共和国国民经济和社会发展第十二个五年规划纲要）。

从对我国国民经济与社会发展的规划的梳理中，可以得出这样的结论，从"六五"计划开始一直到"九五"规划，东部地区（或沿海地区）在国民经济和社会发展中是作为优先发展来考虑的，中西部地区处于待开发状态，中西部地区（或内陆地区）是要服从这个大局的，同时应在能源和原材料上给予东部地区支持。"九五"规划开始注意到了区域之间协调发展的问题，提出需要考虑中西部的发展问题，"十五"规划开始提出了西部大开发战略，并把西部大开发战略作为区域发展战略的重要地位，从西部大开发的政策主要集中在基础设施和生态环境建设来看（陈文江、黄超，2011），这一时期的东部地区处于国民经济与社会发展的主导地位，中西部地区处于能源和原材料基地，同时成为国家生态安全屏障。

3. "东部主义"的学术话语

在区域经济发展的相关话语中，经济学者非常活跃，同时，改革开放以来的中国经济学与国家政策的走向有着密切的联系，在非均衡发展战略的大背景下，经济学界针对东部在中国社会现代化过程中的定位问题进行了充分的探讨。基于这样的理由，我们以经济学的相关研究作为分析学者关于"东部主义"话语的文献。

20 世纪 80 年代初期经济学界提出了"梯度理论"，该理论是传统经济学理论与中国经济发展实践相结合的产物，是对非均衡发展战略的理论提升。"梯度理论"概念的提出，源于 1982 年 3 月夏禹龙等在上海科学研究所《研究与建议》第 8 期上发表的一篇文章，这篇文章的题目是"梯度理论与区域经济"。由于契合了当时我国的发展战略，所以，这篇文章得到了中央高层的重视，其中，薄一波在阅读之后对其作出批示，指出"在研究经济体制改革中应予以重视"（刘丰泉，1986）。这反映了改革开放初期经济学界对国家政策的影响力。与梯度理论类似，改革开放初期，经济学界还流行着"不平衡增长理论"、"增长极理论"、"产业转移理论"等理论类型（张卓元主编，2008），它们大多从不同侧面支持了"让一部分人和一部分地区先富起来，先富带动后富"的观点，理论上来讲，东部地区的优先发展是实现中国社会整体现代化的一种战略选择。梯度理论认为：我国的地域空间，按经济发展水平划分，可分为东部、中部和西部三大地带，中、西部地区自然资源丰富，但技术力量薄弱，资金不够充足，大多数地区属于"中间技术"地带，有的地方甚至还处于"传统技术"地带，沿海和部分中部地区则具有"先进的技术"以及雄厚的经济实力，所以，我国经济发展的空间和时序选择应该是：由东向西，依照技术梯度，从先进技术地带开始，逐步向中间技术地带和传统技术地带推移，随着经济的发展，转移的加速，逐渐缩小地区间的差距（姜汝祥，1993）。

一些关于西部发展战略的具体讨论也开始出现，比如，童大林提出了"东靠西移战略"，该观点认为，改革开放初期，为了照顾国民经济的整体发展速度和经济效益，应该把沿海地区作为国民经济的发展的重点，通过投资倾斜和执行特殊的优惠政策，发挥沿海地区的优势，加快沿海地区的发展，等沿海地区发展到一定程度，再循序渐进，推动中西部地区进一步发展（童大林，1984）。童大林的这一构想得到了国务院的高度重视，被称为"惊动中南海的构想"（张晓霞，2000）。

当国家提出西部大开发战略，调整东部优先发展的非均衡区域战略时，学者们又将目光转向了对"两个大局"区域发展战略效益的评估上，力图从政策效果的角度论证东部优先发展取向的正确性。

龚绍林论证了邓小平"两个大局"战略构想是对社会主义本质的深刻把握、是对社会主义现代化建设经验的科学总结、是实现中国现代化建设目标的战略部署，同时指出区域经济非均衡发展符合中国国情、符合国际区域发展规律，带来了体制转换效应、结构优化效应、发展示范效应、技术扩散效应（龚绍林，2000）。有社会学者从社会学的角度对邓小平的区域发展理论进行了解读，认为邓小平区域发展理论的深层预设是社会有机体和整体发展思想，中国社会转型是邓小平区域发展理论的重要历史逻辑，全球化趋势是邓小平区域社会发展理论的宽阔视域，指出邓小平区域发展理论包括现实视角、战略核心、战略构想及其宏观效应等重要内容（杨敏，2002）。江红英认为通过20年来的实践，区域非均衡发展战略取得了巨大的成就，促进了我国经济整体上的高速增长和人民生活水平的显著提高；使沿海地区经济高速增长、结构升级优化、体制创新加快；推动了改革开放的深入与市场经济体制的建立；为实现区域协调发展战略创造了条件；丰富和发展了邓小平区域发展战略理论（江红英，2004）。有学者论证了邓小平区域发展的战略选择现实基础、区域经济非均衡发展内容、区域发展思想的影响，指出邓小平的非均衡发展战略推动了国民经济的发展，促进了要素市场的形成和发展，提高了要素的适用效率（帅建强，2007）。汪圣云认为邓小平的"两个大局"战略思想有重要的理论意义和实践意义，它是对我国区域经济发展理论的丰富和发展，它启动了利益驱动机制，充分调动了广大劳动者和地方的积极性，加快了沿海地区的飞速发展，促进了整个社会生产力的发展（汪圣云，2010）。有学者则从马克思经济学出发，解析了改革开放以来不平衡区域发展模式的选择逻辑，认为不确定条件下的制度试错，导致了改革必然呈现特区—沿海—内陆的递进态势（施戌杰，2012）。

经济学从学术层面为东部优先发展提供了理论支持和证明，使得东部优先发展获得了学术话语及合法性。同时一些后续的研究又从实践的角度证明邓小平"两个大局"、东部优先发展的逻辑性、科学性和重要性，使得东部优先发展的非均衡战略成为了一种可被经验证明、可被社会大众感知的社会事实。

二　"东部主义"的话语实践

（一）经济区划与"东部主义"

区域划分的演变深受经济发展战略和思路的影响，也是实现经济发展战略和思路的基础。"六五"计划沿海地区和内陆地区的划分、"七五"东中西三大地带的划分、"八五"沿海地区和内陆地区的提法，实质上是为了契合邓小平的"两个大局"战略和梯度发展理论的，主要目的是为促进东部沿海地区的发展，在投资、财税、金融、外贸上给予了很大的资金和政策倾斜。无论是沿海与内地，还是东中西三大地带，这两种经济区划，受到特殊优惠政策倾斜的始终是东部沿海地区（袁朱，2007）。从这个角度上来说，沿海与内地、东中西三大地带的划分体现了国家梯度发展战略，体现了实现"让一部分人、一部分地区先富起来"的思路，也是国家梯度发展战略，先富带动后富发展思路的基础之一。

（二）改革开放与"东部主义"

东部地区的优先发展是与中国的改革开放政策紧密联系在一起的，可以这样说东部优先发展是以改革开放为载体推动起来的。为了实施东部地区优先发展的非均衡发展策略，从党的十一届三中全会开始到90年代初，中央政府采取了一系列特殊政策措施：

一是对外开放政策优先在东部沿海地区实施。1979年7月，中央决定对广东和福建两省对外经济活动实行特殊的政策和灵活的措施（江红英，2004）。1980 年 8 月，全国人大常委会批准在广东省的深圳、珠海、汕头福建省的厦门设置经济特区，实行一系列鼓励这些地区的吸引资金、技术、人才，先发展起来的特殊政策和灵活措施，四个特区成为对外开放的试验场。1984 年 4 月，根据邓小平的倡议，中央决定开放沿海 14 个城市。1985 年 2 月，长江三角洲、珠江三角洲，闽南厦门、漳州、泉州三角地区开辟沿海经济开放区。1988 年 3 月，辽东半岛、山东半岛、环渤海地区和北部湾附近的一些县市和沿海开放城市所辖县被列为经济开发区，同年 4 月，国务院决定把海南建设成全国最大的经济特区，执行比当时其他各经济特区更开放的政策。1990 年 6 月，我国政府批准上海市开发、开放浦东地区。1991 年，绥芬河、黑河、满洲里、黑河、珲春等四个东北城市。中国的改革开放政策和经济特区在东部地区形成由点到线，上升为面的开发格局（王崇举、黄志亮，2003）。

二是经济体制改革优先在东部沿海地区实施。国家借鉴国外发展市场经济的经验，率先在东部沿海地区实施市场取向的经济体制改革，使东部沿海地区形成体制优势。比如，率先在东部沿海地区建立经济特区，证券交易所率先在东部沿海的城市建立，股份制试点率先在沿海东部地区实施（龚绍林，2000）。也有学者指出，东部地区的快速发展，特别是经济特区的快速发展，非常重要的一个因素就是，经济体制上的双轨制，首先在全国当时主导方面还是计划经济，但是深圳实行市场经济，因此深圳的发展，享受到两个体制上的优惠，既得到计划经济的支持又得到市场经济的激励，形成了一个政策洼地，各种生产要素都在那里汇集（林凌，2004；林凌，2006）。

三是投资布局重点安排在东部沿海地区。1980 年东部地区的投资总额为 391.31 亿元，占全国比重的 50.57%，1985 年投资额增加到了 1275.3 亿元，比重增加到 52.48 亿元。1997 年东部投资额增加到 14743.93 亿元，分别是中西部的 2.8 倍、3.6 倍。到了 2004 年，东部投资总额高达 40411.49 亿元，分别是中西部的 2.6 倍、2.9 倍（何艳、张芬，2006）。

四是放权让利的优惠政策首先在东部沿海地区实施。国家对东部沿海开放地区首先实施了一系列优惠政策，如扩大当地政府利用外资的审批权和对外经济活动的自主权，减免外商投资企业的所得税和关税，扩大当地政府对外贸易的自主权和外汇留成比例等。这些特殊政策和措施的实施，有力地保障了区域经济非均衡发展战略的推进，极大地促进了东部沿海经济和整个国民经济的迅速发展（龚绍林，2000）。

（三）东中西发展关系定位与"东部主义"

在实施东部优先发展的非均衡区域发展战略时，东部地区和中西部地区之间有着紧密的关系，在不同的时期呈现出不同的相互关系，正是这种角色安排使得东部地区优先发展在最短的时间内成为可能。邓小平关于"两个大局"的论述中提到："沿海地区要加快对外开放，使这个拥有两亿人口的广大地带较快地先发展起来，从而带动内地更好地发展，这是一个事关大局的问题，内地要顾全这个大局。反过来，发展到一定的时候，又要求沿海拿出更多力量来帮助内地发展，这也是个大局。那时沿海也要服从这个大局。"这里隐含着要求内陆地区要有大局思想，服从国家优先发展东部地区的战略大局。"六五"则明确指出内陆地区顾全大局的具体方法，"内陆地区要加快能源、交通和原材料工业建设，支援沿海地区经济的发展。"经济学者林凌曾经提到"过去沿海是依靠西部来供应能源的，80年代初期，我就接待过多批上海和江苏来的同志要求四川、重庆给他们供应原材料、供应各种各样的物资"（林凌，2004）。从"七五"计划开始至今，中西部地区作为东部地区的能源和原材料基地、高能耗产业承接基地的规划和定位愈加明确。

邓志涛研究员指出"国家投资布局的集中、政策的优势、外资注入，同时通过不同渠道将本来少得可怜的内地资金也吸引到沿海，使资金流、物资流、人才流、技术流、劳动流全部汇聚到沿海地区，形成了'孔雀东南飞'、'一江春水向东流'的难以遏制的趋势，这才促成了沿海地区的飞速发展，才有了神话般的奇迹，可以说，这个奇迹是以占有绝大多数国家投资和让中国部分地区付出巨大牺牲为代价换来的，是全国人民共同创造的"（邓志涛，1996）。温家宝总理在纪念西部大开发五周年的讲话中指出："西部大开发促进了其他地区的发展。西部地区重点工程建设所需的设备、技术等，很多来自于东部和中部地区，有效地扩大了这些地区的市场空间，促进了产业结构调整，增加了就业岗位。同时，西部地区还输出大量能源、原材料等资源，保证了其他地区经济发展的需要。这些都有力地支持了东部和中部地区的经济发展，为保持国民经济平稳较快增长发挥了重要作用。"（温家宝，2005）。长期以来，西部资源型产业处于两种不平等的关系之中：一是资源无价、原料低价、产品高价的扭曲价格体系，使西部资源开发企业受益偏低；二是东部能源利用与原材料加工企业凭借资源低价和对环境资源的无偿占有获得高额利润（林凌，2008）。有研究者就一针见血地指出，如果东部不利用西部地区的资源而压低资源价格，不利用西部源源而来的打工仔压低劳动力价格，东部也很难发展得这么快（陈文江、周亚平，2010）。

三 "东部主义"发展话语的社会后果

（一）发展的固化：从东部优先发展到东部主导发展

"东部主义"的发展取向在不同的时期呈现出不同的表现形式和内涵，处于发展、变化中。"六五"时期至"七五"时期是优先发展东部地区（或沿海地区），中西部地区需要顾全这个大局。国家在政策、资源、财力上支持东部地区发展，中西部处于自我发展时期，处于超缓慢发展阶段。"八五"时期至"九五"时期，依然是优先发展东部地区，中部地区作为东部地区的能源和原材料保障基地，西部地区处于待开发区域。"十五"至"十二五"期间，提出西部大开发战略、东北振兴、东部率先发展等战略。这样的发展取向、实践使得东部处于有自我积累、自我激励、自我扩张能力，通过制造业、服务业、城市化拉动经济更快增长的发展阶段，而西部地区的经济增长则处于以生态建设、资源开发为主要方式，依靠国家对基础设施投资拉动的发展阶段。在产业结构中，西部处于我国的资源能源供给区。在我国的整体工业布局中，东部以工业和新兴产业为主，西部则以矿产资源、能源和原材料加工为主。

从东部优先发展演化到东部主导发展，东部地区与中西部地区间的内部殖民式的发展关系得到了强化，东部地区与中西部地区之间的关系是一种"断裂式"的亲和（陈文江、周亚平，2010），中西部地区在经济发展与产业布局中居于更加不利的地位。这种演变也从另一方面说明了，"东部主义"的发展思维更加隐秘、更加固化，中央的政治精英、东部的经济精英和日趋商业化的知识精英等既得利益集团已经形成一个巩固的联盟，构成了对西部发展强势的压迫力量，这实际上牺牲了中国现代化之路的多种可能性，牺牲了中西部地区的区域发展活力（陈文江、周亚平，2010）。

（二）西部地区的命运：开发与限制性发展

西部大开发激发了国家和社会投资西部的热情。2000 年，西部 12 省、区、市全社会固定资产投资总额达 6110.32 亿元，比 1999 年增长 14.6%，高于全国 10.3% 和东部 8.3% 的增长速度。从基本建设投资的行业构成来看，投向农林牧渔业的资金占 3.43%，投向采掘业的资金所占比重为 5.90%，其中新疆采掘业投资比重高达 33.30%，投向交通运输业和邮电通信业的资金所占比重为 32.21%，投向电力、煤气及水生产供应业投资比重占 18.47%，投向文化教育和科学技术事业的基本建设资金所占比重，西部低于全国水平（杨勇先，2002）。2000—2011 年 11 年间，西部大开发累计新开工重点工程 165 项，总投资规模 3.1 万亿元，2011 年 22 项国家新开工西部大开发重点工程 22 项，投资总规模为 2079 亿元，这 22 项重点工程中交通基础设施项目 10 项，其余 12 项均涉及水利、煤矿、矿产资源、电力与成品油输送等基础设施工程。从这些数据，我们可以看出西部大开发的主要着力点在于基础设施建设、生态建设及环境保护、优势资源的利用上，有研究者指出"国家西部大开发战略的首要目标是基础设施建设、生态建设及环境保护、优势资源的利用。基础设施建设服务于生态环境建设和西部地区的资源优势产业发展。生态建设的根本目的是实现构建国家生态安全屏障建设，使西部地区成为我国的重要生态功能区。资源优势产业的开发与发展的根本目的是使西部地区成为国家重要能源、战略资源接续地和产业集聚区。资源的优势最终通过管道和交通建设向东中部地区转化"（陈文江、黄超，2011）。这样的一些定位使得西部开发的主要成绩表现在对国家的贡献之上，对西部地区的发展贡献不明显（林凌，2004）。

随着国家区域发展思路日渐清晰，"十一五"规划提出了推进主体功能区的规划，国家对东中西部地区的定位更加明确，在主体功能定位过程中，我们看到对西部地区的定位及发展限制。根据国务院下发的《全国主体功能区规划》通知（国发〔2010〕46 号）文件显示，国家层面的 3

个优化开发地区区全部属于东部地区。18 个国家重点开发区域中，有 5 个是东部地区，其余是中西部地区，主要功能定位是能源、农业原材料、交通枢纽、冶金装备制造业生态保障区域。国家层面限制开发区域是保障农产品供给安全的重要区域，7 个国家层面的限制开发区中，3 个区域属于中西部地区。国家层面限制开发的重点生态功能区是指生态系统十分重要、关系全国或较大范围区域的生态安全区域，25 个中仅有 3 个属于东部地区。重点能源资源区域主要集中在中西部地区，规划指出这些地区的能源资源除满足本地区能源需要外，应主要保障东部地区。

一方面是对西部地区大规模的开发，另一方面是对西部地区发展的限制，这看似矛盾的发展定位，实质上还是隐含着东部优先发展的"东部主义"发展取向。西部地区哪些区域属于大开发区域，哪些属于限制开发区，完全取决于东部地区的发展需要。资源的富集地区是大开发的规划地，以满足东部地区优先发展所需的资源，全国需要生态屏障的地区则是限制开发区，以发挥西部地区的生态功能。从这个层面来说，西部大开发不是国家战略，其本质还是在"策略"（strategy）层面上来考虑问题。只要是国家所有制前提下的资源保护、开发、利用模式不改变，西部资源开发和生态建设补偿长效机制未能建立起来，西部地区的自然资源和人力资源将会在这个过程中被无情地"开发"掉（陈文江、周亚平，2010）。

（三）"两个大局"构想的意外后果：东部发展的神话

"两个大局"的社会主义现代化之路的构想，带来东部地区的优先发展的成效众所周知。有学者指出："我国实施区域经济非均衡发展战略，东部沿海地区获得了前所未有的发展，为我国经济发展和现代化建设发挥了重要的示范作用。1979—1996 年的 18 年，全国 GDP 年均增长速度为 9.87%，其中沿海地区达到 11.24%。1980 年沿海地区人均 GDP 为 780 元，到 1996 年则为 9553 元。18 年中，国土面积仅占全国 14%、人口占 40% 的沿海地区对全国 GDP 增长的平均贡献率为 57% 是带动全国经济快速增长的强大力量"（龚绍林，2000）。然而是否真的能带来"先富地区带动后富地区"发展局面，这值得我们追问。邓小平提出"两个大局"战略思想的时候，我国主要实行的是计划经济体制，同时在特区和开发地带实行特殊的市场经济政策，这使得东部发展受到双重效益，可以用大局思想整合非东部地区服从东部优先发展的大局。然而当我国实施西部大开发战略（邓小平的第二个大局）时，市场经济已经在全国初步建立，计划经济的作用基本消失，所以难以通过计划经济的手段整合全国服从西部大开发战略的大局。而西部的市场经济发育程度又远较东部缓慢，西部弱势的经济体制很难与东部强势的市场体制抗衡，因而不平等的交换很难改变，西部地区的资源优势很难转换为经济社会发展优势（林凌，2008）。虽然，国家可以通过政府主导的方式加大政策倾斜和投资力度来弥补市场的不足，但一方面政府毕竟是有限的政府，能否持续大规模的投资值得怀疑；另一方面，如果国家不能改变"东部主义"的发展思维定式，会出现"越加大开发力度，越加剧不平等"的东西部发展关系怪圈。

四 结论及讨论

（一）结论

在我国的现代化进程中，存在"东部主义"的发展取向。"东部主义"指的是在中国的现代化进程中，出现的以东部地区优先发展或主导发展的一种发展取向、思维模式及发展实践。它的外延是东部地区优先发展、主导发展、率先发展的各种话语（领导人的讲话、学术话语）、政策安排、政策实施及效果，及在这种发展取向之下的东部地区与中西部地区的发展关系。

邓小平的"两个大局"非均衡发展战略是"东部主义"发展话语的政治话语基础，"东部主义"发展话语通过国民经济与社会发展规划上升为国家政策话语，以经济学者为代表的学界使得东部优先发展获得了学术话语及合法性，同时使"东部主义"的发展话语成为可被公众感知的社会事实。

为了使"东部主义"的发展取向成为发展实践，我国将地域划分为沿海地区和内陆地区，东中西三大地带，从而使各种特殊优惠政策得以落实到东部沿海地区。东部地区优先发展以改革开放为载体成为现实。沿海与内陆的关系、东部与中西部的关系的定位是"东部主义"发展取向得以实施的重要保障。

"东部主义"的发展取向和思维模式带来的可能社会后果是使中国的

现代化之路丧失多样性的可能，使中西部地区的发展成为依附式发展，最终有可能仅仅是东部地区的发展，而非"两个大局"的实现，从而影响中国的现代化和大国崛起之路。

（二）讨论

各个国家的现代化进程有多种路径，任何一种路径的选择都有其合理性及局限性，这需要我们对之进行分析和研究。中国的现代化路径包含着区域发展战略的考虑，是通过以东部优先发展的区域非均衡发展战略来实现现代化之路的。这种现代化方式，使中国在短时间内获得了较快发展，然而也带来了东中西区域发展差距的后果，这需要我们认真思考。

以某个地区作为优先发展的价值取向会导致其他区域发展机会丧失，从而带来不良的社会情绪，使落后地区产生了被发展地区剥削的感觉。90年代中期，西部某省面对东部地区的蓬勃发展和本省的超缓慢发展，写了《共和国怎样对待西部》、《怎样对待西部》、《解决东西部差距的思考》一组文章来呼吁国家对西部发展的重视，文中提到10个方面的政策导向，作者认为第一条就是要观念纠偏导向，"要让全国人民特别是国家各部门决策层高级公务员树立起这样一种观念：西部尽管还很落后，但它是我们共和国的西部，是全民族的西部，不仅仅只是西部人的西部"（邓志涛，1996）。从这个案例中，我们可以看出人们情绪上的反应，如果让这种被剥削感继续存在，严重的会演变为地缘政治，经济问题就极有可能扩展到政治方面而演变为政治问题。如果不改变这种价值取向，东部与中西部之间的关系就会演变为成为一种不平等的关系，使中西部地区成为东部发展的附属，最终影响到中国的现代化进程。因此需要打破东部主义的发展取向和思维的局限性，构建平等的、可持续的区域发展关系，真正解决中国的区域发展差距问题，使中国的现代化进程充满张力。

西部社会学的方法论特点

西部社会学的价值取向与学术立场

自从 2010 年中国社会学会"西部社会发展与西部社会学"分论坛上正式提出"西部社会学"的概念以来，社会学领域的学者们开始对这个令人感到新奇的提法予以关注。其中表现最多的是对它的质疑之声：西部社会学究竟是一个研究领域还是一种研究视角？它的学术基础和研究路径是怎样表达的？如果认可西部社会学的存在，那么是否还存在一个"东部社会学"？这些看似简单直接的问题确实切中了问题的要害，要求当事人必须以科学的态度作出合乎学术标准和逻辑的回答。因此，我们尝试对西部社会学的价值取向、研究路径和学术立场做出阐述，以便更好地对西部社会学进行理解。

一 西部社会学的研究取向

2010 年 4 月，发表在《北京工业大学学报（社会科学版）》上的《西部问题与"东部主义"——一种基于"依附理论"的分析视角》一文，揭示了在中国现代化的过程中实际存在着一种"东部主义"的思维和话语方式，其最突出的特点就是站在"东部人"的立场上规划中国的现代化发展，为"梯度发展"和"三步走"的现代化发展模式奠定了基础。尽管文中没有明确地使用"西部社会学"这一概念，但却在学术文章中首次表达了西部社会学的一种研究理念与研究思维。同年 7 月份，陈文江在社会学年会分论坛上作的《社会学的知识转向和西部社会学研究》主题报告，正式地提出了"西部社会学"这一概念，并对西部社会学研究的背景、领域和议题做了初步的阐述。

此后三年，以兰州大学和甘肃省社会学会为主体的社会学研究团队又相继在中国社会学年会上举办了"西部社会学：中国道路与西部模式"（2011）、"西部社会学：对话中国道路与西部模式"（2012）和"西部社会学论坛：中国梦与西部社会发展"（2013）三次论坛，使"西部社会学"的研究逐步深化。陈文江等人认为，"西部社会学"是基于中国社会东西部差距而对中国西部经济、社会、文化发展进行研究的学术取向，是出于对西部发展的现实关怀（公共性）、站在西部人的立场（局中人）、以西部的视角（本土化的视角）对中国社会结构和中国社会现代化建设的再思考，是在对改革开放以来西部地区的学者以及关注西部发展的学者所关注的研究领域和研究问题进行梳理、整合的基础上提出的特殊命题。西部社会学研究的三个理论议题，即研究取向意义上的知识转型问题、区域发展和社会制度层面的社会公平问题以及最终的理论创新问题。[①] 在之后的研究过程中，西部社会学的研究者们强烈地意识到在国家政策及学术话语中所蕴含的"东部主义"思维往往是将西部表述为一种具有贫穷、落后等的西部特质[②]，并展开了对西部话语建构逻辑的研究[③]，进而从话语分析的角度对西部话语进行了一系列的解构，同时也论述了"东部主义"发展取向的话语表现、政策实践及其社会后果[④]。可以说，西部社会学的研究者们在关于"西部"的知识生产方面也取得了一定共识，认为这种知识的生产实质上是一种基于"东部主义"的发展思维，是一种基于他者的知识生产过程。

应该说，西部社会学研究的进程经历了一个从强烈的情感取向转化为理论思考的过程。一群来自中国西部的学者在自身的研究实践中，深感中国现代化发展进程中实际存在的严重的东西差距和社会不平等，他们在西部的"欠发达"、"贫困落后"和"保守愚昧"中体味到了一种强烈的屈辱感，在"被援助"、"被开发"和"被扶贫"中体味到了制度安排下的

---

① 陈文江：《社会学的知识转向和西部社会学研究——兼论西部社会学研究的背景、领域和议题》，《2010 年 7 月中国社会学年会"西部社会学"论坛论文集》，2010 年。

② 陈文江、贾双跃：《"权力/知识"视角下的"西部特质"》，《2011 年 7 月中国社会学年会"西部社会学"论坛论文集》，2011 年。

③ 贾双跃：《被建构的西部：西部话语的建构性及其建构逻辑》，《2012 年兰州大学社会学硕士学位论文》，2012 年。

④ 黄超：《"东部主义"的话语方式及其发展实践》，《2012 年 7 月中国社会学年会"西部社会学"论坛论文集》，2012 年。

柔弱感，在"资源"、"人才"滚滚东流的进程中感受到了一种无奈，也在东西部的对比研究中体会到了作为主人的愤怒感。被唤醒的主体意识使这些植根于西部的本土学者发出了强烈的愿望，要站在西部人的立场、用西部人的意识关注西部人的问题，用西部人的立场反观中国的发展道路和现代化问题。一旦建立了这种认识，基于西部人的本土观念和理论自觉必然会对原有的利益关系结构和价值观念体系产生强烈的冲击，情感上的共同性和利益上的一致性必然会形成学术研究的共同体，基于现实不平等的情感表达催生了学术研究的逐渐深入，从现象到话语方式到制度结构的研究把这个学术共同体引导到了真正的理论层面，西部社会学开始由"西部人的自觉"变成了西部学者的"理论自觉"。

事实上，西部社会学的研究一直没有停止对相关问题进行知识社会学意义上的分析。它从最基本的社会事实中总结出在中国现代化进程中实际存在着严重的"西部问题"，认为这种问题表面上看是发生在西部的问题，但从根本上来讲是一个发生在 20 世纪后半叶的中国问题，是中国现代化发展的道路和模式问题，是在一种统一的理念指导下、特殊的制度安排下必然存在的重大问题。对西部问题的认识和解决不能仅仅停留在情感化的抱怨和现实层面的现象分析，必须运用知识社会学的分析范式进行深入细致的研究，才能找到最有效的解决路径和方法。因此，运用话语分析方式研究西部话语的实践，用制度—结构分析方法考察西部问题形成发展的社会基础，用事件分析方法讨论西部问题被固化为制度关系结构的过程，最终挖掘出人们思想行为深处根深蒂固的"东部主义"的思维，就成为西部社会学研究的主要路径。尽管这个过程是异常艰难的，它所要克服的不仅是思想方法和研究范式的障碍，更要面对现实生活中各种利益关系的挑战，但它的确是非常有意义，也是非常有成果的。

无疑，西部社会学在知识社会学意义上的话语研究是有着较高的学理意义，然而，由于话语研究所具有的解构主义倾向，使得西部社会学话语层面上的研究显得相对琐碎和有所迷失，缺乏一种整体论意义上的研究。并且，"西部社会学"从一开始便具有强烈的发展导向，因此，话语研究也只能成为研究者们对西部发展及其话语进行批判的一种路径，而不能代表西部社会学的全部。在研究过程中，研究者们逐渐地意识到"西部社会学"不是一种毫无知识论根基的学术呐喊，而是意味着社会学研究范式的转变①，甚至有学者认为这是一种本土化的研究范式②。然而，研究者们也深深地清楚能否真正发展出一种本土化的研究范式，关键在于如何建立坚实的知识论根基以及与西部社会学研究相契合的方法论，如何发展、凝练出属于西部社会学的本土化概念？这些问题则大大地阻碍了西部社会学研究的发展进程与成熟程度，显示了理论研究的曲折与艰难。

对于这些问题的解决，切不可急功近利，急于求成。作为一种反思中国现代化道路和发展路径的研究，西部社会学体现出了一种强烈的现实关怀，当然也包含着对西部人民强烈的人本关怀。尽管理论与研究不能只盯住现实实践中的具体问题，需要具备理论的境界和符合学术研究的逻辑，但是，在研究中深切体现现实关怀，并且把这种现实关怀有效地转化为符合研究逻辑的理论过程，就成为不可缺少的重要一环。因此，回到西部社会学的问题"原点"，深入挖掘西部社会学涉及的核心概念及其基本概念内涵，对西部社会学的基本问题做出深切的阐释，才能保证研究的有效深入和顺利进展。

二　西部社会学研究的现实路径

在对"西部社会学"概念的阐释中，有三个关键性的要点构成了它的核心知识点，即西部发展的现实关怀（公共性）、西部人的立场（局中人）、西部的视角（本土化的视角）。而要理解这三个要点，就必须对与其相关的核心概念加以解读。

（一）"西部"的概念

在"西部社会学"的视域中，包含着三种"西部"的含义，对它的不同理解导致了各种不同的研究取向和理念。第一种是行政区划意义上的西部，这个"西部"有着明显地域指称和区域界线的表述，由这个概念引申出来的"西部社会学"也可谓"西部的社会学"，即"Western Soci-

---

① 陈文江、严学勤：《西部社会转型与发展社会学范式转换》，《探索与争鸣》，2013 年第 1 期。

② 李有发：《西部社会学：社会学理论本土化的研究范式》，《2013 年 7 月中国社会学年会"西部社会学"论坛论文集》，2013 年。

ology"，它是指围绕着中国西部经济社会的发展而展开的社会学研究，如西部的经济发展、民族关系、社会建设、环境文化和发生在西部地区的特殊社会问题，等等。第二种则是表明西部人主体立场的特殊研究取向，它是在总体近乎抽象意义上的"西部人"，这又包含了三类不同群体即西部民众、西部地区的学者以及关注西部发展的学者基于对中国西部发展的特殊关注而展开的研究。其研究的领域和问题除了前述的西部问题之外，往往又加上了同东部地区发展的比较，从而使西部的研究有了更加广阔的视野。由于西部民众多是处于一种失声的地位，有着较弱的话语权，在这里，他们的利益声音则是通过作为公共知识分子的学者而发出，因此西部地区的学者以及关注西部发展的学者成为了一种抽象意义上的"西部人"，可以看出，此层面上的"西部"显然是作为一个活生生的且能发声的"西部人"而进入研究的视野，进而引申出的一个问题便是"西部社会学"可否被称为"西部人的社会学"，即"The Westerner's Sociology"①。第三种则是在前期对西部研究的基础上建立起来的一种研究的理论范式，是一种在"地方性知识"的前提下总结出来的代表被剥夺了话语权的弱势群体对发展问题的呼声。相比较而言，第三种含义已经远远超出了地域的概念而具有了研究范式的特殊价值。

值得注意的是，基于地域和主体性的表述构成了西部社会学的基本含义和明显的价值取向，但又不可避免地窄化了"西部社会学"的研究视野，同样也就为是否还存在"东部社会学"这样的诘难提供了口实。不容回避的是，基于东西部发展比较的中国西部发展的弱势的确是"西部社会学"提出的社会事实基础，但如果仅仅只是停留在这一点也难免会陷入事务主义之争的窠臼。经过前一个阶段的发展，"西部社会学"已经开始摆脱了"怨妇式"的研究理念，以西部人的理论自觉和现实关怀开展研究，开始走向知识性、规范性和体系化的研究道路。

在此，"西部社会学"中所言的"西部"也超越了一种具体的所指，成为一种近乎抽象层次的指涉物，它固然含有以上两个层面的意思，但又不止于此。目前，国家层面对"西部"的界定显然不是一种纯粹地理学

---

① 需注意的是笔者在此用的是"Westerner"的单数形式，意在强调"西部人"这一表述的抽象性。

意义上的，如同世界体系理论生产了"第三世界"概念一样，中国"西部"这一概念在也是出于某种利益需要而生产出来的，用爱德华·赛义德的话来说，这个空间是地缘政治意义上的空间，是一系列虚构的地理。首先，"西部"就是指西部经济社会发展的基本事实和问题意识，是站在西部人立场上的理论自觉，是基于落后、边缘、弱势的特殊群体基于地方性知识而展开的理论研究视角或研究框架；其次，"西部"也不只是一种研究意义上的客体对象，它是研究过程中所应具有的一种主体意识，而非简单地附和于所谓"主体"的研究；再次，"西部"的视角是一种近乎于"底层"的视角，旨在从"边缘"的角度去审视中国社会发展中的重大现实与理论问题。

（二）西部立场

正如笔者上述所说，"西部"概念乃是一个超出了原有具象的抽象概念，而在我们对"西部社会学"概念的界定中所说的"西部立场"在本质意义上也便具有了一种本体论的意味，或者说正是"西部立场"表现出了"西部社会学"的知识特性。那么"西部立场"的内涵又是什么？又蕴含了何种的知识论根基？

在对"西部问题"研究的过程中，研究者们就已经发现并表达出了这样一种观点：以往研究者们对西部研究和考察中，人们往往站在"东部主义"的立场上来"关照"西部问题，进而使西部和东部之间置于一种"断裂的亲和"状态。而所谓的"东部主义"实质是在现代化进程中应对世界体系的一种妥协策略，一种以空间置换时间的现代化，是以东部发展为中心的国家主义的必然逻辑①。这种"东部主义"的发展取向造成了一种发展模式的固化，即由东部的优先发展模式逐渐演变成了东部的主导发展②。"东部主义"在本质上是在国家发展的整体格局中确立了东部的主体地位和西部的从属地位，以东部地区的发展代表和概说中国现代化的整体发展。在"东部主义"的思维定势中，中国的西部则被建构为一

---

① 陈文江、周亚平：《西部问题与"东部主义"——一种基于依附理论的分析视角》，《北京工业大学学报》，2010 年第 2 期。

② 黄超：《"东部主义"的话语方式及其发展实践》，《2012 年 7 月中国社会学学年会"西部社会学"论坛论文集》，2012 年。

种边缘化的"他者"身份，处于一种"被凝视者"的被动地位。也正是在这个意义上，站在"西部人的立场"与"东部主义"之间就存在着一种紧张的对立关系，它的核心的要义就在于要揭示出在"东部主义"的庇护下现实存在着的不平等的权力关系，通过重构和再现"西部"的主体性而达成彰显西部自身价值的真实目的。

赛义德在其《东方学》中所称，"东方主义的所有一切都与东方无甚相关，东方主义之所以具有意义完全是取决于西方而不是东方本身，这种观念直接受惠于西方的各种表现技巧，是它们使其清晰可见，并且居于关于它的话语那里。"① 同理，以往关于西部的话语也正是在"国家主义"、"东部主义"的强势作用下逐渐被合理化的知识体系，它促成了使西部居于一种被边缘化的"他者"的不平等地位。在这种条件下，西部与东部的地域性区分变成了一种与空间隐喻相对应的意识形态，成为有价值依托、话语方式和结构支撑的社会制度形式。"东部主义"的实质是意味着，包含着一系列不平等的权力关系、造就了东西部之间的区隔，形成了一种"主体"与"他者"二元对立的社会结构。在以"东部主义"为代表的"主流"话语体系中，所谓的"西部立场"不过是一种边缘化群体的"他者"立场，充其量也不过是边缘群体为获得自身话语权的努力。

勒维纳斯区分了两种哲学，一种以主体为中心，主体通过对"他者"的征服，把"他者"还原为"同一"，最终走向自律的哲学；另一种是他律的哲学，即保留"他者"的独立性，承认与主体是有区别的、不同的实在，承认有"绝对的他者"，"他者"具有比主体能够认识更多的内容，也是主体不能够统治的。② 后者的这种"他者"身份在女性主义立场那里表现得尤为清晰。女性主义立场论者对传统认识论所主张的价值中立的客观性原则持批判态度，强调认知过程的社会性和主体性，坚持女性立场和经验的价值取向的重要性，明确提出要寻求一种具有反思性的独特的女性主义方法论规则。女性主义者认为正是因为女人处在被统治、被忽略、被边缘化的"他者"位置，这使她们获得了一种不同于男人的批判的眼光

---

① 赛义德：《东方学》，王宇根译，生活·读书·新知三联书店1999年版。
② 陈英、陈新辉：《女性视界：女性主义哲学的兴起》，中国社会科学出版社2012年版。

和立场，有助于克服偏见并产生更加客观的知识。① 借鉴女性主义的研究立场，西部社会学所主张的"西部立场"已经具备了被边缘化的"他者"所能具有的理论自觉和反思能力，这也意味着西部社会学对已经成势的"东部主义"可能具有的解构能力，意味着新的社会发展知识和理论在对东部主义的批判中逐步建立起来。

我们也须注意到，社会性别是一种再现，暗含着权力关系与等级制度。在这一再现系统内，女性不仅被男性再现为"他者"，也被自我再现为"他者"。从终极意义上来说，这种再现必然是对原本显现（presence）的扭曲，换句话说，每一个显现都是无法再现的。尤其是一些女性主义者主张女性应根据男性模式来改造自己，成为与男性一样完整的人②，而无视、否定男性与女性的差异之处，这在本质上无疑是男权思维的一种表现，因此，亦是掉进了男性霸权的陷阱之中。以此来思考，我们则必须清醒地意识到"西部立场"所追求的并不是要实现"东部"与"西部"的同一性，二者的差异性是不可泯灭的。因此，西部的特殊性也必然要求西部要不同于东部的发展之路，因此，我们不能把东部地区所经历的增长过程看作是西部必然要经历的一种模式。

三　西部社会学的学术立场与理论自觉

（一）学术立场

如前所述，西部社会学从一开始便聚焦在了发展问题上，带有了强烈的发展取向，而西部的发展现状与困境也成为了西部社会学思考的起点所在。在此意义上，西部社会学仍然属于发展社会学的学科范畴，但又超出了一般意义上的发展社会学，主要表现在两个方面：第一，在研究范畴上，西部社会学在关注传统的发展问题的同时，还注意运用后现代主义的方法去分析发展过程中所蕴含的话语、知识和权力；第二，在研究范式上，西部社会学还意味着发展社会学的范式转换问题，这种"新的视角不仅应当是本土化的，也是底层的，更是公共的，将分析的重点从发展转

① 郑丹丹：《女性主义研究方法解析》，社会科学文献出版社 2011 年版。
② 傅美蓉：《社会性别、再现与女性的他者地位》，《妇女研究论丛》，2010 年第 3 期。

向代价反思、从单一的落后—现代两分法转向多元分析、从中心转向边缘、从西方话语转向本土经验"①。无疑，这种研究范畴的拓展及研究范式的转变也同时丰富了"发展"的内涵，"发展"不是一种单一的线性发展过程，更不是简单的指经济的增长过程。"把发展界定为经济增长的一个主要缺陷是，在现实生活中，很少产生'滴漏效应'②，经济增长也不意味着生活水平的提高"。③ Andy Summer and Michael Trible 曾从发展的本质性内涵出发，总结了"发展"的三种定义方式：一是指长期的结构调整和社会转型过程，而这种转型的方向则被限定为工业化社会；二是指为了实现短期或中期目标的活动，带有鲜明的技术统治论思维和强烈的工具性，可以称之为发展的"干预行动说"；三是指西方现代性的统治性话语，西方中心主义将其发展观强加给第三世界或欠发达地区，因而导致了第三世界和欠发达地区发展状况的进一步恶化。④ 但是第一种定义和第二种定义并没有实质性的区别，它们之间存在着一种从理论到具体实践的内在逻辑关系，都属于现代性的发展主义，强调的是有计划的社会变迁以及对社会的支配和控制；而第三种定义则是一种后现代性的发展主义，强调的是去中心的多元混杂模式的共存和各种形式的抗争。

由于西方发达国家"长期以来是在时空伸延的环境下发展，因此，其发展的基本路径是社会进化；而发展中国家由于发展环境是时空压缩的，要想获得真正的发展，就得采取超越进化的发展路径"。⑤ 对于西部地区来说，这种"时空压缩"则表现得尤为明显，前现代、现代及后现代因素互相交织，共同形塑了西部社会的现代特殊性，民族、宗教、地理及生态环境因素也使得西部地区的"文化混杂化"表现得更为紧迫和严峻，包含了形形色色的传统和现代。这种"混杂文化""并不是指纯粹的

① 陈文江、严学勤：《西部社会转型与发展社会学范式转换》，《探索与争鸣》，2013 年第 1 期。

② "滴漏效应"是来自新古典经济学的假设，认为经济实现增长后，它所带来的好处将最终以"滴漏"的方式从"富裕的生产者"流向贫困人口。

③ 凯蒂·加德纳、大卫·刘易斯：《人类学、发展与后现代挑战》，张有春译，中国人民大学出版社 2009 年版。

④ Summer, Andy and Michael Trible, 2008, *International Development Studies: Theories and Methods in Research and Practice*, London: SAGE.

⑤ 景天魁、邓万春：《发展社会学的时空视角》，《甘肃行政学院学报》，2009 年第 6 期。

传统和现代相结合，创造出具有新的本质的杂合体；也并非传统和现代中那些不关联的元素的相加，或者说是'传统'出卖给了现代。混杂文化包含了文化的创造与再创造"。[①] 埃斯科瓦尔在这种混杂模型的发展取向基础之上构想出了一个后发展时代，去反对发展的"同一性"思维和单一化发展模型，强调建立在"地方性知识"之上的多元发展模型共存的可能性。

而我们以往在讨论西部发展问题的时候，多多少少自觉或不自觉地将东部地区作为西部发展的参照物，这无异于掉进了"东部主义"的陷阱之中，并造成了对东部的持续依附。因此，"西部社会学"的研究也有必要摆脱东部以"现代化"为中心的单一进化模式，并重视地方性知识的运用。所谓的东西部的发展差距问题更不应该笼统地去谈，一旦过于强调东西部的发展差距时，某种程度上就意味着我们是将东部的发展水平作为西部的发展目标，实质上我们就此已经丧失了"西部立场"以及西部的主体性。而这种强调"本土"、强调"地方性知识"的发展取向也就必然要求"西部社会学"研究者们要深入到西部社会的发展实践中，去探讨与之相关的发展机制和体制等特殊性问题。

（二）理论自觉

社会学自传入中国已经有了百余年的发展历史，但是我们也必须意识到从 1952 年社会学学科的取消至 1979 年的恢复这中间的 28 年恰恰是西方社会学发展的黄金时期，致使中国社会学错失了一个绝佳的发展机遇。在费孝通先生的倡导下，1980 年南开大学哲学系举办了社会学班中的"黄埔一期"，无疑，当年的学习与进修者已经成为推动中国社会学发展的一支重要力量，而中国社会的急剧转型也为广大的社会学研究者提供了丰富的现实资源。尽管在中国社会学的发展过程，已经形成了一些比较本土化的概念和理论体系，但是总体而言，社会学"本土化的融通和努力并没有从根本上实现西方社会学概念与中国现实社会及其解释上的契合，中国社会学在追随西方社会学的发展进程中，型构出来的仍旧是一种移植

---

① 阿图罗·埃斯科瓦尔：《遭遇发展——第三世界的形成与瓦解》，汪淳玉等译，叶敬忠译校，社会科学文献出版社 2011 年版。

型的品格，这种品格明显体现在源于本土的理论极为匮乏"①。就是说，中国社会学往往是将其放在了一种"边陲"的位置并将西方社会学置于了"中心"的地位，因此，中国社会学所面临的理论自觉问题便显得尤为严峻。

显然，近几年中国社会学研究者已经深深地意识到了"理论自觉"对于中国社会学发展的重大意义，"理论自觉"也成为学者们纷纷谈及的一个概念，如文军认为"社会学中的理论自觉主要表现为对社会学实践认识的一种正确热爱度以及社会学者自我反思的理论品质"②。郑杭生先生也在诸多场合多次阐述"理论自觉"的意义，并且自觉地、反思性地将其置于自己的学术研究过程中，在一定程度上"提升了中国社会学在世界社会学格局中的地位和学术话语权"③。郑杭生先生认为要真正把"理论自觉"贯彻到学科建设和理论研究的实处，必须对社会学进行"再评判"、"再认识"、"再提炼"，其中所谓"再评判"就是要破除"边陲思维"，用建设性的批判反思精神来看待西方社会学，跳出西方，树立主体意识；"再提炼"则要求要深入基层，"接地气"，处理好理论与现实之间的关系。④ 而"理论自觉"是与中国社会学界从世界学术的边陲走向学术中心之一的前景相一致的。⑤ 因此，中国社会学的"理论自觉"就必然要求研究者们不能完全地将西方社会学置于唯命是从的地位，将西方社会学的理论命题置于研究的中心，或简单地拿中国经验去验证其真伪，忽略了中国经验或中国模式的自在性和自为性。

而"西部社会学"所强调的"西部立场"（被边缘化的"他者"立场）、"发展取向"（以"地方性知识"为主的发展取向）以及所表现出来的"主体性"追求和"本土化"倾向无不深深地传达出一种"理论自

---

① 赵旭东：《超越社会学既有传统——对费孝通晚年社会学方法论思考的再思考》，《中国社会科学》，2010 年第 6 期。

② 文军：《何为"社会学理论"与"社会学理论"为何——兼论中国社会学理论研究的现状及反思》，《湖南师范大学社会科学学报》，2007 年第 1 期。

③ 奂平清：《"理论自觉"与中国社会学的发展——以郑杭生及其社会运行学派为例》，《西北师大学学报》（社会科学版），2012 年第 3 期。

④ 郑杭生：《破除"边陲思维"》，《北京日报》，2013 年。

⑤ 郑杭生：《促进中国社会学的"理论自觉"——我们需要什么样的社会学》，《江苏社会科学》，2009 年第 5 期。

觉"的意识，这种"主体性"并不是以往所谓的"中心主体性"而是一种站在边缘立场的"边缘主体性"。当我们用这种分析性概念去解释在西部研究过程中所形成的一些特殊经验性概念时，也是有着非常显著的意义，如"社会逆转型"。所谓的"社会逆转型"就是指以工业为主的社会形态向以农业生产加工为主的农业社会转变。① 从"边缘主体性"的角度来看，Y 市的搬迁在某种程度上也可以认为是试图摆脱"边缘性"，追求"主体性"的过程。因为，在搬迁之前，Y 市处于一种极度被石油管理局"边缘化"的地位，为了摆脱这种地位，Y 市则选择了一种将付出很大代价的决策，即搬迁到距离老市区以西 80 千米以外的 Y 镇。在我们看来，这种搬迁决策表面上是获得了"主体性"的解放，但实质上是将其"自我边缘化"了，因为在 Y 镇，没有任何的工业基础，社会资本明显不足，这最终导致它出现了我们所称的"社会逆转型"现象。

当我们进一步思考"边缘主体性"的概念时，我们就必须要首先承认"边缘"亦是有着其"主体性"，只是这种"主体性"往往被"中心"所控制和削弱。因此，我们也更需思考"边缘性"与"主体性"之间的转换问题，无疑，Y 市的"逃脱中心"策略是行不通的。我们认为，这种转换首先需要的是"边缘"对其"地方性知识"的尊重和运用，而不再是对"中心"的话语范式唯命是从。其次，在国家层面上，应避免将政治话语套用于经济或者本属于行政管理意义上的问题，正如我们在对长庆油田机关搬迁事件的研究中所得出来的结论，即"把一个本属于行政管理意义上的问题上升为一个政治问题，因此，所谓地方的'主体性'也只是在政治和国家的框架之外才能有所积极的发挥"②。

我们清楚，"理论自觉"的最明显体现就是形成"本土化"的理论命题、理论范式和理论体系，毫无疑问，目前"西部社会学"在此方面还有待进一步提升和发展。对此，我们认为"西部社会学"还应注重以下几个方面的问题：

第一，要发展和凝练出"本土化"的核心概念，尽管我们已经提出

---

① 陈文江、周亚平：《公众参与方式与社会转型中的"逆转型"现象——以 Y 市政府搬迁中的公众参与为例》，《北京工业大学学报》，2007 年第 5 期。

② 寇星亮：《长庆油田机关搬迁事件的社会学分析》，2013 年兰州大学社会学硕士研究生学位论文。

了一些概念，但仍有待进一步的阐释，如"边缘主体性"，而边缘性和主体性之间的关系及转化问题还需系统的学理阐释。因此，唯有形成一套"西部社会学"的概念系统，才能谈得上"西部社会学"理论体系的建构可能性。

第二，除了对"西部社会学"的知识论和方法论的继续思考外，研究者们同时也应深入到西部社会发展的实际进程中，只有经过大量的经验研究，才能发现西部社会发展过程中存在的一些特殊问题及其表现出来的相对普遍性，并在此基础之上凝练出"西部社会学"的本土性概念。

第三，"西部社会学"需要在广泛的研究议题中将"问题"进行有效聚焦，而在目前的研究中，"问题导向"在目前的经验与理论研究中表现得不甚明显。因此，我们认为有必要首先将"西部社会学"扎根在某一或几个问题论域中，如对地方科层体制的运作与地方发展等问题，进行深入地、持续性地探讨，理论上的发现和提升或许才会变得可能，而不再是迷乱于一种宽泛的研究状态。

西部社会学:空间隐喻视角下的中国现代化路径

在现代化的进程中,困扰中国的问题层出不穷,其中,区域差距就是困扰中国现代化的一个重大问题①。当前,我国 GDP 总量已位居世界第二位,仅次于美国,但贫富差距也在不断扩大,公平与效率失衡致使社会矛盾凸现,贫穷落后的西部地区成为矛盾集聚地②。当东部地区蓬勃发展的时候,中部地区、东北地区,尤其是西部地区的发展却相对滞后,其中,最突出、最核心的就是西部地区的超缓慢发展,形成了西部地区特有的"西部问题"③。西部社会学立足于西部、反思西部社会的发展,反思中国的现代化,面对为推动中国现代化而提出的各种理论范式却无法解决真正的西部问题的困境,西部社会学为西部社会凸显出的一系列问题寻找适合于中国特色的理论根基就越发的迫在眉睫,跳出现有的理论束缚,从西部问题出发,真正认识到西部社会发展对于整个中国现代化发展的重要性,为重新认识和解读"西部问题"和"中国现代化发展"提供一种全新的理论范式——空间隐喻。

一 西部社会学关注的"西部问题"

全面建设小康社会,重点和难点都是西部地区,而西部地区存在的问

---

① 陈文江、周亚平:《西部问题与"东部主义"——一种基于"依附理论"的分析视角》,《北京工业大学学报》(社会科学版),2010 年第 2 期。

② 李杰:《影响西部社会和谐的主要矛盾及原因分析》,《西南民族大学学报》(人文社科版),2011 年第 11 期。

③ 陈文江、周亚平:《西部问题与"东部主义"——一种基于"依附理论"的分析视角》,《北京工业大学学报》(社会科学版),2010 年第 2 期。

题是在东西部发展的关系中被考量的，它关系到的不仅仅是西部的问题，而是整个中国现代化发展的问题。但由于长期缺乏社会学研究的视角，导致人们只关注由于发展的不平衡而产生的经济差异与不平等，许多研究者更多地采用了实用性和功利性的考虑，他们往往是以推进政策和改进政策作为自己研究的归宿，因而陷入了在还没有搞清问题的情况下就开始进行"对策分析"的死结之中；更有甚者是在研究论证的过程中陷入纯粹的理论思考而不能自拔，以至于脱离了研究的主题，忘记了研究的本来目的。① 这些研究都忽略了西部自身社会结构的失衡、西部社会如何转型发展和向何处去的问题。②

因此，我们认为西部社会学面对的"西部问题"应该从西部人自身的视角出发来分析西部地域、环境、资源与人口生存的问题、人才教育与人才需求的问题以及少数民族地区状况与西部社会整体发展的问题，同时结合整个中国的现代化发展，为这些问题寻找深入的原因是解决西部发展乃至中国现代化发展的唯一出路。西部问题之所以重要是因为它的解决与否关系到整个中国的现代化的发展，所以正确的定位何为西部问题，并为解决西部问题寻找根本出路就是在解决中国的现代化发展问题。

（一）西部地域、环境、资源与人口生存的问题

"10 + 2 + 2"是西部地区的最新定义。中国西部由西南五省市（重庆、四川、云南、贵州、西藏），西北五省市（陕西、甘肃、青海、新疆、宁夏）和内蒙古、广西以及湖南的湘西、湖北的恩施土家族苗族自治州组成。其土地面积 690 万平方公里，占全国国土面积 71%；目前有人口约 3.9 亿，占全国人口总数的 29%。与俄罗斯、蒙古、哈萨克斯坦、吉尔吉斯斯坦、塔吉克斯坦、阿富汗、巴基斯坦、印度、尼泊尔、不丹、缅甸、老挝、越南等 13 个国家接壤。西部地区虽然国土面积较大，但很多的面积却无法直接利用，如沙漠（腾格里沙漠、巴丹吉林沙漠、河西戈壁、青海的海西戈壁沙漠、新疆的古尔班通古特沙漠、塔克拉玛干沙

---

① 陈文江、周亚平：《西部问题与"东部主义"——一种基于"依附理论"的分析视角》，《北京工业大学学报》（社会科学版），2010 年第 2 期。

② 陈文江、严学勤：《西部社会转型与发展社会学范式转换》，《探索与争鸣》，2013 年第 1 期。

漠、库木塔格沙漠等）、高山无人区（帕米尔高原、昆仑山、天山、可可西里等），等等①，所以适合人类居住的地方并不多。

西部环境虽然较之东部沿海地区恶劣，但却拥有丰富的矿产资源。西部的能源资源非常丰富，特别是天然气和煤炭储量，占全国的比例分别高达 87.6% 和 39.4%。在全国已探明储量的 156 种矿产中，西部地区有 138种。在 45 种主要矿产资源中，西部有 24 种占全国保有储量的 50% 以上，另有 11 种占 33%—50%。西部地区全部矿产保有储量的潜在总价值达61.9 万亿元，占全国总额的 66.1%。塔里木、黄河中游、柴达木、东天山北祁连、西南三江、秦岭中西段、攀西黔中、四川盆地、红水河右江、西藏"一江两河"为十大矿产资源集中区。② 但是西部坐拥优势资源却没有对资源的使用权利，虽然从 90 年代开始，特别是 1999 年提出西部大开发，"西气东输"、"西电东送"、"青藏铁路"等项目相继开展，但并没有改善已经下降的西部地位，反而进一步强化了国家对于西部资源的控制，这样使得西部人面对富饶的资源却在贫困地生活③。

（二）人才教育与人才需求的问题

西部要想发展，人才是关键。但是，就西部大调查数据显示：西部近1/4 的居民是文盲，农村文盲是城市文盲的 4 倍多；西部地区有相当比例的孩子没有接受中等教育，在农村地区尤为明显；在西部培养一个大学生要花费一个家庭年收入的 84%；西部地区在读学生中每天使用电脑的人比例不到 10%；西部地区每万人接受中等职业教育的在校学生数只有全国平均水平的 61%④。到 2009 年西部地区从业人员中文盲半文盲所占的比例仍高达 16%，其中西藏、青海、贵州、甘肃、云南、宁夏、新疆、内蒙古、陕西等 10 个省区的人口总数占全国的 15%，而文盲数却占全国

---

① 陈文江、周亚平：《西部问题与"东部主义"——一种基于"依附理论"的分析视角》，《北京工业大学学报》（社会科学版），2010 年第 2 期。

② 同上。

③ 陈文江、严学勤：《西部社会转型与发展社会学范式转换》，《探索与争鸣》，2013 年第 1期。

④ 赵延东、邓大胜：《西部教育：任重而道远》，《科技中国》，2005 年第 11 期。

的 50%。①

教育的缺失使得人们对于信息的接受渠道非常的有限，因而信息的闭塞导致了一些固定的群体文化出现，阻碍了人们对问题的认识和分析，受限于已有的传统观念之中无法尽快学习和掌握新的科学技术和现代化知识文化，这无异于给已经滞后的西部社会雪上加霜。从 2000 年起，西部地区人均占有国家预算内财政投资开始超过中部和东部地区，但是这些投资主要集中在交通、能源和生态建设等方面，对人的投资却微乎其微。随着科学技术的迅猛发展，传统的自然资源作为一种硬要素，其在经济发展中的作用正在逐步下降，而观念、人才、技术、管理和营销经验等软要素的作用则越来越显得十分重要②。

伴随着西部大开发，中国社会转型发展，西部地区的人才短缺已经成为阻碍西部发展的一个重大屏障，但是要解决西部人才短缺的问题，不是某些单方面可以解决的，它涉及环境、资源、经济、政策、管理、观念更新等全方位的立体社会结构解调，所以要把这种人才资源的大量缺失和人才资源的需求放入整个西部社会结构中去解决。

（三）西部少数民族文化与西部社会整体发展的问题

除汉族外，西部地区共有 51 个少数民族，是中国少数民族分布最集中的地区③。在这些少数民族中，全都有自己的宗教信仰。其中我国信仰伊斯兰教的 10 个民族（回族、维吾尔族、哈萨克族、柯尔克孜族、乌孜别克族、塔塔尔族、塔吉克族、东乡族、撒拉族、保安族）④，全部都在西部地区，西部，特别是西北也是藏传佛教的中心之一。

众多有宗教信仰的少数民族，其中很多少数民族又信仰单一的宗教，这种独特的西部文化要求我们对少数民族的宗教发展必须予以高度的关

---

① 刘岩红、王晶：《论西部教育现状及其应对措施》，《科协论坛》，2009 年第 8 期。

② 陈文江、周亚平：《西部问题与"东部主义"——一种基于"依附理论"的分析视角》，《北京工业大学学报》（社会科学版），2010 年第 2 期。

③ 同上。

④ 王怀强：《保安族公民政治社会化问题研究——以"保安三庄"梅坡村为例》，西北师范大学硕士学位论文 2008 年。

注，在主位视角下，宗教是这些民族传统文化的核心，它构成了一个民族文化的实质性传统[①]（Substantive tradition）。而宗教本身的发展就涵盖了历史的、现实的、内部的、外部的、中心的、边缘的不同结构分析，少数民族的实质性传统要向现代化发展，要和西部整体社会发展相契合必然要涉及宗教文化的现代化，而传统的理论分析并没有让我们认识到西部特有的宗教文化结构，而只是从一些侧面了解了它的某些点，我们认为要想全面地认识西部少数民族的整体状况就一定要全面地把握宗教对少数民族地区的影响。

在这些关系中，从人的生存到人的发展，从每个民族个人的生存到整个西部乃至整个中国的发展是一个互相关联的复杂逻辑体系，我们应该用整体的结构眼光去认识这些"西部问题"。而在解决上述问题时，我们现有的相关理论却表现出了很大的理论局限性。

二 对解决中国现代化发展现有理论的梳理

纵观以发展的视角讨论中国现代化的理论必然涉及现代化理论、依附理论和世界体系理论。让我们来看看这三种理论的理论视角和研究范围。现代化理论主要是通过对发达国家由传统社会向现代社会转变所必须经历的阶段与过程进行分析，为发展中国家向何种现代化发展提供一个仿效的模式[②]。经典现代化理论的主要代表作为：《经济成长的阶段：非共产主义宣言》（罗斯托，1960），《日本和土耳其的政治现代化》（沃德和拉斯托，1964），《现代化和社会结构》（列维，1966），《现代化的动力：比较历史研究》（布莱克，1966），《现代化：抗拒与变迁》（埃森斯塔特，1966），《现代化：增长的动力》（维纳，1966），《变化社会中的政治秩序》（亨廷顿，1968），等等。[③] 但现代化理论的出现本身就蕴含了一个矛盾本身就是工业社会的现代化的发展方向是什么？伴随着西方发达国家出

---

① 李少惠：《民族传统文化与公共文化建设的互动机理——基于甘南藏区的分析》，《西南民族大学学报》（人文社科版），2013 年第 9 期。

② 王蓓：《现代化理论与依附理论的比较分析》，《青岛大学师范学院学报》，2004 年第 3 期。

③ 《中国现代化网_ 百度文库》，http://wenku.baidu.com/view/3fd50462a98271fe910ef9...。

现的一系列社会问题人们已经意识到西方工业社会不是人类社会发展的终点而只是一个驿站①，但是现代化理论却无法解决整个社会该向何处去的问题，因此遭到产生于 60 年代末依附理论的批判。

依附理论是以拉丁美洲和非洲的一些发展中国家的学者为主体而建立的理论，其基本立场是：①反对现代化理论只从社会内部因素看待发展中国家的不发达问题，从西方发达国家对不发达国家的剥削、控制和不发达国家的依附中，解释不发达现象。②坚决反对现代化理论的"西化"模式，认为西方化过程实际上是不发达国家被纳入不平等的"中心—边陲"型国际经济体系的依附化过程，它将导致西方国家的发达化与非西方国家的不发达化。主要代表人物有：美国经济学家 A. G. 弗兰克，巴西社会学家 F. H. 卡多索、T. 多思·桑托斯和经济学家 C . 富尔塔多，埃及社会学家萨米尔·阿明等②。代表作有弗兰克的《拉丁美洲：不发达或革命》（1969）等。依附理论旨在通过外部因素来解释发展中国家的落后现象，实质上是从一个极端跑到另一个极端，该理论指出了现代性理论的不足③，但过分强调外因也不能从根本上解决发展中国家遇到的实际问题。

世界体系理论产生于 70 年代中期，以美国社会学家 I. 沃勒斯坦和 T. K. 霍布金斯为代表，这一理论的代表作是沃勒斯坦的《现代世界体系》（1974）。④ 该理论是一种基于依附理论的发展理论，其目的在于弥补前两种理论的不足。世界体系理论认为现代世界体系约在 500 年前就在欧洲出现，它以资本主义贸易体系为基础，超越了国家界限，成为资本主义世界经济。资本主义生产商之间为争夺劳动力、原料和市场进行着日趋激烈的竞争，将世界划分为贫困地区和富有地区，将其纳入不平衡发展着的世界经济体系之中。这种不平衡的发展将世界分为三种互相关联的社会，即中心社会、边陲社会和半边陲社会。它将整个世界看作一个系统，即"资本主义世界经济体系"，把每个西方国家和非西方国家都看作是世界

---

① 薛泽洲：《中国中部地区现代化发展战略研究》，中共中央党校博士学位论文 2004 年。

② 《第十三讲：社会现代化 . ppt》，http：//www. docin. com/p—464204248. html。

③ 《你从哪里来，发展社会学？_ 蝴蝶飞呀_ 新浪博客》，http：//blog. sina. com. cn/s/blog_ 4abcb700010008ua. ht...。

④ 同上。

体系的结构要素。各个国家之间的经济活动关系就是世界体系内部的资本积累过程。资本积累过程的结果是"经济剩余"不断地从边陲国家和半边陲国家转移到西方中心国家，以致后者越来越发达，前者越来越不发达。这是世界体系总体规律的必然结果。①

尽管近年来全球经济一体化进程的加速从某些方面论证了世界体系理论，尽管为着更全面地解读当代资本主义世界体系的矛盾、困境和发展趋势，更清晰地看到作为"反体系"力量的社会主义的世界发展前景，我们需要借鉴这一理论，但是，也要看到，世界体系论有着自身的缺陷与不足。比如，它在人类社会发展规律的认识方面最终陷入了历史悲观主义和怀疑论的误区，它认为社会主义只是一个乌托邦。又如，它的"结构决定论"（外部因素决定论）显得过于僵化，明显与一些国家和地区社会发展的实际有差距，而且世界体系论的整体研究法忽略了不同国家不同历史时期的特殊发展过程，忽视了对具体的不同国家发展道路的探讨，因而缺乏实际应用性。②

综上所述，我们可以看到现有的理论视角要么从某一点、某一侧面（单纯的内部或外部因素）来解决问题，要么是从整体出发而无意于每一个具体问题的特殊解决方案，因此要真正分析中国在现代化发展中的问题就必须要立足中国国情出发，而中国的现代化的核心就是西部的现代化，而现有的理论分析都无意于中国西部问题的解决。20 世纪 80 年代，邓小平针对中国经济发展不平衡现实，提出了"两个大局"的战略构想："一个大局，就是沿海地区加快对外开放，较快地先发展起来，中西部地区要顾全这个大局；另一个大局就是，当沿海地区发展到一定时期，要拿出更多的力量帮助中西部地区发展，东部沿海地区也要服从这个大局"③。第一步已经基本实现而真正要解决的第二步却没有可支持其发展的理论和路径可循，所以我们必须要跳出现有的理论框架，从西部社会学特有的理论视角出发，站在西部人的视角从中国整个现代化发展来审视西部特有的社会问题，我们应用立体的西部社会学视角审视西部特有的社会结构，从而

---

① 《初学发展社会学》，http://www.docin.com/p—700614034.html。

② 刘志明：《依附论和世界体系论述评》，《开放导报》，2010 年第 148 期。

③ 孙立平：《"中等收入陷阱"还是"转型陷阱"》，《清华大学凯风研究院社会进步研究所清华大学社会学系社会发展研究课题组研究报告》，2012 年。

深入挖掘西部问题的核心。

三　为西部社会学寻找理论根基

首先从一个直观的地理学视角来看，从地域的版图来看，西部社会从空间上存在于中国的西部，拥有着广阔的资源和丰富的民族，但仅仅是空间视角是不足以说明西部的特色的，因为西部的空间是具有隐喻意义的空间特质。当谈到中国西部时，上述的具有西部独特性的问题便会随之不言自明，严重的经济差距导致了一系列文化的差距，进而影响了中国的现代化发展。

因此在对现实的问题进行分析之前，我们必须先来看看现代性和反思现代性的理论家们是如何从空间角度来把握现代性的[①]。

空间在很多人的眼中被看作一种自然的常态、一种外生变量，而并非连续性的社会创造[②]。将空间概念带回社会理论的思想家缘起于卡尔·马克思、涂尔干、齐美尔等社会学家的贡献。

在马克思的论述中虽然很早就提及到对于空间的认识，"如果从空间方面来看工作日，——从空间方面来看时间本身，——那就是许多工作日同时并存"。[③] 但我们明确看到马克思提到的空间是为时间服务的，是生产场所的总和，进而马克思提出空间是被时间和日益自由的资本的运作需要加以征服的距离。虽然马克思涉及到了很多空间的隐私，但是并没有展开一种空间理论的视角。

涂尔干认为，"与原始社会组织相似，空间、时间和其他思维类型，在本质上是社会性的。"[④] 涂尔干积极地认识到空间在对社会认识上的重要性，但是他的空间理论是非常简洁的，根本没有成为他理论的要点，就如索亚所言：涂尔干的社会学将空间维度边缘化为一种几乎是机

---

①　景天魁、邓万春：《发展社会学的时空视角》，《甘肃行政学院学报》，2009 年第 6 期。

②　刘云杉：《告别巴别塔：走入世界的中国社会科学》，《北京大学教育评论》，2011 年第 2 期。

③　马克思，《1857—1858 年经济学手稿（前半部分）》，载于《马克思恩格斯全集》（第三十卷），人民出版社 1995 年版。

④　科瑟：《社会学思想名家》，石人译，中国社会科学出版社 1990 年版。

械的外在性。①

对于空间视角来说，最重要的、最具有洞察力的经典社会学家无疑算是齐美尔。一方面，齐美尔在一定程度上和涂尔干一样将空间理解为客观的物质环境；另一方面，他从心灵与互动的角度为我们提出了一种别样的空间思想，"并非空间，而是它的各个部分的由心灵方面实现的划分和概括，具有社会的意义"。② 在他的理论中提出一种真正关心心灵划界的空间化，"界线不是一个具有社会学后果的空间的事实，而是空间性地形成它自身的一个社会学的事实。"③ 尽管齐美尔已经在空间概念中走出了重要一步，但是他并没有能够开创一种社会本体论的空间视角。④

尽管经典的社会学理论的空间论述不乏若干具有洞察力的论述片断，但其空间论述缺乏清晰而系统的理论阐述，其论述也是片断式的零散的，关于空间与社会之关系的表述显得过于抽象和含糊，探讨的方式也很不明晰，很不充分，空间被视为无关紧要的、不引人注目的。⑤ 20 世纪 70 年代，在西方社会理论和社会学的领域中开启了一场影响深远的思想变革，空间的社会本体论化和空间概念进入社会学研究的核心成为这一变革的重要方面，而在这里不得不提到的列斐伏尔和福柯两位当代空间转向的重要任务。⑥

亨利·列斐伏尔，法国著名的马克思主义理论家、西方学界著名的"日常生活批判理论之父"、"现代法国辩证法之父"、区域社会学特别是城市社会学理论的重要奠基人，强调了空间在现代社会的建构性意义。他说："空间是社会性的；它牵涉到再生产的社会关系……也牵涉到生产关

① Soja. E. W. Postmodern Geographies, 1989, *The Reassertion of Space in Critical Social Theory*, London & New York：Verso.

② 齐美尔，《社会学——关于社会化形式的研究》，林荣远译，华夏出版社 2002 年版。

③ Simmel, G. The Sociology of Space. Trans. by Mark Ritter & David Frisby. In David Frisby & Mike Featherstone（eds.），Simmel on Culture. London，Thousand Oaks，New Delhi：SAGE Publication，1997：143.

④ 潘泽泉：《当代社会学理论的社会空间转向——当代社会发展理论研究历程回顾与创新》，《江苏社会科学》，2013 年第 1 期。

⑤ J. 厄里：《关于时间与空间的社会学》，特纳主编，《社会理论指南》，李康译，上海人民出版社 2003 年版。

⑥ 郑震：《空间：一个社会学的概念》，《社会学研究》，2010 年第 5 期。

系，亦即劳动及其组织的分化……空间是一种社会关系吗？当然是，不过它内含于财产关系（特别是土地的拥有）之中，也关联于形塑这块土地的生产力，空间里弥漫着社会关系；它不仅被社会关系支持，也生产社会关系和被社会关系所生产。"他认为"空间作为一个整体，进入了现代资本主义的生产模式：它被利用来生产剩余价值。土地、地底、空中、甚至光线，都纳入了生产力与产物之中。都市结构挟其沟通与交换的多重网络，成为生产工具的一部分。城市及其各种设施（港口、火车站等），乃是资本的一部分。"因而，"现代经济的规划倾向于成为空间的规划"[1]。

福柯说："当今的时代或许应是空间的纪元。我们身处同时性的时代中，处在一个并置的年代，这是远近的年代、比肩的年代、星罗散布的年代。我确信，我们处在这么一刻，其中由时间发展出来的世界经验，远少于连系着不同点与点之间的混乱网络所形成的世界经验"[2]。"空间是任何公共生活形式的基础，空间是任何权力运作的基础。"[3]

空间概念已经成为社会学理论中一个不容逾越的重要视角建构，但是仅仅是空间的本体论视角还不足以深入地解释中国西部的超缓慢发展的现状，除了地理空间的这种重要的分析之外，更重要的是当我们提到西部时其隐含的落后、欠发达等信息便同时出现在人们的面前，所以对于中国的西部问题，我们必须以一种高于总体的空间隐喻视角来反观西部在中国现代化发展过程中的进程。

但是，如此重要的空间隐喻理论为何却很少有人研究呢？笔者认为，首先，空间隐喻的双重性（空间/隐喻）使得它几乎是无形的理论；其次，空间隐喻比很多具体的主体隐喻表达（如组织、内容、戏剧、市场、资本等）更加抽象；再次，空间隐喻错综复杂，并且很难找到精确的语言去描述它，因此成为了一种理所当然的日常词汇。但同时也不可否认的是空间隐喻一直存在于社会学的各种言说之中。

---

① 亨利·列斐伏尔：《空间：社会产物与使用价值》，王志弘译；包亚明：《现代性与空间的生产》，上海教育出版社 2003 年版。

② 米歇尔·福柯：《不同空间的正文与上下文》；包亚明：《后现代性与地理学的政治》，上海教育出版社 2001 年版。

③ 同上。

那么，何为我们视域内的空间隐喻（Spatial Metaphors）呢？

首先让我们对这一概念进行一些初步的界定。

空间隐喻源自经济学（市场、资本）、地标学（场域、空间、界限）、语言学中的方向性词汇（社会距离、下层/上层建筑、水平/垂直、内部/外部……）、语言—认知、戈夫曼的戏剧理论（前/后台）以及吉登斯的结构化理论。一些社会学知识、超理论和后现代理论，推动我们重新去认识自身，而空间隐喻的典型特点就是自反性（self - reflexivity）认识①，这恰恰是我们西部社会学面对现有的社会问题时应该采取的一种争取的积极态度。

空间性具有排他性和占据性。排他性，就是独特性，特有的西部问题完全契合于之一理论，它涉及集体价值观的内化，借由日常生活的物件、姿态的象征符号而表征出来的是使人们的知觉中呈现的一种前后一贯的逻辑，一种特定的模态，即一种生活风格（life - style）。占据性，就是社会关系的阶层性，它意味着我们的生活世界隐含某个中心，并拥有一套判断的标准，借此得以区辨出他者，并对他们完成某种认知或想象。"界限并非作为社会学结果的一种空间事实，而是空间性地形塑自身的一种社会学事实。"② 各类形式在分类空间中找到各自的位置。不论是对于个人还是社会，社会结构的发展轨迹包括表达和再生产。社会空间的位置总是透过社会能动者的实践（区别、判断）而转到实体空间之中。

"隐喻不是认知表达和阐释的装饰，而是通过自身来创造意义。"③ 隐喻是描述性的也是颠覆性的，它可以体现这个结构体系，如果发生反转，它会改变整个结构出现的代码。隐喻决不只是私人语言的资源，更是以一种政治的和情感的方式出现在世界的。隐喻是我们使社会延续的方式，我们的生活所遵循的运行方式，以及我们协调我们的日常交往方式。而西部问题就是我们西部人生存、稳定、发展的社会整体结构问题，用空间隐喻

---

① Silber, Ilana F, Space, Fields, Boundaries, 1995, The Rise of Spatial Metaphors in Contemporary Sociological Theory, *Social Research*.

② Georg Simmel, 1997, *Simmel on Culture*, edited by David Frisby and Mike Featherstone, Nottingham Trent University.

③ Raluca Soreanu, Methphor 2010, *In* The Social Sciences: Creative Methodologies And Some Elements For An Epistemological Reconstruction, *Studia Universitatis Babeş - bolyal Sociologia*, LV.

的理论更能够准确地把握西部社会中特有的逻辑结构，要改变西部问题，不是单从某一侧面可以完成的，必须把整个西部看作是一个社会整体中的结构，而问题的改变就是结构的反转，就是整个社会代码的重新编排，它将影响我们生活延续和运行的方式。我们借由智力活动所建构出的实在与试图去捕捉的那个经验现象的本体存在之间就形成了隐喻关系。借由这种隐喻关系反而突破了学术或日常语言的局限，同时支持我们对经验现象了解的深度和广度。

基于这样的一种理解，我们必须把我们所使用的空间隐喻理论与语言学中的空间隐喻和社会生活空间尺度认识进行区分。首先，从词源上来说，空间隐喻是 1980 年由莱考夫（Lakoff）和约翰逊（Johnson）在《我们赖以生存的隐喻》一书中提及的，它与结构隐喻（structural metaphor）、本体隐喻（ontological metaphor）同被作为认知方式存在的隐喻。但我这里要谈到的空间隐喻主要是强调它的使用，作为明确的理论反思的工具和社会现象的概念化高于空间方位的语言学上的空间分类；其次，我这里谈到的空间隐喻不是社会空间中的空间尺度，如身体的、认知的、现象的或者诗学意义上的想象，而是对于通常理解为非空间方面的社会生活的理论理解和概念化的应用。通过比较，我们所使用的空间隐喻理论就更加清晰化了，它是一种反思性的理论，力图对一切社会生活现象，包括非空间方面的，进行深入的理论理解和概念化。同时，这两点也是互相影响的，在空间隐喻中深入的社会学研究和反思有利于空间隐喻进入到社会学理论的讨论之中，反之亦然。

进而，我们可以把空间隐喻的理论应用区分为"strong"与"weaker"。① 当我们使用强（strong）理论时，就是主要的理论方法，如布迪厄的实践感，空间隐喻就显现出了一种特别的理论偏好和明显把自然科学作为一种灵感资源的社会学分析，因此影射了很多后实证主义的社会现实；而当我们以一种弱（weaker）理论类似于传播时尚的视角出发，如福柯的知识考古学，空间隐喻能够代替很多特别的理论倾向从而与现代理论和谐相处。因此，空间隐喻并没有一以贯之的逻辑标准，它可以融入到任

---

① Silber, Ilana F, 1995, Space, Fields, Boundaries: The Rise of Spatial Metaphors in Contemporary Sociological Theory, *Social Research*.

何一个社会问题之中。

"没建构出位置空间，你就没有机会看你借以观看事物的立足点。"① 社会空间是由位于此空间的物体与群体之间的关系而建构出来的。布迪厄的社会空间中，社会空间是由三个面向构成的：资本（volume of capital）、资本的组成部分（composition of capital），以及两者在时间上的改变（即社会的轨迹，social tracetory）。布迪厄的资本、惯习和场域，为我们建构出了一个全方位的空间隐喻理论。每个行动者所占有的资本决定了他/她在社会空间中所占据的位置，而这一位置又塑造了他/她的惯习，惯习就是一套性情系统，对于外部世界的判断图式和感知图式。惯习来源于早年的生活经验，并得到教育系统的强化或者调节，最后，惯习与一个行动者在社会结构中所处的位置存在着互动关系：惯习决定了行动者的社会位置感，另一方面，行动者的位置又不断塑造着惯习②。"社会领域可以被描述为一个多维空间位置，每一个实际位置可以被定义在一个多维系统的坐标值所对应的相关变化之中。"③ 从布迪厄的空间隐喻视角出发，我们可以从西部视角出发审视西部资本、运作场域对整个中国现代化经济的影响；也可以从历史不同的发展阶段出发来审视西部的独特民族社会问题。而两者的双重把握则是空间隐喻赋予的理论核心。

西部大开发等一系列中国社会转型的投资建设，并没有真正能够在西部地区形成产业集群，有产业培育和再生产能力的项目微乎其微④。同时伴随着的一些西部的群体性事件，民族分离主义倾向又在产生着实际的冲突。究其原因就是我们首先没有一个适应于西部发展的理论体系，空间隐喻理论为我们正确审视西部问题带来了一丝曙光，通过空间隐喻理论我们认识到西部问题，一方面是指具体可见的实体空间中群体的共同特质；那么，由群体之社会位置所彰显出的共同特质其实还指涉着另一个抽象、象

---

① Pierre Bourdieu, *In Other Words : Essays Towards a Reflexive Sociology*, Stanford University Press, 1990.

② 周富强：《高等教育组织与高深知识的环境：学术场域——读皮埃尔·布尔迪厄的〈科学的社会用途〉》，2007 年第 4 期。

③ Pierre Bourdieu, The Social Space and the Genesis of Groups, *Theory and Society*, 1985.

④ 陈文江、严学勤：《西部社会转型与发展社会学范式转换》，《探索与争鸣》，2013 年第 1 期。

征性的社会空间。这是西部的市场与资本的空间的冲突与融合。充分利用当地的自然资源为民所用，推动以资源开发利用为前提的产业发展，改变当地的人文环境，实现教育和健康水平的提高，认识宗教对西部文化的影响，才应该是西部问题的中心议题，以空间隐喻的视角审视西部问题才能够抓住问题的实质。

西部社会学的研究范式

公共的张力:从拯救社会学到公共社会学

在社会科学领域,所有的分支学科都有自己的专属领地,虽然现今存在着越来越多的交叉领域和交叉学科,但它们当中没有一个学科会像社会学这样,对学科本身的关心一直居于核心位置。埃里克森得出这样的结论——社会学最关心的主题就是社会学本身。[①] 直至今天,社会学仍在为自己寻找新的方向和出路,20 世纪末以来应接不暇的各种终结和转向,便是这门学科的独有特色。布洛维公共社会学的提出可以视为对社会学的一次重新定向。早期的布洛维主要从事劳工研究,并以劳工社会学家著称。布洛维将社会学分为专业社会学、政策社会学、批判社会学和公共社会学。专业社会学是社会学的基础,它为社会学提供了方法、知识和概念框架;政策社会学是为某个目标服务的社会学,它为我们面临的问题提供解决方案;批判社会学是对专业社会学的反思;公共社会学则使社会学回到社会中,在社会学家和公众之间建立对话机制。

公共社会学这一概念出自布洛维在 2004 年美国社会学会年会上的主席演讲,随后在社会学界引起了强烈反响,众多学者参与了对公共社会学的讨论,继而引发了 2006 年布莱恩特纳主持的英国社会学界对公共知识分子的讨论。在中国,单提平摘译了布洛维涉及公共社会学的论文,以《公共社会学的批判转向》为题,发表在 2006 年第 9 期的《国外理论动态》上。由此,公共社会学的概念被正式引入中国。2007 年,布洛维来到中国,并在清华大学、上海大学等高校作演讲。同年,社会科学文献出版社以《公共社会学》为题,出版了布洛维的论文精选集。自 20 世纪 50 年代的黄金时期到世纪末,西方社会学,特别是美国社会学在社会科学领

---

① Kai Erikson, Drawing Boundaries, *Contemporary Sociology*, Vol. 18, 1989.

域发生了由核心到边缘的位移，作为一种西方社会学在重新定向时作出的选择，公共社会学正是在这种背景下提出来的。然而在中国的语境之下，我们在对待公共社会学的时候，不能仅仅将其视为潮流并紧随其后。本文旨在探寻西方社会学现代时期的历史轨迹，揭示公共社会学提出的历史背景及意义，探寻更好地理解这一概念的途径。

一　西方社会学的兴盛与危机

社会学是作为一项现代性计划提出来的，用布洛维的话来说，早期的社会学渴望成为历史的天使，在现代性的碎片中寻找秩序，寻求进步承诺的解救。因此，马克思将社会主义视为异化的解救办法；涂尔干将有机团结从失范和利己主义中解救出来；尽管韦伯预示了一个"冰冷漆黑的极夜"，但依然从理性化中发现了自由，并从祛魅中萃取意义。[1] 在那一时期，对人类而言，宗教意义上的拯救之梦被科学意义上的理性之梦取代了。社会学像科学一样，对现代性许下一个宏伟诺言，同时也埋下了日后危机的种子。进入现代阶段，大批由于战争而流亡至美国的学者促进了美国社会学的发展，欧洲社会学的中心地位被美国所取代。帕森斯于 1937年发表的《社会行动的结构》尽管最初并未引起人们的注意，但在 20 世纪中叶变得如日中天，并最终确立了他在美国社会学的重要地位。20 世纪 50 年代也是美国社会学的鼎盛时期，从当时的学术格局看，存在三个中心：（1）哈佛大学的帕森斯。他以结构功能主义闻名，不仅大量出书，还培养了一大批学生。哈佛大学社会学系在帕森斯的主持下成为社会学中心的中心。（2）哥伦比亚大学的默顿和拉扎斯菲尔德。默顿为过于宏大的结构功能主义寻找出路，提出中层理论的方法。拉扎斯菲尔德则以复杂的定量方法著称。（3）芝加哥学派。芝加哥大学的社会学传统融合了社会学和社会心理学，包括从事都市研究的芝加哥学派和米德的符号互动论。[2]

古尔德纳将 20 世纪 50 年代称为社会学的中年时期，他如此描述这一

---

[1]　Michale Burawoy, American Sociological Association Presidential Address: *For Public Sociology*, *The British Journal of Sociology*, Vol. 56, 2005/2004.

[2]　Peter Berge, 2002, What Happened to Sociology? *First Things*, Vol. 126, 2002.

时期的社会学：大量面向公众的社会学平装书出现了，它们在药店、火车站、机场、宾馆和杂货店中出售。① 通过古尔德纳的描述，我们可以想象在社会学的壮年时期，其影响力到底如何。

然而社会学欣欣向荣的表面现象很容易使人忽略社会学内部长久积压的问题。理论上结构功能主义一统天下，方法上则存在严重的方法论崇拜。帕森斯的显赫地位一直持续到了 60 年代中期，到了 70 年代开始出现对结构功能主义的批判。尽管帕森斯之后的各种理论——交换理论、冲突理论等——可以视为对帕森斯结构功能主义的补充，但是随着中心的瓦解，社会学进入了一个碎片化的阶段。在方法上，方法论崇拜使得很多社会学家使用越来越复杂的方法来研究微不足道的主题。这样做的后果是，不能被定量分析的事实甚至被当作是不值得研究的。② 就整个社会思潮而言，科学至上主义受到了普遍质疑。自然科学，特别是物理学引发的问题比它们解决的还要多，而且这些问题几乎全在社会领域而非物理学中。③ 理性之梦最终变成了理性的梦魇。④ 科学主义所受到的冲击直接影响了社会科学的代表学科——社会学的命运。⑤ 社会学从一开始便以自然科学为参照，并将生产科学的知识当作自己的目标。对于一个致力于解决问题而自身又充满问题的学科而言，对科学主义的批判同时也对社会学造成了很大的打击。

1959 年，米尔斯在西方社会学尚处繁荣期的时候便以《社会学的想象力》表达对西方社会学现状的不满。到了 1970 年，古尔德纳在《西方社会学即将到来的危机》中，给社会学贴上了危机的标签，危机终于被社会学家自己提了出来。在吉登斯看来，作为对帕森斯结构功能主义的不满，古尔德纳的《西方社会学即将到来的危机》和 50 年代末的米尔斯共同代表了社会学的一种激进立场。也许在米尔斯和古尔德纳的著作中，他们论述更多的是理论的危机和方法的危机。并且，1970年古尔德纳所预言的西方社会学即将到来的危机，更多的是指美国社会

① Alvin Gouldner, *The Coming Crisis of Western Sociology*, New York : Avon Books, 1970.

② Peter Berge, 2002, pp. 27—29.

③ 米尔斯：《社会学的想象力》，张强、陈永强译，生活·读书·新知三联书店 2001 年版。

④ 杰夫瑞·亚历山大：《世纪末社会理论》，张旅平等译，上海人民出版社 2003 年版。

⑤ 吴小英：《社会学危机的涵义》，《社会学研究》1999 年第 1 期。

学的危机，因为此时的欧洲社会学发出了越来越多的声音。考虑到美国社会学的霸主地位，以及欧洲社会学更多是"社会理论"上的繁荣，声音虽多，但在昔日的正统共识丧失它所享有的中心根基之后，社会理论似乎已陷入无可救药的混乱之中，①这并不能挽救社会学在知识领域中整体下滑的局面。

理论和方法的危机终于成为学科的危机，1999 年在《社会学研究》（Sociological Inquiry）上出现的"拯救社会学"专题成为整个社会学界对这门学科危机的反应。"危机"已经成为社会学不得不面对的问题，于是"拯救"成为社会学新的主题。

二　拯救社会学：面向市场还是走向公众

社会学承载着现代性的拯救之梦，旨在针对现实问题为社会提供新的整合方案，但到了世纪末，终于发现需要被拯救的原来竟是社会学自己。经历了 20 世纪 50 年代的繁荣，社会学在 80 年代遭遇了挫折。在作为整个社会学重镇的美国，华盛顿大学和罗彻斯特大学先后撤销了社会学系，哈佛大学的社会学也在帕森斯地位一落千丈之后风雨飘摇。社会学家从中体会到了强烈的危机感，认识到社会学本身的脆弱性。它一方面过于依赖大学而存在，另一方面在学科内部又争议不断、问题不断。范式的缺乏、学科的碎片化、科学性表现差、有限范围的应用、在校园外缺少职业机会的环境，等等，这些问题依然长期困扰着社会学。

同时，社会学的听众群体也在萎缩，听众局限于政治和经济方面的精英，这和 50 年代社会学无所不在的情况形成了鲜明的对比。对形式的严格追求必然导致非人格特征的出现。定量研究提供的数据表格和愈来愈依靠技术手段的分析，使得社会学越来越像一门技术，难以为公众所接近。社会学在公共领域中的边缘化，显然同社会学不能提供含义深刻、韵味无穷的故事有关。②听众的丧失不仅意味着社会

①　安东尼·吉登斯：《社会的构成》，李康、李猛译，生活·读书·新知三联书店 1998年版。

②　成伯清：《走出现代性——当代西方社会学理论的重新定向》，社会科学文献出版社 2006 年版。

学的形式化制造了社会学和公众之间的分离，同时还意味着社会学家在叙事上的无能。

世纪末的"拯救社会学"作为第一种观点分析指出了当时社会学的问题，并提出了两种有代表性的拯救方案：其一是发展应用社会学，其二是社会学走向公众。在发展应用社会学的代表罗西看来，需要拯救的不是社会学，而是学术社会学（academic sociology），应用社会学（applied sociology）在社会的各个领域发挥影响，对社会学作出了重要贡献，既提供了研究工具，又避免社会学成为自我孤立的学术活动。"应用社会学在过去拯救了社会学，并作出一个承诺，在将来也会拯救社会学"。[①] 通过应用社会学来拯救学术社会学，罗西实际上指出了社会学内部发展的一种失调，这种失调是社会学知识的生产与应用之间的失调。在罗西看来，社会学的基本问题是社会学理论的建构不足，对社会学实用性和经验性的关注不足。他指出，学术社会学存在两种主流趋势：其一是对古典社会学家和古典社会学文本的解读仍在继续，文本分析和评论是主要的学术活动，对实用性和经验研究不屑一顾；其二是对认识论的关注仍处于主流位置，社会科学家最关心的问题莫过于对我们如何知道我所知道的这一问题的回答。上述两种趋势都远离了对社会学实用性的关注。对社会学的未来而言，应用社会学是一个有前景的方向。应用社会学可以分为三种：第一，在罗西看来，社会批判是最早的应用工作，它是对公共政策、制度和社会思潮的批判，古尔德纳和科尔曼都是这类学者。并且，所有的社会批判都是以学术为起点的。第二是对政策和项目相关问题的经验研究。在这里，社会批判和应用研究经常是交叉的。第三是诊断工作，即对公共、私人机构和各种商业组织进行分析诊断。

另一种观点认为社会学并不需要拯救，而只需要向公众回归。这种观点的代表布莱克（Black）认为，即便社会学系在一部分大学取消了，但是总体上来说长年不断的招生以及算得上稳定的入学率，使得目前的社会学看来还是比较稳定的。另外社会学在分支学科方面取得了发展，犯罪学和应用社会学吸引了很多的学生，看不出社会学有什么地方需要拯救。社会学唯一要做的，同时也是社会学的当务之急，正如他文章标题呈

---

① Peter Rossi, Saving Academic Sociology, *Sociological Inquiry*, Vol.69, 1999.

现的——走向公众。① 应用社会学的地位在布莱克看来仅仅是社会学适应市场的结果。虽然美国本土哲学实用主义思想对美国社会学传统有一定的影响，但是布莱克认为美国社会学总是在培养一种改革者的敏感性，如在20世纪初占主导地位的芝加哥学派，它侧重于将社会学应用于公共问题，通过寻求对社会生活的理解，以此引导社会改革，这是应用社会学无法完成的目标。

应用社会学的兴起是20世纪末社会学的新气象，在美国校园市场化的浪潮中，它确实给社会学注入了新的活力。在罗西看来，应用社会学的范围并不仅仅局限于市场调查和政策评估，他将社会批判、政策项目研究和组织诊断都归入应用社会学的范畴。特别是将以学术为起点的社会批判归入应用社会学的范畴，这种分类无疑对应用社会学在学科内部的合法化起了关键作用。布莱克承认应用社会学对学科的积极作用，但他认为这会改变社会学的公共取向，虽然应用社会学同样也解决公共问题，但是它的适用范围非常狭窄——针对政策问题尝试使用各种方法和技术分析，它的听众限于那些技术和管理精英们。并且，为政府基金会从事的研究使社会学的独立性难以保证。

三 身份的困惑：市民还是专家

不管学者为"拯救社会学"提出的对策是什么，他们所面对的问题却是共同的：学科的知识和应用存在分裂，学科发展受到了市场的驱使，社会学的听众在日益萎缩。究竟是通过应用社会学来拯救学术社会学，还是社会学回归公众，社会学家们在拯救社会学的同时，又提出了一个新的问题——谁能代表公共维度的社会学？

布莱克所提倡的社会学走向公众包含下列举措：社会学扩大与公众的交流，介入公共问题的讨论，校园应该将社会学的公共性工作制度化。最为重要的是，面对20世纪80年代大学校园的市场化风潮，大学的运作受市场驱使越来越像一个公司。社会学不仅没有抵制，反而在顺应这股风

① Timothy Black, Going Public: How Sociology Might Matter Again, *Sociological Inquiry*, Vol. 69, 1999.

潮。大部分社会学家忽视了自己作为在面对市场对校园和其他公共空间的侵蚀过程中的批判者角色。按照布莱克的观点，社会学应该对自己内部的应用社会学持批判态度，因为后者正是这门学科适应市场的结果。

谁能代表公共维度的社会学？对于一门内部存在众多传统和分裂的学科，可能无力回答这一问题。通过对比布洛维和罗西对社会学的内部分工可以看出，二者对社会学内部的类型学分工并没有本质上的差异，但是其中一个关键性的问题是，80年代兴起的被认为与市场和社会很好地契合了的应用社会学和布洛维的公共社会学，究竟谁代表了社会学的公共性。应用社会学包括批判社会学和政策社会学的内容，在布洛维那里，政策社会学和批判社会学却是各自独立于公共社会学的领域。究竟"公共"和"应用"哪个才更有公共性呢？前者使社会学回到社会中，在社会学家和公众之间建立对话机制；后者同样包含了使社会学回到社会中，并特别强调为社会提供专业的服务。

我们无须在这个问题上过多纠缠，与其讨论谁能代表社会学的公共维度，不如反问社会学家是否有必要代表公众。霍尔姆伍德（Holmwood）认为社会学家具有一个双重身份，他是一个社会科学方面的专家，同时又具有市民身份。作为专家从事专业实践，社会学家可以发出任何声音；作为市民，社会学家的声音必然受到市民责任的限制。[1] 布洛维的公共社会学，正是基于社会学家的市民身份，"呼唤社会学的公共关怀和道德担当"。[2]

但是，当社会学强调自己迈向公共的时候，这种提法必然和社会学固有的传统和规范发生冲突。韦伯在《以学术为业》中强调科学的超然态度，不带有前提或预设，不涉及终极关怀。传统的社会学也一直以价值中立或价值无涉自居。尽管古典社会学家都试图为混乱的世界寻找新的整合方案，但在科学的名义之下，公共关怀和道德担当仅仅是社会学的一种"潜功能"而已。即便如此，在赛德曼看来，过去国家公共道德和政治讨论以及社会冲突是社会学理论和公共生活之间的联结，是古典社会理论保

---

① John Holmwood, Sociology as Public Discourse and Professional Practice: A Critique of Michael Burawoy, *Sociological Theory*, Vol. 25, 2007.

② 闻翔：《社会学的公共关怀和道德担当——评价麦克·布洛维的〈公共社会学〉》，《社会学研究》2008年第1期。

持魅力的地方，在今天这种联结却断裂了。塞德曼呼吁重新恢复这种联结，只有这样，社会学家才可以成为使公众严肃思考道德和社会关注的催化剂。① 然而，专业化总是以和公众形成距离为代价的。专业化带来的自主性使得社会学家在从事研究的时候可以避免外界的干扰，但是在研究中确立的各种规范却可能是沉重的负担，并且这种自主性的获得，是以社会学在公众中的孤立为代价的。② 作为一门创立之初以实证主义为指导方针、在社会研究中贯彻自然科学方法的学科，社会学的传统包含了价值中立的教条以及被视为科学的研究方法所设的各种规范。这些传统和规范划定了作为专家的社会学家和公共问题之间的距离。公众不可能具有社会学家那样的知识储备，对专业学术知识的追求，必然使得这门学科在公众中缺席。在现代社会中，公共知识分子作为沟通学术与社会的桥梁，扮演着重要的角色，而社会学所作的贡献却不多，这显然和市民与专家之间的角色张力有关。

四　公共社会学：社会学的公共定向

在社会学的发展过程中，其最兴盛的时代，恰恰也是危机开始的时代。对科学和专业知识的追求使得社会学偏离了公共的轨道。事实上，公共社会学的提法可以追溯到 1959 年的米尔斯，甚至更早时候的马克思。米尔斯社会学想象力的目的，便是通过它去完成由个人焦虑到公共问题的转换，公众也不再漠然，而是参与到公共论题中去。1991 年赛德曼呼唤社会学理论回归过去曾滋养它的社会冲突和公共讨论。1999 年布莱克为拯救社会学开出的药方是走向公众，社会学不能仅仅依靠大学而存在，而需要回归公众。2002 年冈斯呼吁更多的社会学家应该成为公共社会学家，对公众发出社会学的声音。③

即使一直以来便存在讨论，正如克拉伯格（Kalleberg）所说，他虽然

① Steven Seidman, The End of Sociological Theory: The Postmodern Hope, *Sociological Theory*, Vol. 9, 1999.

② Scott John, Who Will Speak, and Who Will Listen? Comments on Burawoy and Public Sociology, *The British Journal of Sociology*, Vol. 56, 2005.

③ Herbert Gans, More of Us Should Become Public Sociologist, *Footnotes*, Vol. 30, 2002.

赞同布洛维对公共社会学的提倡，但是担心大家对公共社会学的理解并非一致，比如它可能被"普及"、"公共话语"和"公共启蒙"等概念联系起来，这造成了理解上的混乱。① 在米尔斯的时代，他通过社会学的想象力批判了 20 世纪 50 年代的社会学专注于建立宏大理论和抽象经验主义研究，忽视了对公共问题的关心。1991 年，赛德曼批判了误入歧途的社会理论，认为它日益远离过去曾经滋养它的社会冲突和公共讨论，超然物外只与理论家相关，并愈发自我指涉（self – referential）。1999 年布莱克面对的情况是 20 世纪 80 年代大学校园的市场化风潮。市场正在侵蚀公共空间，大学校园的运作越来越像一个公司，社会学家应该承担批判者的角色，扩大与公众的交流，介入更多的公共问题讨论。2004 年布洛维面对的情况则是，引用他那句著名的话来概括——社会学正在向左，而世界正在向右。社会学已经无法把握快速变化的世界。在谈论公共社会学的多样性的时候，布洛维指出，公共社会学的事业就是要使不可见的变得可见，使私人的变成公共的。前者来自对冈斯的继承，后者则是米尔斯社会学想象力的目的。2004 年布洛维是以美国社会学会主席的身份，在社会学年会上为公共社会学发言，从这个意义上说，布洛维对公共社会学的贡献显得意义非凡。但是，正如布洛维所指出的，我们对公共社会学越渴望，实现也就越困难。公共社会学首先需要创造公众，其次社会学家自己也应该建构为一个在政治场域行动的公众。布洛维并没有明确告诉我们社会学家和公众之间的沟通机制应该如何建立，他反过来强调社会学家和公众之间的对话正如哈贝马斯的"交往行动"②，很难达成，却依然需要发展，乃至最后将社会学的学生当作了潜在的公众，而这正是布莱克在 1999 年呼吁社会学走向公众并使这一做法制度化的举措之一。

可以肯定的是，布洛维的公共社会学对上述学者都有借鉴。公共社会学并非始自布洛维，也不会终结于布洛维。"公共"一直是社会学的追求，从今天的布洛维到米尔斯，甚至可以一直追溯到古典时期的社会学家。社会学发展至今，回归传统已成为有前景的方向，这是值得我们思考的问

---

① Ragnvald Kalleberg, What is " Public Sociology" ? Why and How Should It Be Made Stronger ? *The British Journal of Sociology*, Vol. 56, 2005.

② Michale Burawoy, pp. 266—267, 2005.

题。需要注意的是，社会学在追求公共性的时候，必须面对社会学市场化的压力以及社会学家角色张力的双重挑战，这是西方社会学，特别是美国社会学在寻求社会公共性时遭遇的问题。中国自 1978 年重建社会学，引进了大批西方社会学理论和方法。在接受社会学知识洗礼的同时，我们更应该保持自己的立场和自觉。通过了解公共社会学提出的含义，批判地学习和继承，避免将引进知识变为引进危机。

西部社会转型与发展社会学范式转换

改革开放以来，转型社会已经成为中国社会研究中最重要的领域之一。在 30 年来中国经济社会发展研究的基础上，"中国经验"和"中国模式"成为表述中国社会转型路径的代表性语言，主导着中国研究的话语。深入研读相关文献不难发现，尽管学者们已经清楚地阐述了社会转型造成的社会流动、阶层分化和社会差异问题，关注到了城乡二元结构对社会有机体的破坏、中产阶级等新兴利益群体的社会功能，以及特殊利益集团造成的社会断裂和社会转型陷阱[①]等问题，但在"发展代价"和"区域差异"等研究方面还存在着很多缺陷。笔者将围绕中国现代化发展中东西部发展中存在的问题，以西部人的视角深入反思"区域协调发展"语境下的西部发展和转型路径，重新梳理发展社会学的理论范式，为重新认识与解读"中国经验"和"中国模式"提供一种新的思路和方法。

一 西部社会转型

对中国社会转型的研究始于中国改革开放取得初步成就的 20 世纪 80年代末，近年来逐步成为热点。Victor Nee 于 1989 年提出市场转型论，从而掀开中国社会转型研究的热潮，先后诞生了一系列有影响力的解释范式。综合起来看，关注中国社会转型的学者在研究中大都将"市场经济引入社会主义政体主导的国家权力与市场的关系问题"作为一个主要关注方向。在中国的社会转型研究中，市场经济的合法性问题是另一个逐渐

---

① 孙立平：《"中等收入陷阱"还是"转型陷阱"》，《清华大学凯风研究院社会进步研究所清华大学社会学系社会发展研究课题组研究报告》，2012 年。

受到学者重视的问题，并在社会转型的实践过程中逐渐明晰化。

与上述转型发展和合法性问题共生的，还有"区域差异"的问题没有得到充分讨论，尤其是中国的东西部差异问题。目前，对东西部差异关系的研究大部分集中于区域经济研究领域，社会学对此方向的关注甚少。社会学研究的缺失，导致人们只关注由于发展的不平衡而产生的经济差异与不平等，却忽略了西部自身社会结构的失衡、西部社会如何转型发展和向何处去的问题。这种忽略还造成了一个意外性的后果，即对西部的群体性事件和近年来民族分离主义倾向的简单化认识，不能从事件背后的社会结构因素解释其因果。需要注意的是，即使是在非少数民族聚居的西部地区，基于东西部差距的社会不满情绪也是普遍存在的，在一定程度上，它已经成为地方官员和知识阶层非正式场合的经常性话语，谋求改变已经成为社会精英阶层的共同期待。中央政府意识到了这个问题，从1994年起开始实行区域协调发展政策，在1999年启动了"西部大开发战略"，在2011年开始了西部开发的第二个十年战略，但一些官员、媒体和学者都已经敏锐地发现，社会转型出现的既得利益群体与精英集团现象，而且，这些群体有将社会定型化的倾向。① 换言之，从地域差距来讲，东西部差距问题依然存在并有被拉大的趋势，一些原本被作为表现西部大开发政绩的大型工程，如西气东输项目等也开始受到质疑，甚至有西部地方官员明确表示："西煤东送、西电东输、西气东输、南水北调等西部大开发的标志性工程，犹如抽水机，将西部优势资源形成的税收源源不断地抽走，造成了东西部收入差距拉大。"② 因此，如何衡量和评价中国区域发展中的社会结构性失调问题，是社会学研究者们需要重视的问题。

纵观中国的现代化进程，我们可以发现这样的轨迹：建国初期，中国的发展照搬苏联体制，建立了国家主导的现代化模式，国家计划主导着建设、发展和人民生活的各个组成部分，也"试图通过行政手段来决定生产定额和价格，从而取代市场非人格化的、不确定的结果"。中国西部作为富于资源和广袤土地的地区，成为中国工业化进程的主战场，自然也成为

---

① 《陕西副省长批西气东输等四大工程：像抽水机拉大东西差距》，《时代周报》2010年。

② 邓小平：《立足民族平等，加快西藏发展》，《邓小平文选（第3卷）》，人民出版社1987年版。

实现现代化理想和实践计划经济最富有成果的代表性的区域之一。从第一个五年计划到第三个五年计划，西北地区不仅成为工业能源、矿产资源的主要供应地，也成为石油、化工、机械制造、核工业等重型工业的生产加工基地，西北边疆还一度成为有志青年实现人生理想的最佳目的地。即使环境、生活条件等方面远远不如东部地区，但计划体制下的工资福利制度不仅没有使到西部工作的干部、工人、士兵感到不公平，反而使其产生一种"到祖国最需要的地方去"的荣耀感。这种状态一直延续到"三线建设"时期，即使在"文革"时期和改革开放之初，这种基于计划体制的发展格局和分配制度仍有效地支撑了西部的经济发展。

20 世纪 80 年代，邓小平针对中国经济发展不平衡现实，提出了"两个大局"的战略构想："一个大局，就是沿海地区加快对外开放，较快地先发展起来，中西部地区要顾全这个大局；另一个大局就是，当沿海地区发展到一定时期，要拿出更多的力量帮助中西部地区发展，东部沿海地区也要服从这个大局"①。东部地区就成了市场经济发展的实验田，各种资源包括政策、资金、人才甚至舆论等都以腾飞的速度高度集合供给，珠三角、长三角、京津唐、胶东半岛、环渤海等几个重要的经济区域成为首先受惠的地区；而西部地区在这一大棋局中，自然就成为原料、资源、能源、人才甚至资金的供应基地和补给站，也必然成就了西部发展的下面"五大特点"。其一，在"社会主义现代化建设"的"战略大局"中，把中国西部置于"后发展"的地位；其二，"西部计划、东部市场"的差异化经济政策，以"剪刀差"的方式直接剥夺了西部地区和企业的利益；其三，"集全国之力重点支持东部地区发展"的金融政策，严重抑制了西部地区地方政府的施政能力和企业的成长空间；其四，西部地区环境条件恶劣、经济落后，西部人"野蛮""封闭""保守"等认识，严重打击了西部人发展的信心；其五，西部民族地区"只求稳定、不图发展"的社会管理理念，直接制约了地方政府官员开拓进取的步伐。在这种情况下，就必然形成"国家战略主导、部门各显神通；中央分配资源、地方跑步前进；东部飞速发展、西部自然渐进"，东部已经"实现了现代化"、西

① 孙立平：《"中等收入陷阱"还是"转型陷阱"》，《清华大学凯风研究院社会进步研究所清华大学社会学系社会发展研究课题组研究报告》，2012 年。

部"力争到 2020 年与全国同步实现小康"的现代化建设格局。

事实上，由于体制的限制，西部地区地方政府所能利用的有效资源，多数情况下也只能是国有垄断企业控制之外的房地产税等，邓小平战略所构想的"两个大局"中的第二个大局，即"要拿出更多的力量帮助中西部地区发展"的目标还远远没有实现。值得警惕的是，虽然东部已经开始关注和支持西部地区的发展，但是由于资源国家垄断等原因，导致东部地区的资本更多还是投向了西部的房地产等可预期的盈利项目，真正能够在西部地区形成产业集群、有产业培育和再生能力的项目微乎其微，这就难免引起人们对于进一步出现"资本掠夺"现象的担忧。中国的现代化建设使东部逐渐奠定了经济领先地位并拉大东西部差距，西部则在发展中被远远抛在了后面。这种以东部为主体的经济发展模式主导了中国现代化建设 30 年。经济上的巨大成功背后，社会失衡、社会分化和严重的社会不平等一系列问题逐渐显现。中国现代化发展的模式是一种以牺牲一部分地区和一部分人的利益为代价的不完整的现代化，是一种典型的具有内部殖民特征的现代化，在下一个阶段的发展中，以资本为主体的东部支援（主要指对口支援之外的资本进入）可能产生的实际效果，并不亚于依附理论所提出的"跨国公司的依附"，这种依附的实际后果将是十分可怕的。问题的关键在于，无论是"内部殖民"式的依附还是"跨国公司"式的依附，都是中央政府主导战略的直接后果，它不仅会影响到西部地区发展的现实状态，最可怕的在于它还将影响到西部地区的社会转型和发展的未来前景。

如上所述，从 20 世纪 90 年代初期开始，中国逐步实施区域协调发展战略，1999 年提出的西部大开发战略是实施区域协调发展战略以来的一个重大举措。"西气东输""西电东送""青藏铁路""退耕还林""天然林保护"等众多工程项目相继实施。2000—2008 年，国家在西部地区新开工的重点项目达到 102 项，总投资超过 17400 多亿元。[①] 区域协调发展战略和西部大开发战略的实施，对"西部地位"下降起到了一定的缓解作用，但西部贫困和落后的面貌并没有根本改变。以向东部输送资源和能源为特点的开发项目，进一步强化了国家对资源的控制力，反而弱化了西部的优势；大型

---

① 新华网，西部大开发新开工 18 项重点工程投资总规模为 4689 亿元，2009 年。

项目尤其是重度污染工业项目在向西部转移的过程中，造成了大量的环境污染问题；单一性依靠开采和向外输送资源的发展模式，加剧了西部的资源消耗过程；缺少产业基础的开发积累而导致的劳动力流动，进一步削弱了西部地区的人力资源，使原本脆弱的西部再生产能力日益降低。国家在实施西部大开发战略的同时，也正在生产着影响西部地区健康发展的难题，造成西部难以摆脱的"发展危机"，其主要表现有：

1. 富饶的贫困。西部坐拥优势资源却不能依靠资源致富，成为发展中一个奇特的现象，"富饶的贫困"与"甜蜜的悲哀"，依然是"今天的村庄"唱着的"过去的歌谣"。

2. 发展的路径依赖。（1）输血式的发展依赖。西部发展长期以来过度依赖政府的基础设施建设投资以及相关的项目投资。（2）增长的"例行化"与依赖。在西部发展的过程中，GDP崇拜特征明显，为了增长而"制造项目"和不顾自身能力超前开展城市建设、"寅吃卯粮"大肆举债，增长依赖成为地方政府无法迈过去的门槛。

3. 劳动力外流造成农村社会结构的破坏。在西部的发展过程中，劳动力资源的规模化流动成为引人注目的社会现象，不仅带来了留守妇女、老人、儿童等问题，青壮年劳动力的流失也使得西部农村社会结构面临剧变。一方面，原有的传统文化等因缺乏青壮年继承人而遇到传承问题；另一方面，外出返乡人员给当地带来的文化冲击也动摇着农村的社会风气和行为准则。由于本地经济结构和产业基础的薄弱，西部农村大多数是跨地域的长距离流动，这就导致地域性的青壮年劳动力缺乏，也必然使地方经济发展遭遇人力资源支撑缺少和人力成本上升的窘境。

4. "维稳"与发展的困境。西部近年来涌现的种种群体性事件和民族地区出现的部分危害社会稳定事件，使得维稳成为地方政府工作的重点，在"稳定高于一切"的理念支配下，用于维护稳定的经费在财政支出中占据了相当大的比例。在不少地方官员的意识中，"只要不出事，就是最大的贡献"，"一切为维稳让道"成为地方政府必须优先考虑的事情。但事实上，西部的民族、宗教问题与西部的社会转型过程更加复杂、多样，简单的维稳思维难以应对复杂多变、力量交错的西部民族关系，加快民生建设，加快民族地区的现代化建设和转型步伐，已经成为不可延迟的重要选择。

5. "转型"的逆反。在中央政府将西部地区视为东部发展资源基地的前提下，西部经济的增长往往是以资源的加速开发和快速向外输出为代价的。在这种情况下，西部丰富的资源并没有有效地转化为产业的优势，反而变成了另外一种类型的"发展包袱"：在还没有实现现代化的情况下却要面对资源枯竭带来的产业转型，正如中国人口结构"未富先老"的问题一样，西部地区的资源型城市首先面临的问题是地方发展"向何处去"的问题。"社会逆转型"现象①是西部现代化进程的一种困境，"未转先衰"则是一种更加复杂的"转型逆反"问题。

二　现代化理论的解释困境

在中国经济社会发展路径的整体设计中，现代化理论长期占据着主导地位，现代化的理论思维也牢牢控制了中国社会未来发展的话语权。从20 世纪 50 年代的"赶英超美"，到六七十年代的"四个现代化"；从 80年代开始的市场经济改革，到全面实现小康社会的"中长期发展规划"，消除落后、走向现代经济与现代社会始终成为中国社会发展的主线。然而，在实现了 30 多年的经济高速增长和巨大成就的今天，社会转型的任务依然严峻；创造了"中国奇迹"和"中国模式"的国人突然发现高速发展不仅带来经济效益，还有可能带来更加可怕、更加严重的"中国问题"：当"人口红利"即将耗尽时感受到的劳动力短缺的危机、在"自然资源"被过度开发和粗放式利用之后产生的资源紧缺危机、忽略环境保护甚至是以生态环境破坏为代价的生产发展所带来的"环境危机"……加之亚洲金融危机、美国次贷危机和国际金融危机带来的出口萎缩、发展速度减缓和通货膨胀，城市化进程加快引发的各种群体性事件，"土地财政"和"政绩工程"带来的房价疯涨和地方政府过度举债，种种问题已经严重威胁到中国社会的健康发展。事实上，在长期高速增长和繁荣发展背后，困难和危机问题被长期的繁荣增长所遮蔽，忽略均衡发展、牺牲区域利益、期待以发展速度"一白遮百丑"的"线性发展"理念，恰恰是

---

① 陈文江、周亚平：《公众参与方式与社会转型中的"逆转型"现象——以 Y 市政府搬迁中的公众参与为例》，《北京工业大学学报》2007 年第 5 期。

现代化理论最受人诟病之处。

虽然现代化理论在 20 世纪 60 年代就开始受到国际学术界的普遍质疑，但开始于 20 世纪 80 年代的中国改革和发展的模式却没能有效地吸取学术界的意见，以至于中国现代化道路的设计从理念到路径都沿袭现代化理论，从而也就难以避免现代化所伴生的种种弊端，即便"区域协调战略""西部大开发战略"，都带有明显的现代化理论特征。虽然中央政府开始意识到产业调整、资源禀赋等一系列可能改变西部发展方式的问题，但在制度安排上并没有真正顾及西部的开发主体，也没有充分考虑到地方政府和社会公众实际的利益需求和现实参与的可能性。

按照依附理论的解读，西部地区的"欠发达"是与东部地区的"高速发展"和"发达"密不可分的，甚至可以说西部的"欠发达"就是国家战略和东部地区"发达"的"产物"。这种状况不仅源于改革开放初期国家实行的"区域非均衡发展战略"，也源于国家在产业政策上的"双轨制"，即对原料生产企业实施严格的计划调拨，而对来自于"发达地区"的加工企业则按照"调拨价 + 回扣"的方式提供原料。在这种情况下，一场以"找关系""批条子"和"对缝"为特征的"全民经商"大戏就在中华大地展开。在这场足以撼动中国社会和文化根基的大戏中，权力主导着资源，权力和经济利益的"平等交换"成为富于"中国特色"的"市场经济法则"，并且逐步被固定化为中国社会普遍适用的"基本法则"。同样是在这场大戏中，在享尽政策、资金、市场条件、发展机会等便利之余，一些东部地区的领导、企业、社会公众还得出了一个带有普遍性的结论，那就是西部地区经济落后、条件艰苦，西部地区的人民既傻又笨还不开放。在这样的语境下，原本还在以西部人民"自力更生、艰苦创业"为荣的西部学术界也开始了"思路的转向"——人们纷纷在西部人"土"的基础上去研究自己究竟"土"在哪里，怎样通过"解放思想"去改变自己"土老帽"的形象等①。源于国家战略和政策导向而产生的"落后"和"欠发达"，被建构成普遍接受的通则式的"西部话语"，这不能不算作西部人的另一种"悲哀"。

在中国现代化的整体进程中考察西部地区的发展，我们不仅能够明显

---

① 武文军：《甘肃干部"土"的表现特征及其产生的原因》，《兰州学刊》1986 年第 5 期。

地感受到在中国经济社会发展的整体进程中的确存在"中心—边缘"的制度架构和现实格局，也能在这种关系结构中感受到实际存在的"剥削与被剥削"的关系。尽管这种关系是通过中央政府这只"有形的手"建立在统一的政治制度和经济体系之上的，同时，中央政府也通过"转移支付"等方式对这种不平等的经济结构给予了一定程度的补偿；但是，这些建构在制度和宏观政策基础上的经济发展格局对于西部的伤害是触及筋骨的，也是长期的、稳定的，并不是简单依靠"救助与救济"式的方法就能够解决和改变的。一个不容忽视的问题是，在实际处于不同发展阶段和不同发展层面的两大区域之间实行相同的经济政策，本身就是一种不平等的表现。典型案例如东西部的高等学校，在优先发展东部的政策条件下，当大量的西部人才甚至是优势的学科资源都已经集中流向东部院校之后，再实行"东西部高校均衡发展"的"国家战略"，以统一的政策、相同标准的资源配置方式，要求西部高校和教师与东部一样参与所谓的"公平竞争"，这即使不是一种戏弄，也形同一种嘲讽。病态的竞争产生的结局一定也是病态的。

在中国现代化的整体结构中思考西部的发展问题，我们明显看到了中国社会实际上也存在着"中心""半边缘"和"边缘"的经济和社会结构，不同的是，这种结构并不是世界体系理论所指称的在世界范围内用以代表少数富裕国家、最贫困国家和介于二者之间的国家和地区。对于中国的社会结构而言，在中央政府控制下的国有垄断企业构成了事实上的最富裕的利益集团，他们不仅可以借助"国有"企业的垄断地位直接控制中国境内的所有资源，进行开采、开发、分配和经营，还能够以国有企业强大的资金和信用介入他们认为有前景和效益的产业。在这种情况下，处于绝对劣势的西部地区地方政府往往只能以争取到国有大中型垄断企业的投资项目作为自己的政绩，因而，尽心尽力地讨好垄断企业，"心甘情愿"地接受他们的"条件"，包括牺牲一些地方利益（土地、资源、环境、利润分配、配套条件等）。相对于国有垄断企业，东部地区的政府和企业没有垄断地位和强势手段，他们充其量只能算是处于"半边缘"状态的"次强"力量。但对于西部欠发达地区而言，东部地区的地方政府和强势企业与处于"中心地位"的国有垄断企业一样，也参与到"开发"和"经营"西部资源的过程中，他们也自然地成为西部地区地方政府主动争取的"财神爷"。尽管他们的"投资主体"地位并没有中央垄断企业那么"强势"和"真实",但在西部地区地方政府"吸引外资""项目带动"政绩观的拉动下,这些"外来的和尚"所念的"经"的确比本地的企业要"好听"得多。例如,西部地区的"博览会经济"中见诸报道的"签约项目"和"签约金额"多得惊人,如果要把某一个城市近几年博览会(贸易洽谈会等)连续的吸引投资数额加起来,人们就会发现完全可以造一个全新的城市了。而事实上,这些所谓的"外资项目"实际上相当多使用的还是当地的贷款额度和地方政府的信用担保,实际的"投资"能占到项目所需资金的30%已经相当可观,辉煌"政绩"掩盖不住东部地区政府和企业前来"淘金"的现实!

按照世界体系理论的解释,边缘地区的不发达并非仅仅是中心地区扩张的结果,而是中心扩张、边缘的内部经济和社会结构以及发展政策等因素共同造成的。世界体系的异质性和多元性是由于生产分工而导致的,因此,要改变自身在世界体系中的结构位置,完全取决于生产分工的模式。就中国现有的社会体制和运行机制而言,要改变中国现代化的整体格局十分困难,因为"国家所有—中央集权—国有企业负责开发和分配"的整体结构是很难改变的。这些资源的开发者、分配者本身就是以营利为目标的经济实体,他们依托国家权威合法地获取了资源的开发权和分配权,又依托国家获得了几乎无穷大的财力,因而在与地方政府的博弈中几乎是战无不胜的。即使是开发西部这样的国家战略,开发的主体也是"国字号"的经济大鳄,他们利用自己的双重身份,当需要控制资源时他们代表国家,当需要分配经济利益时他们又是企业,完全可以按照自己的特殊利益需求随时转换角色,进而达成自身的现实利益。在这种情况下,指望由他们规划、设计、开发的项目,能够在西部地区形成有助于地方经济发展的产业结构和具有可持续性的生产体系,几乎是不可能的,除非让这些垄断企业的最高负责人同时担任地方政府的行政首长。但遗憾的是,这种做法也是被中国的工业化进程所抛弃了的一种"过时"的做法。

三 发展社会学范式的转换

在这种情况下,实现区域发展的"主体自决",就成为解决西部地区被边缘化的最有效的方法。所谓区域发展的主体自决，是指在发展进程中充分尊重不同地区政府和社会公众对于自身发展的自决权，真正使发展的"区域法人实体"成为有权利参与发展战略规划、设计和开发的"法人主体"，使"当地人"有可能成为本地区发展的战略规划者、资源支配者和利益分配者，通过保证他们平等的参与权来实现整个经济体系中分工结构的调整和改变。具体到中国现代化建设的整体结构中，就是要求中央政府通过改变对于自然资源的控制方式，将自然资源从法理上"让渡"（或是还给）给所在地方的政府，承认地方政府和全体人民对资源的所有权、开发权，国有企业通过向地方政府购买开发权的方式共同开发、共同享有资源的支配权和利益分配权。这样，既能够保证中央政府对资源的有效控制，限制地方政府为了短期利益随意掠夺性地开发，又可以充分调动处于"边缘"地位的地方政府的积极性，使他们能够自觉地围绕资源禀赋设计具有可持续性的产业发展规划，培育支撑地方产业发展的产业结构，摆脱"被支配"的困境，从而实现沃勒斯坦所期待的，使"边缘国家"和"边缘地区"通过结构位置的流动而上升到半边缘、甚至中心的位置。这不仅是边缘化地区的强烈期待，也是中国社会完整实现现代化的必由之路。

实现"边缘国家"或"边缘地区"区域发展的"主体自决"，有赖于对发展理念的重新理解，也有赖于"发展社会学"范式的转变。从学术研究的视角来看，中国西部的发展困境和面临的问题已经很难用单一的发展理论做出解释，这种发展的困境不仅是制度化的，也是在社会转型的过程中被再生产出的更多非预料性的后果，如贫困的依赖问题以及社会转型的"逆反"问题，并杂糅了现代化和全球化的种种因素。面对20世纪晚期以来中国西部面临的快速而深刻的社会变迁，质疑现有的发展理论是否依然适用，能否有效地解释这些新奇的经济、社会和文化发展困局非常重要。社会学家们还需进一步追问：我们的"发展"到底发展了些什么？如何从更长期、更广泛的视角来反思中国的发展及其代价问题？

必须清楚地认识到，中国社会转型的特殊性需要进一步构建本土化的理论来解释复杂的转型现象。虽然30多年的改革开放带来了中国经济的高速发展，但是中国社会的发展实际还存在着经济与社会发展、城市与乡村发展、东部与西部发展严重不平衡的问题，均衡发展作为一个影响中国现代化进程的问题将长期存在。因此，从发展社会学的视角对中国的发展方式进行审视、研究和总结，不仅是中国社会学研究的基本任务，而且是可能影响现代化建设健康发展和最终实现的重大课题。与此同时，对于西部社会转型的研究，能够使我们站在西部人的立场，从西部自身的发展入手，在东西部发展的对应关系中进一步反思现有的现代化理论，寻找适合解释西部问题的发展社会学理论。这样的理论尝试不仅是探索本土化的发展理论的过程，而且将成为对现有的以西方话语为主的社会理论的一种挑战。正如社会学家 William Outhwaite 所认为的："大多数的主流社会理论都扎根于'西方世界'，即西欧、北美和澳洲各国组成的'发达资本主义世界'的经济、政治和文化体验。世界上的其他地方，似乎只是被限定在'发展社会学'、'世界体系理论'、'东欧/共产主义社会学'这几个特定的狭小区域内。前者在很长一段时间内一直占据着社会学的核心议题，现在则在很大程度上被全球化理论所取代。"① 在本土化理论的建构方面，澳大利亚社会学家 Connell 的"南方理论"② 也提出了一条走出西方构建的理论道路，为我们从本土问题入手构建中国化的社会发展理论提供了参照。

在新的历史发展阶段，中国的现代化将面临新的发展机遇，中国西部将成为中国经济新的增长极，西部地区在新的发展阶段将逐步走到前台，成为中国未来几十年发展的推动力量。对于社会学学者而言，也需要进一步走向西部，为西部的经济社会发展提供有效的理论支撑。面对西部转型的困境问题，中国的发展社会学需要实现研究视角的转换，而新的视角不仅应当是本土化的，也是底层的，更是公共的，将分析的重点从发展转向代价反思、从单一的落后—现代两分法转向多元分析、从中心转向边缘、从西方话语转向本土经验。笔者将这种视角转换的研究归纳为"西部社会学"的视角，这种视角将是一种多元化的、跳出单一的两分法和简单的依附观念去寻求整体发展的视角；是一种在全球化背景下依托本土经验、直面西部问题、从边缘立场反观中国现代化方式与代价的视角；是一

---

① 威廉·乌斯怀特等：《大转型的社会理论》，吕鹏等译，北京大学出版社2011年版。

② Connel 认为社会学事实上被西方话语为主的"北方理论"所统治，因此从澳大利亚的本土知识入手提出"南方理论"。Raewyn Connell, 2008, *Southern Theory: The global dynamics of knowledge in social science*, Allen & Unwin.

种摆脱了精英集团的理念、思维逻辑和分析方式，而从底层和地域性的立场观察和研究中国社会现代化的视角；是一种从社会主义国家的历史传统和制度结构等因素入手，深入探究国家与社会之间的内在关联和发展路径的视角。唯有如此，才能准确理解和合理解释中国社会的转型困境，为发展社会学理论作出本土化的贡献。

东部主义的西部映射

中国三大区域间收入不平等影响
因素的实证研究:1952—2008

以经济建设为中心的发展战略,使中国成功地实现了经济体制的转轨与国民经济的高速增长。然而伴随经济高速发展的同时,东、中、西三大区域间的收入不平等问题也越来越严重。1952 年三大区域人均 GDP 比例为 2.3∶1.3∶1;而到了 2008 年,这一比值上升到 3.25∶1.38∶1,对整个收入不平等贡献率则由 1952 年 21.3%,上升到 2008 年的 57.3% 。由此可见,当前我国的区域收入不平等已经非常严重。

收入不平等的持续增大,对个人与群体的尊严、国家经济的可持续发展形成严峻挑战,为此学者对此进行了大量研究 (Demurger, 2001;Fu, 2004;潘文卿,2010;魏后凯,1992)。这些研究主要集中于两个方面:一是关于中国区域间收入不平等走势:收敛还是扩散;二是关于影响区域收入不平等的因素为何。本文主要关注区域收入不平等的第二个方面。

一 关于地域差距的相关研究

魏后凯 (1989) 最早从学术上探索了区域间收入不平等的形成原因,他考察了"东倾政策"对收入不平等影响,发现这种政策虽然扩大了三大区域上收入不平等,但缩小了省际间不平等。之后相关研究渐渐增多,研究也更加细化。总的来说,这些研究主要有五个取向。

第一种取向强调生产要素的作用。这一取向认为区域经济增长离不开各种生产要素的投入,要素投入是促进经济增长的根本保证。因此,生产要素的流动与分布不均是造成区域收入不平等的重要原因。但究竟何种生产要素起主要作用,其观点并不一致,我们至少可以将其区分为三种观点。

第一种观点强调物质资本的重要性。例如 Tsui（1991）通过地区间不平等指数的分解发现，中国地区间经济发展水平差距有相当一部分来自省际间的资源流动，其对地区差距的贡献率从 1978 年的 - 54.3% 变为 1989 年的 24.59%。王小鲁、樊纲（2004）认为由于市场导向的资本流动（包括外资在内）超过了政府导向的资本流动，导致地区间资本流动的整体趋势向东部地区倾斜，因而造成了区域间收入不平等。任建军、阳国梁（2010）持有相同观点。

第二种观点强调人力资本重要性。例如 Lucas（1988）认为人力资本存量的差异会直接影响全要素生产率，从而影响长期的经济增长率。因此，在其他条件相同时，人力资本存量较大的先进国家或地区有可能在长时期内保持相对较高的经济增长率，进而造成区域间收入不平等。杨俊、张宗益（2003）认为人力资本积累，特别是初等教育程度以上的人力资本积累对缩小收入不平等有明显促进作用。蔡昉和都阳（2000）的实证研究也表明人力资本上的差异是造成区域收入不平等的主要原因。

第三种观点强调劳动力流动对区域收入不平等重要影响。例如姚枝仲、周素芳（2003）从理论上论证了劳动力流动缩小地区差距的决定性作用。他们认为单纯的商品自由流动和资本流动都无法实现地区之间人均收入均等；只有通过劳动力流动才能削平地区间要素禀赋差异，改变地区的需求结构，最终实现地区间人均收入均等。赵伟、李芬（2007）认为劳动力对收入不平等影响是分裂的，不能一概而论。通过模型检验，他们发现高技能劳动力的流动更倾向于扩大区域收入不平等，而低技能劳动力流动有助于缩小区域收入不等。

"生产要素说"借助西方新古典经济理论和新古典经济增长理论视角，强调了资本对区域间收入不平等影响重要性，但资本流动不是随意的，要受到制度和政策要素的约束。这一点恰恰为"生产要素说"所忽略，单纯用"生产要素说"无法解释改革前后区域收入不平等的演变。

第二种研究取向强调制度与政策作用。这一取向将区域间收入不平等归因于不同区域内生的制度差异，认为不同地区在所有制结构、市场化程度等方面的差别，既受制于初始经济条件，也是地区或部门偏向的政策和制度的作用结果。因此，地区或部门偏向的政策和制度是导致区域收入不平等扩大的根本原因。

有关制度方面的研究包括两个方面。一是市场化程度。许召元、李善同（2006）利用1990—2004年国家统计年鉴面板数据，通过固定效应模型分析了影响区域间收入不平等因素。他们发现市场制度和区域经济一体化有助于缩小区域间收入不平等。不过这一观点遭到了李双菊（2006）的质疑，基于1988—2003年的省级面板数据，运用条件收敛回归和弹性分析法，李双菊研究了市场化改革对我国地区经济差距的影响，发现非国有经济的发展、对外开放的扩大以及政府从经济中的退出，并未缩小而是显著扩大了区域收入不平等。二是户籍制度。Fleisher和Chen（1997）将中国区域收入不平等与美国进行了比较，他们认为中国区别于美国经验的重大制度差异在于中国的户籍制度与国有银行体系，美国经验表明，人口从北部到东西海岸的逐步迁移对于美国国内的经济收敛至关重要。然而，中国特有的户籍制度却成为地区收入差距扩大的主要原因。蔡昉等（2001）持有类似观点，认为户籍制度的长期存在，阻碍了劳动力的跨区域流动，是导致区域间收入不平等的深层原因。

有关政策方面的研究，依据实施时间，可以分为三类。第一类研究关注改革开放前实施的"重工业优先发展战略"的作用。例如林毅夫、刘培林（2003）研究了重工业优先发展战略对区域收入不平等影响，认为当前中国大陆各省区市之间发展水平差距的主要原因在于，新中国成立以来所推行的重工业优先发展的赶超战略下形成的生产要素存量配置结构，与许多省区市的要素禀赋结构决定的比较优势相违背。第二类研究关注改革开放后实施的"非均衡发展战略"的影响，相关研究最多，争鸣也最多。例如杨伟民（1992）利用1978—1989年国家统计局数据资料，研究了"东部布局优先和政策倾斜"战略的影响，发现这种战略或政策并没有扩大而是缩小了东、中、西三大经济地带间的收入不平等。彭文斌、刘友金（2010）的研究结论则刚好与杨相反，认为造成经济差距不断扩大的原因，主要在于改革开放后我国实施的"非均衡"区域发展战略的差异。第三类研究关注2000年以后国家战略调整对区域收入不平等影响。例如刘生龙、王亚华、胡鞍钢（2009）采用1987—2007年省际面板数据，使用系统广义矩估计方法，分析了"西部大开发"战略的实施成效，发现"西部大开发"战略的实施，使西部地区 2000 年以来的年均经济增长率增加了约 115 个百分点，有效缩小了区域间收入不平等。

"制度与政策说"敏锐发现了生产要素说的不足，考虑到了中国社会体制的特殊性，但它并未意识到社会人口特征对区域收入不平等的重要影响。

第三种研究取向强调人口要素作用。这方面的研究最少，常为研究者所忽视。然而这并不说明人口因素对区域收入不平等是微不足道的。已有研究从两方面展开。一是关注老龄化对区域收入不平等影响。例如，曲兆鹏和赵忠（2008）利用农村家庭数据，发现家庭收入不平等随家庭人口年龄增加而迅速增加。Zhong（2011）的研究表明，人口老龄化对中国不同区域的农村收入不均等有着显著的影响。二是强调人口增长率的影响，例如蒋志永（2005）通过控制人口因素的方法分析揭示，20 世纪 80 和 90 年代人口增长对中国区域收入不平等的贡献率在 31.18% 和 43.15% 之间波动，经济增长的贡献率在 56.15% 和 68.12% 之间波动，因此，人口增长对收入不平等影响虽然不是首要因素，但却非常重要。

第四种研究取向强调地理因素作用。这一取向基于经济发展空间分布的观察，尝试用地域特征来解释地区间的差异情况。陆大道在《中国工业布局的理论与实践》一书中，专门研究了地理差异对中国东西部经济发展差异的影响，认为各地区自然条件的差异是中国工业发展区域差异的物质基础。Sicular 等（2007）认为尽管地理位置因素在区域收入不平等的作用被证实在减小，但是依然占据着举足轻重的地位。

第五种研究取向强调经济结构作用。经济结构历来为学者所关注，是区域收入不平等的重要方面。相关研究包括三个方面。第一方面关注经济增长与区域收入不平等关系，争鸣最多。Li 与 He（2006）认为尽管未来中国经济水平会继续提高，但区域间收入不平等会进一步加剧。Kuijs 和 Wang（2005）对 Li 与 He 的观点提出质疑，认为如果政府采取适当政策，这种不平等可以维持在一个较低水平。针对这一争鸣，Chen（2009）利用 1978—2004 年国家统计数据，采用矢量自相关模型（VAR）对区域间收入不平等与经济增长之间关系进行了检验，发现无论从短期还是长期看，经济增长都可以缩小区域间收入不平等。

第二个方面关注工业化水平。这方面研究也存在两个方向：一是关注农村工业化的影响。例如王小鲁（1999）研究了农村工业化水平差距对区域收入不平等影响，发现各省乡镇企业的发展水平与农村人均收入水平之间有显著的关联，他认为中西部地区农村工业化程度落后是导致地区收入不平等的重要因素。魏后凯（1997）也认为农村工业化特别是沿海地区乡镇企业发展是造成区域间收入不平等的重要原因。二是关注产业结构对区域收入不平等的影响。范剑勇、朱国林（2002）通过对地区不平等按产业结构和地区结构进行分解分析发现，第二产业对地区经济发展的贡献远远超过其他产业，对区域间收入不平等贡献率达到 65% 以上，这一发现说明产业结构的差异是造成我国地区差异的重要原因。马晓河（2003）、徐舒（2010）也认为产业结构的调整与升级对区域间收入不平等有重要影响。

第三个方面是城市化。王小鲁（2004）认为城市经济在基础设施、人力资本和技术供应、市场集中度、服务业发展空间等方面都给现代产业发展提供了必不可少的条件。经济改革期间，城市化发展速度有了明显的加快。但中西部地区目前在城市化方面发展同样滞后，而且与东部的差距在继续扩大。从 1982 年到 2000 年，东部城镇化率上升了 22 个百分点，西部只上升了 12 个百分点。

尽管关于中国区域间收入不平等问题，学术界已经取得一些研究成果，尚存在以下不足：一是进入 21 世纪以来，中国地区发展战略有了重大的调整，由地区不平衡发展战略转向地区协调发展战略。如 2000 年国家实施西部大开发战略，2003 年实施东北老工业基地振兴战略，2006 年正式推行中部崛起战略。但多数学者选取样本数据的时间在 2005 年以前，不能反映近几年来的中国地区差距新的动态变化；二是以往关于区域收入不平等研究基于经济学视角，主要关注产业结构、城市化、市场化改革等经济因素的影响，忽视了社会人口变量的重要性。

二　研究的理论与模型

由于上述研究主要集中于对某一或某几种因素的分析上，结果往往是每一种研究似乎都"发现"了一个具有决定作用的影响因素。其局限在于：一是未能把相关因素纳入一个统一框架进行系统分析，研究过于碎片化，无从得知高维度变量对收入不平等的相对作用；二是由于没有排除其他变量干扰，研究结论很难具有可靠性。基于此，本文尝试构建一种统一的分析框架，将相关因素分别纳入结构因素和制度—政策因素两个维度中。我们的目的有二：一是重新审视 60 来年中国区域间收入不平等变迁轨迹背后的成因；二是明晰这种成因中有多少是由结构因素导致，有多少是非结构因素造成，换句话说这种不平等究竟在多大程度上不可避，又有多少可通过政策调控得到缩小。

为检验不同变量对区域间收入不平等影响，本文将构造如下基线模型：

$$y_{it} = \alpha_0 + \beta x_{it} + \varepsilon_{it}$$

y_{it} 代表被解释变量，α_0 为常数，βx_{it} 是解释变量，ε_{it} 是残差。其中下标 i 表示不同区域，t 表示同区域的不同年份。

（一）结构因素与区域间收入不平等

社会学中"结构"一词最早来源于孔德，他将社会有机体类比生物有机体，认为社会结构是由家庭、城市和社区构成（特纳，2001）；吉登斯将"结构"定义为社会再生产过程里反复涉及到的规则与资源，强调约制性与稳定性（吉登斯，1998）。遵循结构外在性、构成性与约制性的特点，我们将经济发展（经济增长、产业结构、城市化）、社会人口特征（教育程度、老龄化比率、人口密度）纳为结构因素；制度—政策因素体现政府意志，具有较大变异性，据此，本文将经济开放程度、地方政策干预、国家发展战略纳入制度—政策因素[①]。

（1）经济发展

经济增长（GDP）。1965 年，威廉姆森（Williamson）在《区域不平衡与国家发展过程》一文中提出了著名的倒"U"型假说。他认

---

① 对经济发展划分可参考国家统计局网站：http://www.stats.gov.cn/tjfx/fxbg/t20111219_402773172.htm；对社会人口特征、制度—政策划分可参考 Moller S.，A. S. Alderson，& F, Alderson. 2009，Changing Patterns of Income Inequality in U. S. Counties，1970 - 2000，*American Journal of Sociology*，2009，114（4）.

为在国家经济发展的初期阶段，随着总体经济增长，区域差异逐渐扩大，然后区域差异保持稳定，但是经济进入成熟增长阶段后，区域差异将随着总体经济增长而逐渐下降（Williamson，1965）。关于这一假说在中国能否成立，历来为学者所争鸣（陈宗盛，1994；张敦富、覃成林，2001；饶会林，1999）。为检验这一假说，本文将建立模型 1 进行检验：

$$y_{it} = \alpha_0 + \beta_1 RGDP_{it} + \beta_2 RGDP_{2it}^2 + \beta_3 IND + \beta_4 URB + \varepsilon_{it}$$

文章引进 GDP 平方来检验经济增长的二次趋势，若是威廉姆森倒"U"假说成立，则系数为负值。

工业化（IND）。由于我国仍处于工业化的中期阶段，一段时间内，我国的经济增长还将由工业部门的扩张带动，因而工业化进程在地区间的差异，必然会导致地区间生产率以及人均 GDP 增长率的差异。本文预期工业化水平对区域收入不平等影响为正。

城市化（URB）。与农村社会相比，城市经济在基础设施、人力资本和技术供应、市场集中度、服务业发展空间等方面都给现代产业发展提供了必不可少的条件，因此，区域间城市化水平的差距必然会加剧收入不平等。本文预测城市化水平对区域间收入不平等影响为正。

（2）社会人口特征

社会人口特征是人口学与社会学者所关注的重要变量。按照人口学观点，经济体中人口，由异质群体构成。他们在年龄结构、家庭结构、教育水平等方面的巨大差异，会对区域收入不平等产生直接影响。为此，本文将从人口自然增长率（NGR）、人口密度（DOP）、教育水平（EDU）三个方面考察社会人口变量对收入不平等影响。模型 2 如下：

$$y_{it} = \alpha_0 + \beta_1 NGR_{it} + \beta_2 DOP_{it} + \beta_3 EDU_{it} + \varepsilon_{it}$$

人口密度（DOP）。东中西部在人口密度上存在很大差异，东部地区面积不到全国的九分之一，但人口占到近一半，远大于中西部地区。按照内生增长理论，人是经济发展的首要条件，只有具备了一定人口规模，才能降低交易成本，发展市场（Solow，1956；Swan，1956）。本文预期人口密度会对区域收入不平等影响为正。

人口自然增长率（NGR）。长期以来，受民族传统、文化风俗与计划生育政策影响，中西部地区人口自然增长率一直高于东部，例如 2008 年东部地区人口自然增长率为 3.99‰，中部地区 4.83‰，西部地区 5.79‰[1]。高的人口自然增长率可以弥补中西部在人力资本的相对劣势，本文预期自然增长率对区域收入不平等影响为负。

教育水平（EDU）。Lucas（1988）认为在其他条件相同时，人力资本存量较大的先进国家或地区有可能在长时期内保持相对较高的经济增长率，因此，人力资本是影响地区差距长期趋势的重要因素。本文预期教育水平对区域收入不平等影响为负。

（3）结构模型

为检验结构因素对区域收入不平等的总影响，本文将经济发展与社会人口特征两个维度的变量全部纳入到模型中，我们的目的是要比较结构因素与制度—政策因素影响作用的相对大小。模型 3 如下：

$$y_{it} = \alpha_0 + \beta_1 RGDP_{it} + \beta_2 RGDP^2_{2it} + \beta_3 IND + \beta_4 URB + \beta_5 NGR_{it} + \beta_6 DOP_{it} + \beta_3 EDU_{it} + \varepsilon_{it}$$

（二）制度—政策因素与区域间收入不平等

制度—政策是影响区域间收入不平等的重要因素，尤其在权威体制下中国，中央政府对制度的建立、改良或废除，经济政策的调控都有巨大影响（譬如 1952 年中国户籍制度建立）。为此，本文将从经济开放程度（TRA）、地方政府干预（POL）、国家发展战略（STR）三个方面来考察。

经济开放程度（TRA）。制度因素对区域收入不平等影响主要表现在市场制度的建立。受数据限制，本文没有用国有工业产值在全部工业总产值中比例来衡量市场化水平（许召元、李善同，2006），而是采用林毅夫、陈斌开（2009）的方法，以经济开放程度来衡量。测量经济开放程度通常有两个指标：外商直接投资（FDI）与对外贸易水平（TRA）（陆铭、陈钊，2004）。本文以对外贸易水平衡量[2]。相对于中西部，东部地

---

[1] 数字通过对《新中国六十年统计资料汇编》2008 年各省数据加权获得。

[2] 由于我国在 1980 年正式对外开放，1980 年之前中部和西部外商直接投资的数据完全缺失，所以本文采用对外贸易水平来衡量。

区市场广阔，交通方便，具有明显区位优势。本文预期经济开放程度对收入不平等影响方向为正。

地方政府干预（POL）。地方政府往往以经济增长为首要目标，所以都不希望在经济增长队伍中落后（例如中部省份最近提出的"鄱阳湖生态经济区""皖江城市带"规划以期改变区域经济发展中的"中部塌陷"不利局面）。为缩小与其他地区收入差距，他们会通过行政规章、税收政策等措施直接干预经济增长。本文预测地方政策干预能力越强，区域间收入不平等越小。

国家发展战略（STR）。与地方政府不同，国家倾向于长远考虑，整体布局。其首要考虑是总体经济发展与社会稳定；其次，才是某一区域或省份的发展。尽管如此，国家不可能容忍区域收入不平等的无限扩大，因为这势必会引起地方政府与居民不满，威胁社会稳定。因此，中央总是在经济发展与区域收入差距中间寻找平衡，在不同时期会采取不同发展战略。据此，本文将国家战略分为三个阶段："重工业优先发展时期"：1952—1978 年，"非均衡发展时期"：1979—1999 年，"协调发展时期"：2000—2008 年。本文预期，与"重工业优先发展时期"相比，"非均衡发展时期"对区域收入不平等影响方向为正；"协调发展时期"对区域收入不平等影响为负。模型 4 如下：

$$y_{it} = \alpha_0 + \beta_1 TRA_{it} + \beta_2 POL_{it} + \beta_3 STR_{it} + \varepsilon_{it}$$

三　研究的数据与变量

（一）数据来源

本文数据来自《新中国六十年统计资料汇编》，样本区间为 1952—2008 年。以东、中、西三大区域为分析单位，具体划分标准[①]，西部地区包括：云南、四川、贵州、陕西、甘肃、宁夏、新疆、青海、西藏、重庆、内蒙古和广西，东部地区包括：北京、天津、上海、河北、山东、江

[①]　区域划分标准参见王梦奎《中国中长期发展的重要问题 2006—2020》，中国发展出版社 2005 年版。

苏、浙江、福建、海南、辽宁和福建，中部地区包括：山西、吉林、黑龙江、安徽、河南、江西、湖北和湖南。由于海南省在 1988 年之前属于广东省，因此以 1988 年为界，之前将海南省归于广东省，之后（包括 1988 年），将海南作为独立省份；重庆市在 1997 年之前属于四川省，其处理方法与海南相同。

（二）因变量

测算收入不平等的常用指标有变异系数（Variance index）、基尼系数（Gini index）、泰尔指数（Theil index）等。变异系数的最大特点是计算方法简单明了，但变异系数既不能进行因子分解，也无法进行空间分解（刘慧，2006）。基尼系数应用广泛，但仅仅能够按收入的不同分项进行分解（李实、赵人伟，1999），无法在不同区域间完全分解（Cowell，2000）；泰尔指数可在不同人群或不同区域间分解（Theil，1967），而且能满足"疤谷—道尔顿转移原则"、人口和收入均质性等所有条件（Shorrocks，1980）。基于此，本文将以泰尔指数来测量区域间收入不平等。计算公式如下：

$$T_p = T_b + T_w$$

$$T_b = \sum \left[\frac{GDP_i}{GDP} \right] \ln \left[\frac{GDP_i/N_i}{GDP/N} \right]$$

$$T_w = \sum \left[\frac{GDP_i}{GDP} \right] T_{pi}$$

$$T_{pi} = \sum \sum \left[\frac{GDP_{ij}}{GDP_i} \right] \ln \left[\frac{GDP_{ij}/N_{ij}}{GDP_i/N_i} \right]$$

其中：T_p 为总泰尔指数，T_b 为区域间泰尔指数，T_w 为区域内泰尔指数；GDP_i 与 N_i 分别代表第 i 个区域的 GDP 与人口，GDP 与 N 分别代表全国的 GDP 与人口，T_{pi} 为第 i 个区域内省区间的泰尔指数，由该区域各省区人均 GDP 占该区域人均 GDP 相对比重的加权平均来得到，GDP_{ij} 与 N_{ij} 分别代表第 i 个区域第 j 省区的 GDP 与人口。

（三）自变量

变量	变量含义	变量定义	预期影响
PGDP	经济增长	万亿元：人均真实国内生产总值①	—
PGDP^2		万亿元：人均真实国内生产总值平方	—
IND	工业化	％：工业产值/整个产业产值	+
URB	城市化	％：城市人口/全国人口②	+
NGR	人口自然增长率	‰：每千人净增加人数的比率	—
DOP	人口密度	千人/公里：每平方公里居住人数	+
EDU	教育水平	％：普通中学在校生/全部在校生	—
TRA	经济开放程度	％：地区进出口总额/该地区 GDP③	+
POL	地方政府干预	％：地区一般预算支出/该地区 GDP	—
STR	国家战略	"重工业发展时期"：1952—1978	参照对象
		"非均衡发展时期"：1979—1999	+
		"协调发展时期"：2000—2008	

四 研究的结果与发现

（一）描述性分析

1. 由于本文分析单位包括东、中、西三个区域，样本区间为 1952—2008 年，所以样本量为 171。中部区域 1982—2000 年原始泰尔指数为负

---

① 本文以不变价 1952＝100，来消除通货膨胀影响，数据来源于《新中国六十年统计资料汇编》全国篇。

② 《新中国六十年统计资料汇编》《中国统计年鉴》对城镇人口定义在不同时期并不相同，1952—1980 年按行政建制划分，1982 年以后按常住人口划分，具体参见国家统计局网站 http：// www. stats. gov. cn/tjzd/tjzbjs/t20020327_ 14300. htm 对常住人口统计也存在变动，1982—2004 常住人口按照户籍区分，2005 年之后将在城市居住半年以上农民工业统计到城镇人口，参见 Chen A. P. 2010，Reducing China's regional disparities：Is there a growthcost？，*China Economic Review*，21 (1)．

③ 本文首先将进出口总额按当年美元兑人民币汇率换算成人民币，然后直接除以当年名义 GDP。

值，由于本文关心的是区域间收入不平等，所以取其绝对值，负值说明造成中部区域收入不平等的影响方向发生逆转。

2. PGDP、IND、URB、EDU、TRA 最小值均来源于西部地区，与之对应，最大值全部来源于东部，说明中国区域不平等主要表现在东西部之间，特别在经济发展与人力资本方面差距更大。

表 1   变量的描述统计

变量	观察值	平均值	标准差	最小值	最大值
T	171	0.078	0.079	0.000	0.365
PGDP	171	0.316	0.594	0.008	3.738
IND	170	0.363	0.085	0.128	0.546
URB	171	0.236	0.104	0.078	0.531
NGR	170	0.014	0.009	−0.018	0.035
DOP	171	0.192	0.136	0.023	0.480
EDU	171	0.246	0.120	0.048	0.489
TRA	170	0.118	0.163	0.005	0.901
POL	170	0.141	0.053	0.064	0.376

3. POL 最大值出现在西部地区，其平均值达到 18.01%，远大于区域平均值 14.10% 说明西部地区地方政府干预能力更强。NGR 最小值为负值，出现在原始数据的 1959—1961 年，说明在这三年中国人口出现负增长。

4. 表 2 给出了变量间的一阶相关，取值均在 0.75 以下，说明变量间相关并不强烈，可以在模型中将其全部纳入。此外，表 2 显示 PGRP 与 T 的相关系数为 −0.098，这与经验不符，泰尔指数本身基于 PGDP 取得，所以不可能存在如此弱的相关，这可能是由于两者关系受到了其他变量的抑制。

表 2   变量间零序相关

	T	PGDP	IND	URB	NGR	DOP	EDU	TRA	POL
T	1.000								
PGDP	−0.098	1.000							

续表

	T	PGDP	IND	URB	NGR	DOP	EDU	TRA	POL
IND	0.489	0.331	1.000						
URB	−0.096	0.590	0.336	1.000					
NGR	0.045	−0.488	−0.427	−0.579	1.000				
DOP	0.461	0.466	0.750	0.235	−0.335	1.000			
EDU	−0.156	0.708	0.604	0.709	−0.668	0.509	1.000		
TRA	0.195	0.705	0.449	0.493	−0.423	0.688	0.575	1.000	
POL	−0.025	−0.158	−0.028	−0.064	−0.124	−0.539	−0.128	−0.295	1.000

（二）区域间收入不平等成因的实证分析

由于本研究所用数据是一个面板数据（Panel data），因此，在具体选用回归方法时，首先需要对使用固定效应模型（Fixed effects model，FEM）还是随机效应模型（Random effects model，REM）进行霍斯曼确认检验（Hausman's pecification test）（许召元、李善同，2006）。统计结果显示，本文 5 个模型的系数估计值在 REM 与 FEM 均具有显著性差异，P 值小于 0.000。因此，从统计上讲，采用固定效应模型更加拟合数据。由于本文重点分析个体间差异对区域收入不平等影响，而固定效应模型只考虑个体内差异，所以相比之下，随机效应模型更适合本研究（杨菊华，2012，299）。近年来，国外学者研究区域内收入不平等时，也多采用将遗漏变量往往处理成随机变量的方法（Alderson and Nielsen，2002；Nielsen and Alderson，1995；Gustafsson and Johansson，1999）。基于此，在下文分析中，本文分析将全部基于随机效应模型，固定效应模型仅作为参考。

表3　　　　区域间收入不平等影响因素的随机效应模型（REM）

自变量	模型1(经济发展)		模型2(社会人口)		模型3(结构因素)	
	固定效应	随机效应	固定效应	随机效应	固定效应	随机效应
PGDP	−0.045**	−0.074**			0.036*	0.073**
	(0.014)	(0.025)			(0.015)	(0.026)
PGDP^2	0.005	0.018*			−0.011*	−0.020**

续表

自变量	模型1(经济发展)		模型2(社会人口)		模型3(结构因素)	
	固定效应	随机效应	固定效应	随机效应	固定效应	随机效应
	(0.005)	(0.008)			(0.004)	(0.007)
IND	0.161**	0.567***			0.376***	0.756***
	(0.049)	(0.062)			(0.056)	(0.082)
URB	-0.089*	-0.09			-0.046	0.151**
	(0.040)	(0.066)			(0.033)	(0.055)
NGR			-0.432	-0.935	-0.276	-0.135
			(0.373)	(0.711)	(0.335)	(0.578)
DOP			-0.001***	0.000***	-0.001***	0.000***
			(0.000)	(0.000)	(0.000)	(0.000)
EDU			0.071	-0.395***	-0.158	-0.752***
			(0.043)	(0.057)	(0.063)	(0.074)
TRA						
POL						
STR(52—78)	参照组					
STR(79—99)						
STR(100—108)						
常数	0.052**	-0.092***	0.199***	0.106	0.085	-0.092
	(0.016)	(0.024)	(0.650)	(0.021)	(0.022)	(0.026)
N	170		0.170		0.169	
Within R^2	0.331	0.161	0.481	0.045	0.610	0.390
Between R^2	0.186	0.650	0.645	0.672	0.616	0.809
Overall R^2	0.152	0.352	0.260	0.432	0.072	0.649
Hausman 值	0.000		0.000		0.000	

注：$*P<0.05$，$**P<0.001$，$***P<0.001$，括号中数值为标准差。

经济发展。经济增长与区域收入不平等关系一直为学者所争鸣。通过模型 1 我们可以尝试去回应这一问题。控制工业化与城市化后，我们发现经济增长对区域收入不平等影响为负，意味着伴随人均国内生产总值提高，区域间收入不平等逐渐下降。与控制模型相比，在继续控制社会人口变量与政策变量后，两者关系没有发生改变，说明经济增长对区域间收入不平等影响是稳健的，这一发现也进一步证实了 Chen（2005）研究结果。本文关心的另一问题是经济增长与区域收入不平等是否存在倒 "U" 关系，模型 1 显示两者存在温和的 "U" 而非倒 "U" 关系，但从模型 5 可以看到，这一结果并不可靠。在控制人口变量与政策变量后，两者关系出现逆转。因此，应根据控制模型来解释。模型 5 表明，控制其他变量后，区域收入不平等与经济增长二次趋势的关系为负方向，支持了威廉姆森的倒 "U" 假说。

表4　　　　区域间收入不平等影响因素的随机效应模型（REM）

自变量	模型 4(制度—政策)		模型 5(控制模型)	
	固定效应	随机效应	固定效应	随机效应
PGDP2			− 0.014	− 0.046
			(0.018)	(0.031)
PGDP^2			− 0.001	− 0.003
			(0.004)	(0.008)
IND			0.426***	0.651***
			(0.078)	(0.124)
URB			0.019	0.269***
			(0.038)	(0.062)
NGR			− 0.836*	− 0.294
			(0.357)	(0.627)
DOP			0.000**	0.000*
			(0.000)	(0.000)
EDU			− 0.218**	− 0.652***
			(0.070)	(0.090)

续表

自变量	模型4（制度—政策）		模型5（控制模型）	
	固定效应	随机效应	固定效应	随机效应
TRA	−0.178***	0.224***	−0.055*	0.114**
	(0.022)	(0.040)	(0.026)	(0.042)
POL	0.217***	0.006	−0.182*	0.031
	(0.054)	(0.111)	(0.085)	(0.145)
STR(52—78)	参照组			
STR(79—99)	−0.021***	−0.071***	−0.019*	−0.038*
	(0.006)	(0.013)	(0.009)	(0.015)
STR(100—108)	−0.012	−0.104***	0.030*	0.052*
	(0.008)	(0.018)	(0.015)	(0.025)
常数	0.078***	0.093***	0.086***	−0.095**
	(0.009)	(0.019)	(0.023)	(0.028)
N	169		0.167	
Within R^2	0.577	0.012	0.697	0.457
Between R^2	0.897	0.902	0.751	0.881
Overall R^2	0.007	0.246	0.000	0.720
Hausman 值	0.000		0.000	

注：* $P<0.05$，** $P<0.001$，*** $P<0.001$，括号中数值为标准差。

经济发展的另外两个变量是工业化与城市化。从模型5可以看到，两个变量与区域收入不平等均存在强烈正向关系，说明工业化或城市化提高显著增大了区域间收入不平等，支持了前文预期。这意味着在区域间工业化与城市化依然存在较大差距。根据本文资料统计，2008年东部地区工业化比重47.35%，城市化比重42.79%，同期西部地区相应比重为41.12%和36.69%，两者相差分别达到6.23%、6.10%。因此，我们通常所说，中国已经是一个较为成熟的工业社会，只是一种"平均说辞"。对于广大中西部地区来说，今天面临的任务依然是继续工业化。

社会人口。模型2显示，人口密度与区域收入不平等存在强烈的正向关系（同预期相符），意味着三大区域间在人口密度上存在巨大差异。根据本文统计，2008 年东部地区 480 人/平方公里，中部地区 261 人/平方公里，西部地区 53 人/平方公里，东部地区人口密度达到西部的 9 倍还多。其直接影响是无论在市场规模还是人力资源上中西部地区都处于劣势，观察模型 5，可以看到，在控制更多变量后，变量间关系没有改变，说明人口密度对收入不平等影响是稳健的。高的人口自然增长率可以逐步缩小区域间在人口密度上差异，所以在模型 2 中我们看到人口自然增长率减小了区域间收入不平等，这与本文预期一致。从模型 2 还可以看到，教育水平的提高可以缩小区域收入不平等，这在控制模型中同样可以得到证实，与预期相符。教育水平的提高可以增加人力资本存量，进而提高生产效率。与东部地区相比，教育对中西部经济增长率的边际效益会更大，所以伴随教育水平的提高，区域间收入不平等会出现下降趋势。

结构模型。结构模型是本研究重点考察模型。本文关注结构因素与制度—政策因素对区域收入不平等影响的相对大小。从模型 3 可以看到，结构因素对收入不平等解释力达到 0.649，净解释力为 0.474；制度—政策因素的解释力为 0.246，净解释力为 0.071；两者解释力相差分别达到 0.423、0.403[①]。这一结果说明区域间收入不平等主要由结构因素造成，至少有 47.4% 的不平等在经济发展过程中是不可避免的。制度—政策因素对区域间收不平等尽管有较强解释力，但必须借助工业化、教育水平提升等结构因素才能发挥作用，控制其他变量后解释力仅为 0.071。

制度—政策模型。共包括经济开放程度、政府干预和国家发展战略三个变量。将模型 4 与模型 5 对比，我们发现经济开放程度与国家战略两个变量影响并不稳健，因此对变量的解释，我们以控制模型为依据。从模型 5 中看到经济开放程度对区域收入不平等影响为正，与预期一致。这意味着经济开放程度的提升扩大了区域间收入不平等。东部地区由于地理位置靠近沿海，并享受多种优惠政策，成为市场制度与对外开放政策的最大受益者，相反，中西部则在市场化浪潮中逐渐落伍。虽然近年来国家对中西

---

① 模型解释力以 Overall R^2 所为参照标准，因为它对 Within R^2 与 Between R^2 模型进行了加权，同时考虑到了组内平方和组间平方。模型 3 与模型 4 共同解释的 R2 = Overall R^2 模型 3 + Overall R^2 模型 4 − Overall R^2 模型 5 即 0.649 + 0.246 − 0.720 = 0.175，所以模型 3 的净解释力应减去由模型 4 可以解释的部分即 0.649 − 0.175 = 0.474，模型 4 的净解释力 0.246 − 0.175 = 0.071。

部吸引外资和对外贸易出台了一系列优惠政策，但受区位优势和投资的"马太效应"制约，很难改变这种空间布局。地方政府干预扩大了区域间收入不平等，不过，影响很微弱，与预期相反。

国家战略共分三个阶段，我们以第一个时期为参照。与期望不同，由模型5可以看到，与"重工业发展阶段"相比，非均衡发展战略不但没有加剧，反而显著缩小了区域间收入不平等，如何解释这一发现呢？本文认为这与区域内收入不平等不断缩小有关，根据彭文斌、刘友金（2010）计算，1979年东部地区泰尔指数0.059，而到了1999年，下降到0.031，下降比例达到47.46%，同期中部地区下降比例为65.75%；西部地区泰尔指数虽然上升，但基数很小，最大值仅为0.05，对区域收入不平等影响微弱。第三个时期结果同样与我们期望不同，与"重工业发展阶段"相比，"协调发展时期"并未缩小而是扩大了区域收入不平等，这可能与政策的滞后性有关，虽然"西部大开发"战略在2000年就开始实施，但"中部崛起"战略直到2006年才真正推行，所以其影响尚需更长时间的数据序列加以证实。

五　结论与讨论

本文伊始提出两个问题：一是中国收入不平等是否存在倒"U"趋势；二是中国区域收入不平等主要由结构因素还是制度—政策因素造成，这种不平等在多大程度又是不可避免？

数据分析结果显示中国区域收入不平等存在倒"U"趋势，这在模型5的检验中得到了支持，因此我们有理由认为未来中国区域间收入不平等会逐渐减小，尽管可能存在阶段上升，但总体趋势会呈现下降态势。我们还分析了结构因素与制度—政策因素对收入不平等的相对作用，研究表明结构因素对区域间收入不平等解释力达到69.7%；相比之下，制度—政策因素的这一比例仅为25.6%。因此，我们认为结构因素是构筑收入不平等的主要力量，区域间收入不平等在经济发展过程中不可避免。这种结构上的不可避免性，有两个来源：一是社会人口在空间布局差异；二是经济增长内生性。社会人口特征也是影响区域间收入不平等的重要因素，其解释力达到43.2%。而这一特征长期为研究学者特别是经济学者所忽视，所以在未来研究中，有必要将其引入解释模型中。

在本文提出的 10 个预期中，有 3 个未得到经验支持。一是地方政府干预是增大而非缩小了区域收入不平等，这可能与地方政府投资方向有关，由于地方资金有限，主要用于城市建设，相对应的，发展农村基础设施和改善农民生活的支出比重就会很小。所以，经济高速增长同时城乡差距不断扩大，进而拉大了区域间收入不平等。二是国家发展战略的两个预期。我们发现与 1952—1978 年相比，1979—1999 年区域间收入不平等缩小而非扩大，2000—2008 年收入不平等增大而非缩小。本文认为这一方面可能与数据时间跨度有关，第三个时期时间跨度仅为 8 年，所以结论未必可靠；另一方面不少学者以 GDP 或人均 GDP 等绝对差距而不是相对值来衡量区域收入不平等，受经济总体水平上升影响，人均 GDP 绝对差值必然会不断加大，因此，它无法反映区域间收入不平等的真实水平，只能给出不同时期收入差距而非不平等。还有学者直接以名义 GDP 计算基尼系数或泰尔指数，未排除价格波动影响，都可能导致区域收入不平等技术上的增大。

最后，我们认为要缩小区域间收入不平等，可从以下方面采取对策。第一，不断提高中西部工业化程度，大力发展制造业、建筑业等实体工业，尤其是能创造更多就业机会企业；第二，破解户籍壁垒，促进劳动力自由流动。在当前资本并不会明显地从高工资地区流向低工资地区情况下，应该高度重视劳动力流动或者人口流动的作用，尽量减少对劳动力流动的限制，降低劳动力流动成本，让劳动力在流动过程中实现地区间人均收入均等；第三，大力推进城乡一体化发展，在不断完善社会保障，强化城市辐射能力同时，积极扶持乡镇企业与村办企业发展，提高中西部农村工业水平；第四，政府应扩展投资方向，在加大中西部基础建设同时，更应加速中西部地区产业升级，尤其是第二产业发展。要出台具有操作性的优惠政策，鼓励东部企业与外商投资。

愈落后愈抱怨？

——西部民众对于收入不平等的感知

1978 年启动改革开放后，中国经济呈现出少有的繁荣景象，被国内外学者称之为中国经济奇迹[1][2]。然而伴随着中国经济奇迹而来的，不仅仅是经济的高速发展，也出现了较为严重的收入不平等。

改革开放前，中国民众的经济收入差距较小，然而随着经济发展，民众间的收入差距在逐步拉大。根据 2013 年 1 月，国家统计局公布的近 10 年来中国的基尼系数显示，2012 年的基尼系数已经达到了 0.474，中国已经属于经济收入差距较大的国家[3]。1981 年中国的基尼系数是 0.288，1991 年中国的基尼系数是 0.324，2001 年中国的基尼系数是 0.49，2012 年中国的基尼系数是 0.474，短短三十几年，中国的经济发展创造了奇迹，但经济收入不平等状况也愈发严重[4][5][6]。中国的经济收入不平等从 20 世纪 50 年代相对平等的状态发展到了今天不平等问题突出，其中东西部差距、城乡差距较为突出。东西部发展不平衡、西部落后于东部，这是摆在我们面前的问题，引起了国家和社会的广泛关注。为了解决区域间的差距，解决东西发展不平衡的问题，自 2000 年开始，中央政府就启动了

---

① 林毅夫、蔡昉、李周：《中国的奇迹：发展战略与经济改革》，上海三联书店 1994 年版。

② 秦晖、王蕾：《解读中国奇迹——改革三十年回顾》，《时代教育》2008 年第 8 期。

③ 朱剑红：《统计局首次发布十年基尼系数略高于世行计算的数据》，《人民日报》2013 年第 1 期。

④ 曾国安：《论中国居民收入差距的特点、成因及对策》，《中国地质大学学报》2001 年第 12 期。

⑤ 向书坚：《全国居民收入分配基尼系数的测算与回归分析》，《财经理论与实践》1998 年第 1 期。

⑥ 李春玲：《中国社会分层与生活方式的新趋势》，《科学社会主义》2004 年第 1 期。

西部大开发这项政策。经过十多年的时间，西部大开发取得了显著的成效，西部地区得到了许多发展资源和发展机会，但是东西部经济之间的差距依然存在，东西部民众之间的收入差距依然存在①。

这些年，国家一直致力于解决东西部收入不平等问题、全国范围内的收入不平等问题，但是我们以往的政策和方法大多都是从收入不平等本身来看收入不平等，把收入不平等单纯的看成了一个经济问题。但是收入不平等不单单是一个经济问题，它更是涉及人们的心理。不管西部大开发客观上的成效如何，它是否给西部民众带来了主观上的平衡感，西部民众如何看待西部大开发及经济收入不平等，这是值得我们深入探讨的问题。西部民众对于西部大开发怎么看、对于收入不平等怎么看，这不仅关系到区域间的平衡发展，是政治、社会稳定的基础，更是西部地区民族融合的基础，关系到整个社会、整个国家的稳定发展。主观上的收入不平等往往并不等同于客观上的收入不平等，如果不能弄清楚西部民众对于收入不平等的看法，解决人们主观上认为的收入不平等，那么解决东西部收入不平等问题就无从谈起。

以往有不少关于收入不平等感知的研究，如张海东以长春市为例，对中国城市居民对社会不平等现象的态度进行的研究；李静、郭永玉对中国当前"幸福悖论"的探讨；周亚平对不同族群在收入不平等的态度上是否因为个人经历不同的时代背景而产生差异的研究；2002 年 Gijsberts 的七国对比研究等②③④⑤。以往的这些研究成果对收入不平等感知的影响因素进行了深入探讨，对当下的研究具有重要意义，但仍有待改进的地方。首先是以往的研究较多是从一个或者两个理论视角出发看待收入不平等问题，本文寻求一个更为综合的理论，扩充以往的理论视角；其次是以往的

① 周凡：《西部地区性别收入差异现状及其影响因素探究》，《菏泽学院学报》2014 年第 4 期。

② 张海东：《城市居民对社会不平等现象的态度研究——以长春市调查为例》，《社会学研究》2004 年第 6 期。

③ 李静、郭永玉：《如何破解中国的"幸福悖论"》，《华中师范大学学报》2011 年第 6 期。

④ 周亚平：《对中国社会经济改革进程中收入不平等的认知：一个同期群组的分析》，《兰州大学学报》2012 年第 4 期。

⑤ Gijsberts M., The Legitimation of Income Inequality in State - socialist and Market Societies, Acta Sociologica (45), 2002.

研究多是使用全国收入不平等的调查数据，很少有研究使用专门针对西部居民收入不平等的调查数据，本文利用"西部十二省份社会经济发展变迁"数据进行分析，有更强的针对性。本文企图对以往文献中出现了各种理论流派进行梳理，检验以往的理论视角，探讨西部民众对收入不平等的感知及其影响因素。

一 西部研究的相关理论

西部地区指云南、贵州、四川、重庆、西藏、广西、陕西、甘肃、宁夏、青海、内蒙古和新疆等 12 个省区市，是中国最主要的少数民族聚居区，全国 55 个少数民族有 50 多个居住在西部地区，占少数民族总人口的 80% 以上[1]。西部地区地域广阔，西部地区 12 个省（区市）的总面积为 688×10^4 平方千米，占全国陆地面积的 71.67%[2]。但是西部地区生态环境脆弱，经济较之于东部沿海地区相对落后，资源、技术、人才等发展要素匮乏。因此，国家提出了西部大开发，希望能够调整区域经济结构、缩小地区间经济差距[3]。十多年来，西部大开发取得了巨大的成就，西部得到了较好的发展，但是东西部之间的经济收入差距问题却并没有得到很好的解决[4]。通过对以往的文献进行梳理，关于收入不平等感知这一问题的研究理论大致可以分为三种。

（一）结构地位理论

结构地位理论认为社会地位不同的人对收入不平等持有的观点是不同的。一个人对于收入不平等的看法受其在社会系统中的地位的影响[5]。Gijsberts 提到：自我利益的视角认为一个人的社会地位决定他的社会态度，

---

① 马晓京：《西部地区民族旅游开发与民族文化保护》，《旅游学刊》2000 年第 5 期。

② 张志强、徐中民、程国栋、陈东景：《中国西部 12 省（区市）的生态足迹》，《地理学报》第 9 期。

③ 中央党校经济研究中心课题组：《西部大开发的经济学思考》，《经济研究》2000 年第 6 期。

④ 魏后凯、蔡翼飞：《西部大开发的成效与展望》，《中国发展观察》2009 年第 10 期。

⑤ Szirmai, Inequality Observed: A Study of Attitudes Toward Income Inequality, Groningen: State University (doctoral dissertation).

它是将个人的社会地位和他的个人判断联系在一起①。美国学者 Kluegel
和 Smith 通过一项关于美国国民对于经济和社会不平等的观念的调查发
现，在美国，黑人一般地位较低，而他们的思想却更批判、更激进②。而
相似的现象在欧洲也被证实了。Mau 的研究证明，在瑞典和英国，那些认
为自己处在社会底层、认为自己的地位较低的民众相较于其他民众来说，
更易于持有平等的观念，他们对于收入不平等的批评强烈，并且不会从功
能主义的观点来看待平等。2002 年 Gijsberts 在他的七国对比的研究中得
到结论：受教育水平越低、收入越低的人越会认为收入不平等是不合理
的③。张海东在对中国城市居民对社会不平等的态度进行研究时，涉及到
了对城市居民对收入不平等态度的讨论，认为收入高的群体更倾向于对社
会不平等持积极态度④。相对于高收入者，低收入者面对收入的不平等，
更容易把这种客观的不平等转化为主观对不平等的认知。很多学者的研究
都得出了相似的结论，如 Zwicky（1991）在瑞士研究，Kelley 和 Evans
（1993）的九国期比较研究⑤⑥。那些收入较少、地位较低的人主张收入平
等，对收入不平等的批评更为激进，因为他们认为如果能够达到收入平
等，那么他们就可以从中获益。而那些收入较高，地位较高的人虽然也批
评收入不平等，但是他们的意见相对保守许多，因为怕损失自己的利益。

　　许多学者都认为主观上存在的不平等的认知比客观上的不平等更值得
人们关注，更有影响力。McCall 针对不平等的主观认知问题在美国进行
了一个纵向的时间比较的研究，结果发现，1996 年和 2000 年时，认为社

①　Gijsberts M. , The Legitimation of Income Inequality in State – socialist and Market Societies, *Acta Sociologica*（45）, 2002.

②　Kluegel, J. R. and Smith, E. R, Beliefs about Inequality. Americans Views of What Is and What Oughtto Be, New York: Aldine de Gruyter, 1986.

③　Gijsberts M. , The Legitimation of Income Inequality in State – socialist and Market Societies, *Acta Sociologica*（45）, 2002.

④　张海东：《城市居民对社会不平等现象的态度研究——以长春市调查为例》，《社会学研究》2004 年第 6 期。

⑤　Zwicky, H, 1991, Die Wahrnehmung sozialer Ungleichheit zwischen Ideologisierung und makrosozialer Latenz. Das Ende der sozialen Schichtung. Zürcher Arbeiten zur Konstruktion von sozialer Lage und Bewußtsein in der westlichen Zentrumsgesellschaft, Zürich: Seismo.

⑥　Kelley, J and Evans, M. D. R, The Legitimation of Inequality: Occupational Earnings in Nine-Nations , American Journal of Sociology, （99）, 1993.

会存在收入不平等的人相对减少了，而事实上，1996 年和 2000 年的实际收入不平等情况并不比 1992 年或 1987 年低，相反，实际的收入不平等还拉大了[1]。Harris 的民意调查也显示：尽管自 1970 年以后，美国的实际收入不平等一直在扩大，但 1995 年以后，那些持有"富人会越来越富，穷人会越来越穷"的观点的人的数量却在下降[2]。也就是说，主观上对于收入不平等的感知与客观上收入不平等的情况并不一定相同。在对不平等的研究中，准确的测量与对比十分重要，Jasso 发展了测量不平等的合理性的量表，这使各国之间可以相互比较[3]。这一量表影响深远，而后的许多调查都使用了这一量表。Verwiebe 和 Wegener 选取了一些东方国家和一些西方国家进行了调查，测量不同国家国民对于收入不平等的看法，发现东西方国家之间存在差异，而这一差异是由宏观层面上的后共产主义社会转型和微观层面上的社会地位和个人偏好所影响的[4]。Gijsberts 在测量收入不平等的合理性时将主观感知上的差距纳入其中，他通过公式定义了两种合理的差距，将对不平等的感知率作为自变量，将不平等的合理率作为因变量。通过这一方法，他将一些国家进行了对比，特别是对比了东欧的一些国家在铁幕政策前后的不同。由此，他发现主观意识上的收入不平等和合理的收入不平等之间是有联系的。

要讨论收入不平等的感知，那么相对剥夺感就是一个不能忽视的问题。很多学者都对相对剥夺进行过研究，如 Runciman、Merton。在对美国士兵的研究当中，相对剥夺感被用于解释他们对晋升方面的评价，由此就应该考虑比较个体之间的不同[5]。相对剥夺感的概念可以被纳入收入不平等的分析中，个体如果感受到了收入不平等就有可能会把这一感受推广至

---

① Leslie McCall, Do They Know and Do They Care? Americans' Awareness of Rising Inequality, Russell Sage Foundation Social Inequality Conference University of California, 2005.

② Larry M. Bartels, Unequal Democracy: The Political Economy of the New Gilded Age, Princeton University Press, 2008.

③ Jasso, G, How Much Injustice Is There in the World. Two New Justice Indexes, *American Socio - logical Review* (64), 1999.

④ Verwiebe, R and Wegener, B, Social Inequality and the Perceived Income Justice Gap, Social Justice Research (13), 2000.

⑤ Runciman, W. G, Relative Deprivation and Social Justice, London: Routledge & Kegan Pau, 1966.

整个社会①。Riedrichs 和 Cyba 认为是不同的社会化过程的和对女性的歧视造成的男女之间的收入不平等②③。Mau 认为是个体生命经历不同和群体的差异造成了人们之间的收入差距④。Kluegel 和 Smith,Kelley、Evans 和 Gijsberts 的研究中都证实了年龄与性别对收入不平等存在影响⑤⑥⑦。

（二）映射理论

映射理论认为人们的信仰或多或少的反映着他们在现实生活中的地位,因此人们的信仰是与他们所生活社会的分配形式相一致的⑧。谈到分配公平,Homans 认为那些现在人们所说的应该的、自然而然的事情其实是长久形成流传下来的事情,人们的信仰并不直截了当的反映现实世界⑨。人们的感知比真实的存在更为重要,因此,很多学者研究预期收入与实际收入之间的差距⑩⑪⑫。Gijsberts 认为合理的收入差距和对其收入的预期之间有密切的关系,人们能够接受的收入差距越大,实际的收入差距

---

① Merton, R. K, Social Theory and Social Structure, New York: ee Press, 1968.

② Friedrichs, P. Klasse and Geschlecht 1, Arbeit. Macht. Anerkennung. Interesse, Opladen: Leske undBudrich, 1977.

③ Cyba, E. Geschlecht and soziale Ungleichheit, Konstellationen der Frauenbenachteili – gung, Opladen: Leske und Budrich, 2000.

④ Mau, St, Ideologischer Konsens and Dissens im Wohlfahrtsstaat, *Soziale Welt* (47), 1997.

⑤ Kluegel, J. R. and Smith, E. R, Beliefs about Inequality. Americans Views of What Is and What Oughtto Be, New York: Aldine de Gruyter, 1986.

⑥ Kelley, J and Evans, M. D. R, The Legitimation of Inequality: Occupational Earnings in Nine-Nations , American Journal of Sociology, (99), 1993.

⑦ Gijsberts M. , The Legitimation of Income Inequality in State – socialist and Market Societies, *Acta Sociologica* (45), 2002.

⑧ Mau, St, Ideologischer Konsens and Dissens im Wohlfahrtsstaat, *Soziale Welt*, (47), 1997.

⑨ Homans, G. C, Social Behavior. Its Elementary Forms, New York: Harcourt Brace Jovanovich , 1974.

⑩ Jasso, G, How Much Injustice Is There in the World. Two New Justice Indexes, *American Socio – logical Review*, (64), 1999.

⑪ Verwiebe, R and Wegener, B, Social Inequality and the Perceived Income Justice Gap, Social Justice Research, (13), 2000.

⑫ Gijsberts M, The Legitimation of Income Inequality in State – socialist and Market So – cieties, *Acta Sociologica* (45), 2002.

越大①。在研究中，当把社会结构因素考虑进去时，国家间的差距只有稍微下降，但当把预期的收入差距考虑进去时，不同国家间就大为不同了。Kelley and Evans 的研究发现，不同国家间的低技能职业的预期工资收入相差不大，但不同国家间的高技能职业的工资水平相差很大②。因此，我们可以假设收入差距主要取决于高技能职业的工资意愿。如果一个社会的收入较为平等或发生了其他一些十分严重的问题，那这一社会中对收入不平等问题的批评就会少得多。Beck 在《风险社会》一书中说，发达国家已经到了一个很高的经济繁荣水平，因此垂直的差异（即收入水平的差异）已经不像以前那么重要了③。而一些学者则断言，新的不平等如性别、年龄、工作地位等方面的不平等，"弥补了"原本的不平等与社会分层之间的关系④⑤。

谢宇等根据中国六省的社会调查结果，得出结论：中国人普遍存在这样一种思维，即认为相对发达国家的收入不平等差距也相对较大，不发达国家的收入差距相对较小⑥。许多中国人认为收入不平等与经济发展之间存在着类似因果的关系。中国的民众总是普遍认为，收入不平等在一个社会刚开始发展的时期是很低的，而后，随着社会的发展、经济的进步，收入不平等开始变得严重，然后，当社会发展到较高级的水平时，收入不平等又会下降⑦。这其实是把收入不平等与一个国家社会的经济发展水平相关联，认为收入不平等的加剧是经济社会发展的必然过程，这两者之间的关系其实可以被表示为倒 "U" 型曲线。近些年的一些研究恰恰证实了收

---

① Gijsberts M, The Legitimation of Income Inequality in State – socialist and Market Societies, *Acta Sociologica*（45），2002.

② Kelley, J and Evans, M. D. R, The Legitimation of Inequality: Occupational Earnings in Nine-Nations, American Journal of Sociology,（99），1993.

③ Beck, U, Risikogesellschaft. Auf dem Weg in eine andere Moderne, *Frankfurt am Main: Suhrkamp*, 1986.

④ Hradil, St. Sozial struktur analyse in einer fortgeschrittenen Gesellschaft, *Opladen: Leske und Budrich*, 1987.

⑤ Pakulski, J and Waters, M, The Death of Class, London: Sage, 1996.

⑥ Yu Xie, Arland Thornton, Guangzhou Wang, Qing Lai, Societal projection: Beliefs concerning the relationship between development and inequality in China, *Social Science Research*, 2012.

⑦ Tylor, Edward, B, Primitive Culture, London: John Murray, 2000.

人不平等与经济发展之间的这一曲线关系①。但是，收入不平等是否会随着经济的发展而逐渐被解决呢？两者之间的倒"U"型曲线是不是成立呢？一些学者研究发现，经济发展、收入增加到一个很高的水平，带来的往往并不是收入不平等差距的减小而是扩大②。

如果人们相信收入不平等能够促进经济发展，促进把蛋糕做大，那么人们就会更易于接受收入不平等③。Whyte 的研究指出，大多数中国人是十分重视公平的，并认为中国现在的收入不平等差距过大了。但矛盾的是，中国人对于现存的收入不平等却是十分宽容的，甚至反对把富人的钱再分配给穷人这样的提议④。为什么会有这样的矛盾？谢宇的研究告诉我们，许多中国人认为收入不平等是经济发展的一个必然产物，也是经济进一步发展的必要条件，所以可以接受这样一种收入不平等的现象⑤。

（三）意识形态理论

意识形态理论侧重于宏观层面，认为主流的价值观影响人们的信念和对收入不平等的态度。这一理论的前提是，它假定有一个占主导地位的思想被几乎所有的社会成员所接受。例如，对于收入不平等的原因，我们通常认为美国人可以接受个体原因的解释，而无法接受结构性的原因解释。相对于个体原因，意识形态是相对稳定、变化缓慢的，因为它是通过社会化过程传递的。不过，仍然有一些人持有与主流意识相对的信仰，Kluegel 和 Smith 称这种信仰为"具有挑战性的意识形态"⑥。

占主导地位的分层理论一直饱受批评与争议。精英阶层是否可以向民

---

① Szirmai, Adam Szirmai, Inequality Observed: A Study of Attitudes towards Income Inequality, Avebury Press, Aldershot, 1988.

② Glenn Firebaugh, *The new geography of income distribution in the world*, Harvard University Press, 2003.

③ Jasso, G., How Much Injustice Is There in the World. Two New Justice Indexes, American Sociological Review (64), 1999.

④ Whyte, *Martin. Myth of the Social Volcano: Perceptions of Inequality and Distributive Injustice in Contemporary China*, Stanford University Press, 2010.

⑤ Yu Xie, Arland Thornton, Guangzhou Wang, Qing Lai, Societal projection: Beliefs concerning the relationship between development and inequality in China, *Social Science Research*, 2012.

⑥ Kluegel, J. R. and Smith, E. R, Beliefs about Inequality. Americans Views of What Is and What Oughtto Be, New York: Aldine de Gruyter, 1986.

众传达自己的意志，或者说精英阶层是否可以把自己的意愿强加于社会大众，这是被争论的问题之一。这一争论的核心是讨论是否有一种占主导地位的意识形态存在①。然而，一个人可以持有完全不同的两种态度，一个人可以相信自己所在社会的主流思想，同时又持有一种完全相反的观点，如一个人会认为人人都享有平等的机会，同时也认为一个来自贫困家庭的孩子在学校享受的机会较少，这其实并不矛盾。

Ellu 对爱沙尼亚的两代人对于收入不平等的态度进行了研究，发现经历了福利国家时期的老一代爱沙尼亚人对于收入不平等的批判相对于年轻人来说更激进②。两代人生活的时代不同，所接受的主流意识形态不同，他们对于收入不平等的看法自然不同。一个社会的主流意识形态与文化观念是影响这个社会中的个体思想、行为方式的重要因素。人生活在社会中，每个人都在自己生活的社会中完成社会化的过程，而所受的社会化内容其实就是精英阶层所期望的仪式与文化教育，就是主流的价值观念。

Verwiebe 和 Wegener 区分了主流价值和非主流价值。主流价值视被社会大部分成员所接受的，它们是公共文化遗产的一部分，因此相对稳定、代代相传、很少改变。但是一个社会中并不是只存在主流价值，除了这些主流价值外还存在一些非主流的价值，它们存在于不同的社会群体之中，与自我利益和社会地位相连，所以它们相对于主流价值更容易发生改变③。

Inglehart 和 Baker 在讨论关于传统、世俗合理性和后唯物主义价值时，也强调了社会不平等和文化的相似性，他们强调共同的文化遗产会反过来影响个体的价值观念。Inglehart 和 Baker 认为国家之间人们的价值观念的差距超过了国家内部的差距，因此他们把国家分成了不同的类别，这些类别区分的依据是宗教的和共产主义的原因。他们认为民众的价值观念的转变是因为经济的进步，因而富裕的国家和贫穷的国家间民众的价值观

---

① Kreidl, M, Perception of Poverty and Wealth in Western and Post – Communist Countries, *Social Justice Research* (13), 2000.

② Ellu, Different Cohorts and Evaluation of Income Differences in Estonia, *International Sociology* (3), 2008.

③ Verwiebe, R and Wegener, B, Social Inequality and the Perceived Income Justice Gap, *Social Justice Research* (13), 2000.

念差异很大①。

那么，哪一种意识形态在对人们对于收入不平等的认知中起着重要作用？回顾以往的研究，大致分为几个方面。最重要的一方面是平均主义的程度，人们总是认为平均的观念是社会主义国家主流意识形态的一部分，但事实是，像美国这样的自由资本主义国家更看重机会的平等和个体的自由②。以往的调查显示，当东欧剧变还未发生时，那些社会主义国家的民众相对于资本主义国家的民众来说，更看重收入平等③。但 20 世纪 80 年代以后，全球收入不平等都在加剧，实行自由市场的资本主义国家的收入不平等在加剧，而那些经历了政体剧变的原社会主义国家的收入不平等似乎加剧得更为迅速④。而发生转变后的前社会主义国家的民众对收入不平等更为包容⑤。"共产主义历史"仍在影响人们对收入不平等态度。Haller区分了关于收入不平等态度的三个维度：平等主义、反对平等主义和精英主义态度⑥。Mau 也发现了类似的维度：（1）功能主义者对不平等的评价较为积极，因为在他们看来不平等是一个社会繁荣的必要条件；（2）主张人人平等的人通常认为国家承担着再分配的责任；（3）管理层认为个体努力是其获得成功的最重要因素⑦。

Haller 认为根据人们支持每一种意识形态的百分比可以将社会进行分类。有的社会是有一个特定的意识形态被社会主流所接受，从而成为最重

① Inglehart, R and Baker, W. E, Modernization, Cultural Change, and the Persistence of Traditional Values, *American Sociological Review*, 2000.

② Noll, H. H, Wahrnehmung und Rechtfertigung sozialer Ungleichheit 1991 – 1996, *Werte und nationale Identität im vereinten Deutschland*, 1998.

③ Kluegel. J. R, Mason. D. S, Wegener. B, Social Justice and Politica Clhange Public Opinion in Capitali satnd Post – communis Sttates, Berlinand New York: De Gruyter, 1995.

④ Torrey, B. Smeeding. T. M, Bailey. D. Rowing, Between Scyllaand CharybdisI: Income Transitionsin Central European Households, *LIS Working Paper Series*, 1996.

⑤ Merove Gijsberts, The Legitimation of Income Inequality in State – socialist and Market Societies, *Acta Sociologica*, 2002.

⑥ Haller, M. , Mach B. and Zwicky, H, Egalitarismus und Antiegalitarismus zwischen gesellschaftlichen Interessen und kulturellen Leitbildern, *SozialeUngleichheit und soziale Gerechtigkeit* (4), 1995.

⑦ Mau, St, , Ideologischer Konsens und Dissens im Wohlfahrtsstaat, *Soziale Welt* (47), 1997.

要的影响因素；而在有的社会中，没有占主导地位的意识形态①。因此我们可以说要判断一个国家中某一特定意识形态的影响力，就要考虑这一国家的同质性。意识形态的另一个重要来源是宗教，Inglehart 和 Baker 的研究中就包含了历史上占据重要地位的宗教在国家形成过程中产生的影响②。Höllinger 认为可以用宗教的历史和国家与教会的关系来描述一个国家，而国家的这些特点会影响到个人。个体的信仰对于人们对于不平等的认知也是十分重要的，从个体层面考虑上述提到的三个宏观层面（功能主义、平等主义和精英主义）也是非常合理的。我们可以想象那些持有强烈的功能主义观点的个体对收入不平等的批评会比较少，他们甚至可能会与主流意识形态互动。Höllinger 认为一个人越是融入教会社区中或者对宗教的认同越强，那么教会对他说产生的影响也就越大③。

政治态度也是考虑人们对收入不平等的看法的时候应该注意的重要因素。那些把自己归为"左翼"的人与那些自认为是"右翼"的人是有区别的，那些喜欢社会党的人与那些喜欢保守党的人显然是不同的。

二 数据分析

本研究数据来源于边燕杰教授主持收集的"西部十二省份社会经济发展变迁"数据，该调查涵盖西部十二个省份，最后获得 10947 份有效数据。包括陕西、四川、青海、云南、甘肃、宁夏、广西、新疆、西藏、贵州、内蒙古以及重庆。本研究在此数据的基础上，采用 Logit 回归模型，对西部民众对于收入不平等的感知进行分析④。

---

① Haller, M. , Mach B. and Zwicky, H, Egalitarismus und Antiegalitarismus zwischen gesellschaftlichen Interessen und kulturellen Leitbildern, *SozialeUngleichheit und soziale Gerechtigkeit* (4), 1995.

② Inglehart, R and Baker, W. E, Modernization, Cultural Change, and the Persistence of Traditional Values, *American Sociological Review*, 2000.

③ Höllinger, F, Die Wurzeln religiösen Verhaltens in westlichen Gesellschaften, *Opladen: Leske und Budrich*, 1996.

④ 周凡：《西部地区性别收入差异现状及其影响因素探究》，《菏泽学院学报》2014 年第 4 期。

（一）变量及其操作化

表 1 变量描述

	变量	内容
自变量	收入对数	个人 2010 年全年的总收入的对数。
	年龄	18 岁以上
	各省基尼系数	2010 年各省基尼系数
	十年前的社会经济地位	上层 =1，中上层 =2，中层 =3，中下层 =4，下层 =5
	当下的社会经济地位	上层 =1，中上层 =2，中层 =3，中下层 =4，下层 =5
	2010 年各省人均 GDP	2010 年各省人均 GDP
	各省人类发展指数	2010 年各省人类发展指数（HDI）。
	各省 GDP 增长速率	2000 年到 2010 年各省 GDP 增长速率。
	党员/非党员	非党员 =1，党员 =0
	干部/群众	群众 =0，干部 =1
	城市户口/农村户口	农村户口 =0，城市户口 =1
	汉族/少数民族	少数民族 =0，汉族 =1
因变量	对全国范围内收入差距	非常合理 =1，比较合理 =2，一般 =3，不太合理 =4，非常不合理 =5
	对全国城乡间的收入差距	非常合理 =1，比较合理 =2，一般 =3，不太合理 =4，非常不合理 =5
	对全国农村间的收入差距	非常合理 =1，比较合理 =2，一般 =3，不太合理 =4，非常不合理 =5
	对全国城市间的收入差距	非常合理 =1，比较合理 =2，一般 =3，不太合理 =4，非常不合理 =5
	对本地城乡间的收入差距	非常合理 =1，比较合理 =2，一般 =3，不太合理 =4，非常不合理 =5
	对本地农村间的收入差距	非常合理 =1，比较合理 =2，一般 =3，不太合理 =4，非常不合理 =5
	对本地城市间的收入差距	非常合理 =1，比较合理 =2，一般 =3，不太合理 =4，非常不合理 =5

本研究以收入对数、年龄、各省基尼系数、十年前的社会经济地位、当下的社会经济地位、2010 年各省人均 GDP、各省人类发展指数、各省 GDP 增长速率、党员/非党员、干部/群众、城市户口/农村户口、汉族/少数民族作为自变量，考察民众对于收入不平等的感知（即对全国范围内的收入差距、全国农村间的收入差距、全国城市间的收入差距、本地城乡间的收入差距、本地农村间的收入差距、本地城市间的收入差距）的影响。

自变量涉及了被访人的基本信息，如年龄、党员/非党员等，也涉及到了被访人所在社会的经济发展的客观状况，如各省基尼系数等，还有被访人前后 10 年的社会经济地位。对收入差距的感知进行测量时，本研究使用的是五级测量，把被访人的感知分为"非常合理、比较合理、一般、不太合理、非常不合理"五类，进行定序测量。

（二）描述性分析

表 2 列出了西部民众对于收入差距的感知，即西部民众对于测量收入不平等感知的 7 个因变量分别的感知程度。

通过统计结果可以看出，认为收入差距非常合理的人数是很少的，认为全国范围内收入差距十分合理的有 139 人，占总调查人数的 1.6%，认为全国城乡之间收入差距十分合理的人数有 97 人，认为本地城乡之间收入差距十分合理的人数只有 72 人，占 0.8%。西部民众对于收入不平等的感知程度并不太好，很少有人对目前的收入差距现状十分满意。

我们把持不太合理和非常不合理态度的这两项合并为一项，称为持不合理态度，那么可以看出认为全国城乡间的收入差距不合理的人数是最多的，占到了 64.5%，其他几项测量中持不合理态度的人数也都超过或接近 50%，这说明在西部民众眼中，中国的收入不平等现象已经较为严重了，尤其是城乡间的收入不平等。

通过对比全国范围的收入差距和本地的收入差距我们可以发现，认为全国城乡间收入差距不合理的人数大于认为本地城乡间收入差距不合理的人数，认为全国城市间内收入差距不合理的人数大于认为本地城市间收入差距不合理的人数，认为全国农村间收入差距不合理的人数大于认为本地农村间收入差距不合理的人数。由此可见，人们对于本地收入不平等的评价要好于对于全国范围内收入不平等的评价。

认为全国城市间收入差距不合理的人数大于认为全国农村间收入差距不合理的人数，认为本地城市间收入差距不合理的人数大于认为本地农村间收入差距不合理的人数。西部民众对于农村收入不平等的评价要好于城市，他们认为城市的收入不平等现象更为严重。

表2　　　　　　　　　　西部民众对收入不平等的感知

		数量	百分比
全国范围内收入差距	非常合理	139	1.60%
	比较合理	1196	13.50%
	一般	2019	22.80%
	不太合理	3815	43.10%
	非常不合理	1682	19.00%
全国城乡之间的收入差距	非常合理	97	1.10%
	比较合理	1140	12.80%
	一般	1912	21.50%
	不太合理	4207	47.40%
	非常不合理	1519	17.10%
全国农村间的收入差距	非常合理	83	0.90%
	比较合理	1470	16.70%
	一般	3154	35.80%
	不太合理	3400	38.50%
	非常不合理	714	8.10%
全国城市间的收入差距	非常合理	86	1.00%
	比较合理	1253	14.30%
	一般	2545	29.00%
	不太合理	3857	43.90%
	非常不合理	1036	11.80%
本地城乡之间的收入差距	非常合理	72	0.80%
	比较合理	1372	15.30%

续表

		数量	百分比
	一般	2630	29.30%
	不太合理	3880	43.30%
	非常不合理	1008	11.20%
本地农村间的收入差距	非常合理	83	0.90%
	比较合理	1986	22.20%
	一般	3638	40.70%
	不太合理	2701	30.20%
	非常不合理	522	5.80%
本地城市间的收入差距	非常合理	89	1.00%
	比较合理	1491	16.80%
	一般	3239	36.50%
	不太合理	3391	38.20%
	非常不合理	674	7.60%

为了更进一步结合数据分析自变量对收入差距的感知的影响以及自变量之间的相互作用，下面建立 Logit 模型对以上结果进行验证和分析①。

（三）多层次分析

本研究使用的是 Logit 模型对影响西部民众对于收入不平等的感知的因素进行分析。Logit 模型被广泛用于研究行为主体的选择过程的一类计量模型，广泛应用于影响因素分析，是分析个体态度、感知的理想模型。

表3   模型拟合信息

	Model	−2 Log Likelihood	Chi-Square	df	Sig.
全国范围内收入差距	Intercept Only	23719.138			

---

① 石丹、李涛：《浙江省高校教师工资收入影响因素分析》，《经济论坛》2012 年第 7 期。

续表

	Model	– 2 Log Likelihood	Chi – Square	df	Sig.
	Final	23032. 212	686. 926	12	0
全国城乡之间的收入差距	Intercept Only	22858. 693			
	Final	22580. 101	278. 592	12	0
全国农村间的收入差距	Intercept Only	22415. 317			
	Final	22181. 557	233. 76	12	0
全国城市间的收入差距	Intercept Only	22555. 089			
	Final	21905. 489	649. 601	12	0
本地城乡间的收入差距	Intercept Only	22986. 257			
	Final	22683. 924	302. 333	12	0
本地农村间的收入差距	Intercept Only	22502. 998			
	Final	22229. 166	273. 832	12	0
本地城市间的收入差距	Intercept Only	22483. 261			
	Final	22008. 285	474. 976	12	0

表 3 是用自变量分别测量 7 个因变量时的模型拟合信息。以全国范围收入差距做因变量时的检验结果为例，最终模型和只含有常数项的无效模型相比，似然比卡方从 23719. 138 下降到 23032. 212，Chi – Square 检验结果 P = 0.000，说明至少有一个自变量不为 0，模型是显著的。

从表 5 中，我们可以看到，上述三种理论视角对于收入不平等的感知都是具有解释力度的。

收入对数对于西部民众对于收入不平等的感知有较为显著的影响，随着收入对数的增加，西部民众对于对全国范围内收入差距、对全国城乡间的收入差距、对全国城市间的收入差距、本地城乡间的收入差距、本地农村间的收入差距、本地城市间的收入差距的评价都会有所提高。收入越高的民众对于经济收入不平等状况的评价越好，越能够接受当前的经济收入分配状况。

表5

回归结果

		全国范围内收入差距 B	全国城乡之间的收入差距 B	全国农村间的收入差距 B	全国城市间的收入差距 B	本地城乡之间的收入差距 B	本地农村间的收入差距 B	本地城市间的收入差距 B
感知态度	非常合理	-1.085*	-3.213***	-3.617***	-2.695***	-3.983***	-4.324***	-4.526***
	比较合理	1.35**	-0.513	-0.488	0.234	-0.798*	-0.829	-1.442*
	一般	2.643***	0.732	1.22**	1.786***	0.705	0.982*	0.323
	不太合理	4.708***	2.958***	3.549***	4.147***	3***	3.219***	2.729***
自变量	收入对数	0.065***	0.045*	0.065***	0.101***	0	0.036	0.048*
	年龄	0	-0.002	0.002	0.003*	0.002	0.004*	0.005***
	基尼系数	-0.333	0.728*	0.863*	0.517	1.728***	1.988***	1.654***
	十年前社会经济地位	0.263***	0.174***	0.137***	0.181***	0.181***	0.175***	0.188***
	当下社会经济地位	-0.053*	-0.018	0	-0.053*	-0.043	-0.03	-0.027
	2010人均GDP	-0.00003575*	-0.00003357***	-0.00000009353	-0.00002832***	-0.0002819***	-0.00000006416	-0.0000001184*
	人类发展指数	2.428*	0.451	-0.733	0.077	-0.764	-2.223***	-3.031***
	各省GDP增长速度	0.271*	0.247***	0.109**	0.25***	0.243***	0.102**	0.172**
	非党员	-0.182**	-0.146*	-0.195**	-0.14*	-0.027	0.001	-0.117
	党员	0[a]	0[a]	0[a]	0[a]	0[a]	0[a]	0[a]
	群众	-0.008	-0.224*	0.005	-0.111	-0.068	-0.093	0.076
	干部	0[a]	0[a]	0[a]	0[a]	0[a]	0[a]	0[a]
	农村户口	0.569***	0.205***	0.298***	0.621***	0.166***	0.315***	0.462***
	城市户口	0[a]	0[a]	0[a]	0[a]	0[a]	0[a]	0[a]
	少数民族	-0.269***	-0.269***	-0.195***	-0.24***	-0.352***	-0.249***	-0.349***
	汉族	0[a]	0[a]	0[a]	0[a]	0[a]	0[a]	0[a]

注：* $P \leq 0.05$，** $P \leq 0.01$，*** $P \leq 0.01$，括号中数值为标准差。

　　年龄作为一个自变量对西部民众对收入不平等的感知的影响较小。年龄越大的人对于经济收入状况的评价越正面，但这一相关关系并不普遍，只有在对全国城市间的收入差距、本地城市间的收入差距和本地农村间的收入差距的态度进行测量时是显著的。

　　十年前的社会经济地位对西部民众对收入不平等的感知的影响极为明显，十年前的社会经济地位越高的民众越倾向于认为收入不平等是合理的。十年前的社会经济地位大大影响了西部民众对于收入不平等的感知程度，那么由此我们应该能够认为当下的社会经济地位也在很大程度上影响着西部民众对于收入不平等的感知。但数据显示，当下的社会经济地位对西部民众对收入不平等的感知基本没有影响。只有全国范围内收入差距的感知和全国城市间收入差距的感知受到了当下社会经济地位的少许影响，而且两者之间还呈现负相关的关系，即当下的社会经济地位越高的西部民众越会认为全国范围内的收入差距和全国城市间的收入差距是不合理的。十年前的社会经济地位明显影响着西部民众对于收入不平等的看法，十年前的社会经济地位越高，对于收入不平等的评价越正面，而当下的社会经济地位对于人们的评价却没有这么显著的影响。

　　各省基尼系数对于西部民众对全国的收入不平等的感知基本没有影响，但对于西部民众对本地收入不平等的感知却有着非常强的正相关关系，各省基尼系数对于西部民众对本地城乡之间、本地农村之间、本地城市之间的 B 值都达到了 1 以上，而且显著性很高，说明两者之间的正相关关系明显且可信。这一结果不同于一般的预测，基尼系数越高人们反而对收入不平等的评价越好，这或许是因为人们认为经济的发展必然会带来收入差距的拉大。

　　2010 年各省人均 GDP 对于西部民众对于对全国范围内收入差距、全国城乡间的收入差距、全国城市间的收入差距、本地城乡间的收入差距、对本地城市间的收入差距有影响，且负相关，但这一影响并不大。2010 年各省人均 GDP 对西部民众对农村间的收入差距的感知没有影响。

　　人类发展指数只对全国范围内收入差距、本地农村间的收入差距和本地城市间的收入差距有影响。对全国范围内收入差距的影响是正向的影响，人类发展指数越高，对全国范围内收入不平等的评价越好，但这一相关性的显著度并不高。人类发展指数对本地农村间的收入差距和本地城市间的收入差距有显著的负向影响，其 B 值高达 -2.223 和 -3.031。

各省的 GDP 增长速率对西部民众对收入差距的感知有正向的、明显的影响。西部各省的 GDP 增长速率越快，西部民众越能接受收入不平等，对于经济社会发展越乐观。

被访者是否是党员也影响了他对于收入不平等的感知，党员对于收入不平等的接受度要高于非党员。农村居民对于收入不平等的评价要好于城市居民。汉族对收入不平等的评价要好于少数民族。但受访者是否是干部却并没有影响他对于收入不平等的感知。

三　西部问题的讨论

由上述研究我们看到，西部民众对于收入差距的现状并不满意，他们认为收入差距的现状并不是一个理想的状态，收入差距有待缩小，收入不平等问题有待解决。而要解决收入不平等问题，必然要解决民众认知中的收入不平等问题，即要解决我们这次研究所讨论的问题，西部民众对收入不平等的感知问题。收入指数、各省基尼系数和 2010 年各省人均 GDP 是衡量收入不平等的客观条件，如果说人们对于收入不平等的感知与客观的收入不平等状况相一致，那么收入指数、各省基尼系数和 2010 年各省人均 GDP 对西部民众对收入不平等的感知的影响应该是显著的且正相关的。但实际的调查结果却是各省基尼系数与西部民众对收入不平等的感知基本无关，收入指数正向影响民众的感知，但影响较小，2010 年各省人均 GDP 与民众的感知甚至呈现了负相关的关系。西部民众对于收入不平等的感知并不等于客观的收入不平等状况，也就是说，经济的发展、收入差距的缩小并不一定能够缩小人们心中的收入差距，并不一定能够解决现实生活中的收入不平等问题。影响西部民众对收入不平等感知的重要因素是各省的 GDP 增长速率，这说明西部民众对于收入不平等的态度在很大程度上依赖于社会的发展前景，高的 GDP 的增长速率代表的是一个好的经济社会发展前景，它指向的是未来。这也就说明了人们对于收入不平等接受与否，在很大程度上取决于人们对于未来经济社会发展的信念。即使现在的经济状况不好，或是现在的收入差距严重，但只要人们能够看到一个可以期许的美好未来，往往就会持有较为积极乐观的态度。10 年前的经济社会地位也影响人们对于收入不平等的感知。是否是党员和民族不同也影响了西部民众对于收入不平等的感知，这说明个体的因素也会影响其对收入差距的判断。

由此，我们可以发现以下几点：

第一，影响西部民众对于收入不平等感知的因素不单一，收入、人均GDP、是否是党员等都会对民众对于收入不平等的感知产生影响。在前文总结的三种理论流派中，结构地位理论的解释力更大，收入、年龄、10年前的社会经济对民众对收入不平等的感知都有影响，是否是党员、农村居民还是城市居民也较强地影响着民众对于收入不平等的看法。

第二，农村居民对于收入不平等的评价要好于城市居民。首先，这可能得益于西部大开发的调节作用，西部大开发推进过程中一直注重西部农村的建设，推行了许多惠农的政策。其次，相对于城市居民来说，农村居民的活动范围较小、流动性较小，其对比范围也就较小。再次，国企改制造成了大批的下岗职工，一些下岗职工无处就业形成了城市中的新贫困阶层。最后，尽管这些年国家一直在进行社会福利建设，但城镇居民的福利待遇仍不尽如人意。

第三，汉族居民要比少数民族居民更倾向于认为收入不平等是合理的。西部大开发过程中，国家制定了一些有利于少数民族的政策，但这些政策及优惠措施的收效并不太好，在经济发展过程中，汉族民众与少数民族民众之间的收入差距并没有缩小。这是值得我们注意，亟须解决的问题，汉民族与少数民族之间收入不平等，少数民族对于收入现状的评价较差会可能会影响族群之间的相处与融合。少数民族对于收入现状不满意，也会影响到国家的总体建设和社会的进步发展。要解决这一问题，要注意缩小汉民族和少数民族的客观收入差距，要加大对于少数民族地区的教育投资力度，要根据各少数民族的实际情况制定相应的政策。

第四，客观的收入不平等状况并不等同于西部民众对收入不平等的认知状况。解决客观的收入不平等状况的同时也要注意缓解民众主观上认为的收入不平等。

收入不平等之所以会引起社会的广泛关注，其原因在于它可能产生的社会影响。收入不平等会撕裂社区关系、社会关系和阶层共识，由此诱发许多社会问题；在严重不平等的地方，有更多的人罹患精神疾病、并滥用精神药品；收入不平等给人们带来更大的压力，影响人们的身体健康与寿命；收入不平等甚至会造成人口肥胖率高，使青少年过早性行为和生育的比例增高，引发越来越频繁的暴力活动，等等①。

收入不平等是客观的经济现象，但是它所产生的后果却远远超出了经济的影响范围。中国正处在发展的关键阶段，改革的攻坚期，一方面经济社会发展迅速，一方面收入不平等问题严重。而要解决收入不平等问题，讨论人们对于收入不平等的感知是十分重要的。本文的出发点就是要探讨收入差距过大、社会收入不平等、东西部差距拉大的问题，从个体对收入不平等的主观感知切入，讨论当今社会收入不平等，希望能够对解决东西部收入不平等、东西部发展不平等的问题有所帮助。通过对以往的文献进行梳理发现，人们对于收入不平等的态度，并不像我们想象的那么深恶痛绝。甚至一些人认为，收入不平等和经济发展常常是联系在一起的，想要得到经济的发展，收入不平等就是必然要承担的后果之一，而且正是因为收入不平等，才使得人们有向上流动与努力的动力，收入不平等是促进社会发展的条件。结构地位理论强调个体在社会中所占的地位，在社会中占据不同社会地位的人对收入不平等的接受程度是不一样的。地位较低、收入较少的人对收入不平等的抨击更为激烈；而在一个收入不平等的社会中占据较高地位、享受较高收入的人则会对现有的收入分配状况比较满意，他们会担心现有的收入分配格局发生变化。映射理论告诉了我们社会与个体意识之间的影响关系。总结映射理论和结构地位理论这两种理论会发现，其实一个人对于收入不平等的态度，和真正的收入不平等的状况往往不相一致，他们怎么看待收入不平等，认为现在的收入不平等状况是否严重的依据其实是自身的需求。一个人的需求是他行动的准则，也是他看待外界事物的依据。高收入者能够接受收入不平等，因为收入不平等并没有给他造成损害，低收入者希望改变收入不平等的状况，因为他们是这样一个格局中的弱者。一个人虽然在承受着收入不平等带给他的痛苦，可是依然认为收入不平等是合理的，是因为他相信收入不平等能够促进社会的进步，能够避免像欧洲国家实行福利国家时出现的人们不愿意工作的现象，

---

① 理查德·威尔金森、凯特·皮克特：《不平等的痛苦：收入差距如何导致社会问题》，安鹏译，新华出版社 2010 年版。

能够给社会与自己带来一个更好的前景。意识形态理论认为社会信仰、社会意识是十分重要的,人是社会的动物,人一方面需要满足自己的需求,另一方面也受到社会的需求的支配。人生活在社会之中,社会的意识形态与价值观念早在不知不觉间就已经被个体的人所接受,并被内化为个体价值观念的一部分。一个社会对收入不平等的接受程度必然会体现在个体的身上,甚至,这种意识形态会成为一个人判断与思考的依据,就像同一个国家父子两代对于收入不平等的看法就存在巨大的差异,不同的意识形态塑造不同的个体。

四 结 语

为了进一步厘清人们对于收入不平等的感知问题,研究东西部的差距问题,找出西部发展滞后于东部的根源。本文从西部民众对收入不平等的感知这一看似主观的变量出发,利用 logit 模型探讨各因素对收入不平等的感知这一主观因素的影响,根据西部 12 省的调查数据,对西部民众对收入不平等的感知进行了量化的研究和分析。通过调查结果,我们发现影响西部民众对收入不平等感知的因素很多,这一方面检验了以往的理论,另一方面也证明了构建一种较为综合的理论是可行的。通过对影响西部民众对收入不平等感知的影响因素的研究,我们发现除了我们以往就比较关注的收入、社会经济状况等因素会影响民众的态度外,户籍、民族等也会影响民众的态度。因此,要解决收入不平等问题,构建一个能够给民众带来平等感的社会,不仅要解决收入问题、经济发展问题,还要解决城市农村之间的鸿沟,注意少数民族的发展。收入不平等的感知看似是个体的认知,但其实是社会各种因素交互作用的结果。关注收入不平等的感知,目的是为了解决收入不平等问题。看似是收入不平等造成了现在诸多的社会问题,但其实是人们对于收入不平等的感知造成了现在的状况。收入不平等的感知不等同于收入不平等,它是一种主观的看法,虽然受到客观因素的影响,但是却并不完全真实反映实际的收入不平等情况。我们理清了影响人们对收入不平等的感知的因素,那就要着手解决这些问题,制定相关政策、办法改善民众的生活。

研究西部民众对于收入不平等的感知,是为了解决东西部之间的差距问题，促进西部的发展。东西部之间的差距是客观存在的，西部地区经济落后、社会基础设施不健全等问题突出。政府与社会一直在致力于解决这些问题，然而需要我们思考的是，要真正解决东西部的差距，需要从哪些方面着手。本文从西部民众对收入不平等的感知这一方面进行探讨，希望能够对解决东西部发展不平衡的问题、促进西部发展有所帮助。

"富饶的贫困"与"东部主义"

——甘肃省资源型村庄与居民收入研究

一 导 论

在经济学和社会学中,资源对于经济发展和居民收入的研究成果已经相当丰富。联合国环境规划署对资源给出的定义是:"所谓资源,特别是自然资源,是指在一定时间地点条件下能够产生经济价值的,以提高人类当前和将来福利的自然环境因素和条件。"而对于"资源(尤其是自然资源)对经济发展和居民收入产生什么样的影响"这一议题,不同的学者见解迥异。一种观点认为,丰裕的自然资源是经济发展的引擎①,资源能够促进 GDP 的增长和经济的发展②。但是,越来越多的研究认为,资源非但没有起到拉动经济快速增长的动力作用,反而成为了地区发展的阻力③,并

---

① Innis A H. Essays in Canadian Economic History, University of Toronto Press; North D C, 1955, Location Theory and Regional Economic Growth, *Journal of Political Economy*, 63(3), 1956.

② Alexeev, M. and R. Conrand, The Elusive Curse of Oil. The Review of Economics and statistics, 2009; Brunnschweiler, C. N. and Bulte, E. H, The Resource Curse Revisited and Revised: A Tale of Paradoxes and Red Herrings, Journal of Environmental Economics and Management, 55(3), 2008; an Der Ploeg, F. and Poelhekke, S, Volatility and the Natural Resource curse, Oxford Economic Papers, 2009.

③ Sachs, J. D. and Warner, A. M, Natural Resource Abundance and Economic Growth. National Bureau of Economic Research Working Paper (No. 5398), 1995; Cambridge, MA; The Big Push, Natural Resource Booms and Growth, *Journal of Development Economics* (59), 1999; Gylfason, T, Natural Resources, Education and Economic Development, *European Economic Review* (4—6), 2001; Bulte, E. H. and Deacon, R. T, 2005, Resource Intensity, Institutions, and Development, *World Development*; Papyrakis, E. and Gerlagh, R, 2006, Resource Windfalls, Investment, and Long Term Income, *Resources Policy*; Ross, M, The Political Economy of the Resource Curse, *World Politic* (1), 1999.

提出了"资源诅咒"（Resource Curse）这一词。

尽管资源与收入、资源与贫困的问题在发展经济学中的文献已经比较丰富，但是对于中国西部资源与西部发展、西部贫困、西部居民收入的探讨，还是处于一个起步的阶段。

中国西部地区拥有丰富的资源，但是西部资源带给西部的是"福音"（Blessing）还是"诅咒"（Curse）？对于这一问题，有学者指出，西部资源是西部发展的重要物质基础，对于西部区域经济体系具有促进作用，并寄以希望能够达到赶超东部的目的。而另一方面，一些学者指出，虽然中国西部拥有大量的资源，但是西部经济却不能振兴，西部地区陷入了"富饶的贫困"之中[①]；另一些学者则进一步提出，西部地区"富饶的贫困"背后存在着"东部主义"[②]。东部主义不仅体现在国家区域发展策略上，即以西部的资源优势换取东部的快速发展（尤其是西部大开发战略）；而且还体现在知识界对于东西部发展的认知上，不论是"投入与产出比"、"投资效益分析"、"梯度发展"理论、还是"全国一盘棋"、"东部支援（反哺西部）"等知识理论，都共同构成了"东部主义"的话语体系，"东部主义"话语最终统摄了对于西部发展问题的解决。

对于西部地区来说，丰富的资源是否使得该地区陷入"富饶的悖论"（Paradox of Plenty）或者"富饶的贫困"的困境之中？其背后是否存在"东部主义"的问题？这是本研究试图解决的问题。因此，本文的主要目标，正是希望在以下两个方面有所贡献：一是希望在方法上有所突破，以往的研究集中于选取矿产资源、GDP 增长、经济增长速度等经济学指标来探讨资源与经济增长的关系。而在本文中，笔者希望在研究方法和测量指标上能够更加细致，并且深化对资源型村庄、资源型社区与居民收入之间关系的探讨。二是通过以上讨论与研究，笔者试图在理论层面有所贡献，尝试验证是否存在"东部主义"这样的概念；如果存在，其程度如何，其危害如何。

---

① 王小强、白南风：《富饶的贫困——中国落后地区的经济考察》，四川人民出版社 1996年版。

② 陈文江、周亚平：《西部问题与"东部主义"——一种基于"依附理论"的分析视角》，《北京工业大学学报》，2010 年第 2 期。

二 背景——中国西部资源与西部开发及其结果

（一）西部资源与开发

西部地区土地面积 686.7 万平方公里，占全国土地面积的 71.5%。辽阔的西部地区拥有丰富的资源，世界已经发现的 160 种有用矿产中，在中国西部地区就已经找到 145 种，其中 140 种已经探明储量，是我国乃至世界最重要的矿产地区[1]，资源数量和潜在价值均超过东部、中部地区[2]（如表 2.1 所示）。

表 2.1　　西部地区与中东部地区主要自然资源的分布比例（%）

资源项目	西部地区	东部、中部地区
耕地面积	34.40	65.60
草地面积	80.96	19.04
森林储蓄量	58.18	41.82
水资源总量	52.37	47.63
可开发的水能资源	76.85	23.15
45 种重要矿产资源探明工业储量潜在价值	49.31	50.59

（转引自于瑞祥等著《中国西部自然资源竞争力评估研究》，中国地质大学出版社 2006 年版，第 28 页。）

统计显示，西部地区石油、天然气、煤炭等主要能源基础储量分别为117565.25 万吨、33796.29 亿立方米、886.69 亿吨，分别占全国总量的36.4%、84.1%、41.1%，其中内蒙古的稀土矿，仅探明储量就相当于世界各国的储量的 5 倍。而按照自然资源综合优势度进行各省排名，西部五省，包括青海、内蒙古、西藏、新疆、云南名列前五名[3]。此外，西部特定地区水能资源、动植物与森林资源也优势明显。据 2001—2004 年中国

---

① 陈钺、汤秀莲：《西部大开发与东部沿海地区的发展关系及协调对策》，东北财经大学出版社 2005 年版。

② 于瑞祥等：《中国西部自然资源竞争力评估研究》，北京，中国地质大学出版社 2006 年版。

③ 刘再兴：《中国区域经济：数量分析与对比研究》，中国物价出版社 1993 年版。

水资源复查，中国西部 12 省、自治区、直辖市的水资源理论蕴藏量占全国的 81.5%①。此外，中国西部地区资源人均资源总值和单位面积潜在价值方面也占据着优势（如表 2.2 所示）。

表 2.2　　　　　　　中国东、中、西部地区人均占有和单位面积

地区	人均潜在总值/万元	单位面积潜在总值/万元
全国	7.47	1001.43
东部	1.86	798.3
中部	5.53	1390.39
西部	17.11	908.19

（转引自张文驹主编《中国矿产资源与可持续发展》，科学出版社 2007 年版，第 204 页。）

但是丰厚的资源并没有发挥缩小东西部之间发展差距的作用，西部地区反而沦为中国经济区域里最为落后的地区。政府为了充分发挥西部地区的资源优势，缩小东西部地区之间的差距，自新中国成立以来就实行三次开发西部的策略，包括 20 世纪 50 年代以"一五"计划为中心的大规模西部新工业基地建设；第二次，是 1964 年至 1978 年以战备为中心在西部后方进行的三线建设；第三次，是 1999 年至今正在进行的西部大开发战略②。而对比东西部，国家对西部的预算内投资（1998 年）、人均预算投资，不仅远远低于东部地区，而且低于全国平均水平（见表 2.3）。

表 2.3　　　　　1998 年三大区域国家预算内资金投资分布情况

	预算内资金（亿元）			预算内资金分布（%）			人均预算内投资		
	总计	基建投资	更新改造投资	比重	基建投资	更新改造投资	平均	基建投资	更新改造投资
全国	1082.28	1021.32	60.96	100.0	100.0	100.0	86.7	81.8	4.9
东部	399.12	374.78	24.34	36.9	36.7	39.9	95.2	89.4	5.8
西部	206.18	197.46	8.72	19.1	19.3	14.3	58	55.5	2.5

（中国统计年鉴 1999，国家统计局，中国统计出版社 1999 年版。）

————————————

① 陈勇：《中国能源与可持续发展》，科学出版社 2007 年版。
② 陈东林：《中国共产党领导的三次西部大开发》，《党史博览》，2011 年第 8 期。

（二）西部资源开发效果

从投资效果来看，1999 年至 2006 年，西部投资效果一直低于东部和全国水平，并且东西部投资效果差距也不断增大（见表 2.4）。

表 2.4　　　　　1999—2006 年全国以及东西部投资效果系数比较

年份	东部	西部	全国平均
1999	2.70	2.65	3.0
2000	2.83	2.53	3.01
2001	2.83	2.34	2.95
2002	2.76	2.16	2.77
2003	2.48	2.71	2.10
2004	2.41	1.65	1.94
2005	2.47	1.63	2.06
2006	2.41	1.57	1.92
1999—2006	2.61	2.03	2.47

（国家统计局：《中国统计年鉴（2000—2007）》，中国统计出版社 2000—2007 年版。）

尤其在第三次西部大开发中，西气东输、西电东送等"西为东用"的标志性工程，虽然使得西部地区一定程度上获益，但是"没有摆脱西部开发资源、东部加工制造的垂直分工格局，真正获益最大的仍是东部地区，进一步拉大了东西差距"。从东西部国内生产总值（GDP）来看，2011 年，东部地区生产总值达到 26.92 万亿元，是 1978 年的 177.8 倍；西部地区生产总值为 9.96 万亿元，是 1978 年的 137.2 倍，东部地区生产总值是西部的 2.70 倍。从 GDP 占全国比重来看，西部由 1999 年为 17.5% 下降到 2005 年的 16.9%，而东部则由 1999 年的 51.8% 上升到 2005 年的 55.6%，2004 年甚至达 59.4%。西部地区 GDP 一直与东部存在较大的差距，东部地区不仅经济总量大，而且经济增长速度明显快于西部，因此区域之间的差距有越来越大的趋势（见图 1）。

表 2.5　　　　各地区地区生产总值占全国 GDP 比重的变化（2003—2008 年）

	2003	2004	2005	2006	2007	2008
东部	53.9	54.1	55.5	55.6	55.2	58.4
西部	16.9	16.9	17.0	17.1	17.3	17.8

（数据来源：《中国统计年鉴摘要 2008》；中国人民银行货币政策分析小组：《2007 年中国区域金融运行报告》，中国金融出版社 2008 年 9 月版。）

表 2.6　　　　　　东西部地区平均经济增长速度比较（%）

	2001	2002	2003	2004	2005	2006	2007
东部	10	10.9	12.5	13.7	12.6	13.5	14.1
西部	8.8	10	11.3	12	12.7	13.1	13.9

　　从居民收入水平差距来看，西部城镇居民可支配收入占东部的比例由 2004 年的 69.7% 下降到 2005 年的 66.7%，农村居民人均纯收入由 2004 年的 48% 下降到 44.2%[1]。2007 年全国 31 个省市农村居民人均收入为 4140 元，西部地区只有宁夏刚好达到这一平均水平，内蒙古接近这一水平，其他 10 省均在后 10 位。2007 年甘肃省农村居民人均收入为 2329 元，仅为浙江省农村居民收入 8265 元的 28.17%。广西仅为广东的 57%。

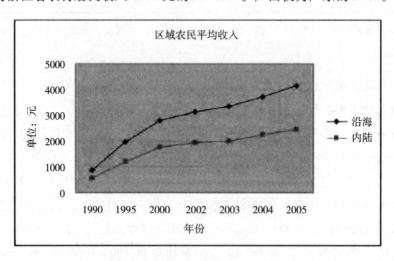

图 1　东西部区域人均收入及差距

---

① 曾培炎：《西部大开发决策回顾》，中共党史出版社、新华出版社 2010 年版。

表 2.7　　　　　　　　　东西部区域农民平均收入

	1990	1995	2000	2001	2002	2003	2004
东部	859.4389	1965.57	2804.698	2959.776	3142.526	3356.726	3722.614
西部	554.0927	1188.394	1748.795	1825.68	1919.268	2007.505	2251.209

（三）俱乐部内部趋同与俱乐部之间趋异

中国在改革开放以来的地区经济发展中，不存在普遍的趋同现象，却形成了东部、中部和西部地区 3 个趋同俱乐部。沈坤荣等的研究表明，东、中两个地带内部的经济增长收敛（趋同）现象十分显著，均以约 2% 的速度收敛。三大地带各自内部收敛明显，而地带间差距却没有缩小，即表现出了显著的"俱乐部收敛"现象①。有的研究指出，1978—1999 年我国的区域经济增长发生了比较明显的俱乐部趋同现象，而且各俱乐部之间表现出趋同方向上的差异②。其他一些学者的研究也指出，虽然改革开放以来中国区域经济增长并不存在普遍的趋同现象。但是，东部、中部和西部地区三大经济地带各自趋同于不同的增长稳态，这种现象其实可理解为俱乐部趋同③。或者更加确切地说，东西部地区发展过程中，出现了俱乐部内部趋同与俱乐部之间趋异的现象。

例如，东部地区已经形成了三大都市圈，它们分别是：长三角都市圈、珠三角都市圈、京津唐都市圈，形成了中国经济最为发达的地区，数据显示这三大都市圈现已占我国 GDP 总额的 45% 左右。而西部地区没有形成类似的经济都市圈，GDP 总量在全国 GDP 总额一直没有超过 20%，成为了中国最大的扶贫地区④。

因此，我们看出，国家开发西部的政策与策略（尤其是西部大开发）并没有达到缩小东西部差距的效果，反而造成了更大的东西部区域"鸿沟"，即西部大开发出现了目的与效果的偏离。西部地区拥有如此丰富的

---

① 沈坤荣、马俊：《中国经济增长的"俱乐部收敛"特征及其成因研究》，《经济研究》，2002 年第 1 期。

② 覃成林：《中国区域经济增长趋同与分异研究》，《人文地理》，2004 年第 3 期。

③ 蔡昉、都阳：《中国区域经济增长的趋同与差异》，《经济研究》，2000 年第 10 期。

④ Torben K. Mideksa, The Economic Impact of Natural Resources, *Journal of Environmental Economics and Management*, 2013.

资源，却陷入了"富饶的贫困"与"资源诅咒"之中，因此我们需要追问，为什么西部会陷入"富饶的贫困"？资源对于西部到底起到了什么样的作用？西部大开发的政策与策略为什么会出现目的与效果的偏离？

三 资源与发展的关系

自然资源对于经济的作用是什么？几十年来，对于这个问题的答案吸引了发展经济学、宏观经济学、资源经济学和政治经济学研究的极大的兴趣①。通常，关于自然资源对于经济发展的理论与经验的文献是有分歧的，一方面一个支系的文献强调资源对于经济发展来说是机会，例如，资源可以带给经济额外的资本；但是另一支系的文献强调不同的有害机制，这种机制可能使自然资源这种意外的收益降低可支配的财富②。一些研究人员发现经济福音的证据，另外一些则发现了经济福音是在好的制度之下才会出现，还有很多其他的研究者发现了"资源诅咒"的证据。

(一)"福音"——资源对经济发展的积极作用

通常认为（至少是在理论上），自然资源会和其他增加财富的资源一样，能够提升国家福利，并且使国家能够消费更多的商品和服务。在标准的增长模型中，新的自然资源的发现能够促使集中生产并出口，因此能够在短时期内促进增长和长时期内提升收入③。Sachs 认为，税收（石油）可以是促进经济发展的重要资源④。相似的观点还有 Weitzman 认为自然资

---

① Torben K. Mideksa, The Economic Impact of Natural Resources, *Journal of Environmental Economics and Management*, 2013.

② Alberto Abadie, J. Gardeazabal, The Economic Costs of Conflict: A case Study of the Basque Country, *American Economic Review* (93), 2003.

③ Philippe Aghion, Peter Howitt, A Model of Growth through Creative Destruction, *Econometrica* (2), 1992; Paul Romer, Endogenous Technological Change, *Journal of Political Economy*, 1990; Robert M Solow, A Contribution to the Theory of Economic Growth, *Quarterly Journal of Economics* (1), 1956.

④ Jeffrey Sachs, How to Handle the Macroeconomics of Oil Wealth, in: M. Humphreys, J. Sachs, J. Stiglitz (Eds.), Escaping the Resource Curse, Columbia University Press, 2007.

源的发现是增加国家财富的手段①。

一些经验研究的证据支持了这种 "资源福音" （Blessing） 的观点。Weitzman 使用世界银行数据进行了分析，认为如果消耗完世界所有的不可再生性资源，如石油、煤炭、天然气等，世界 GDP 将会减少大约 1%②。而在一项跨国性的关注经济发展决定性因素的研究中，Sala－i－Martin 等人发现矿产业 GDP 对经济增长产生很强的积极作用③，Brunnschweiler、Bulte 以及 Alexeev、Conrad 同样认为石油以及其他矿产资源与长期的、总体的经济健康有积极的联系④。Brunnschweiler 也没有发现石油对处于过渡期的经济的增长有任何有害的影响⑤，相反，利用 27 个过渡时期的经济体的面板数据，她发现石油与增长之间有着非常强的积极相关。Wright 和 Czelusta 认为，自然资源对于经济发展和制度有些内生性作用⑥，Gylfason、Leite 和 Weidmann、Papyrakis、Gerlagh 以及 Papyrakis、Gerlagh 等人提供了进一步的证据，他们分析了自然资源对于经济增长率的直接和间接作用⑦。

---

①　Martin L. Weitzman, Income, Wealth, and the Maximum Principle, Harvard University Press, 2003.

②　Martin L. Weitzman, Pricing the Limits to Growth from Minerals Depletion, *Quarterly Journal of Economics* 114 （2）, 1999.

③　X. Sala－i－Martin, G. Doppelhofer, R. Miller, Determinants of Long－term Growth：A Baye－sian Averaging of Classical Estimates （bace） approach, *American Economic Review*94 （4）, 2004.

④　Christa N. Brunnschweiler, Erwin H. Bulte, The Resource Curse Revisited and Revised：A Tale of Paradoxes and Red Herrings, *Journal of Environmental Economics and Management*55 （3）, 2008；Michael Alexeev, Robert Conrad, The Elusive Curse of Oil, *Review of Economics and Statistics*, MIT Press91 （3）, 2009.

⑤　Brunnschweiler, C, Oil and Growth in Transition Countries. CER－ETH, Zurich, Ox－Carre Research Paper 29, 2009.

⑥　Wright, G., Czelusta, J, Mineral Resources and Economic Development, In：Paper Prepared for the Conference on Sector Reform in Latin America, Stanford Center for International Development, 2003.

⑦　Gylfason, T, Natural Resources, Education, and Economic Development, *European Economic Review* （45）, 2001；Leite, C. and J. Weidmann, Does Mother Nature Corrupt? Natural Resources, Corruption, and Economic Growth；InG. T. Abed and S. Gupta （Eds.）, 2002, Governance, Corruption and Economic Performane, International Monetary Fund；Papyrakis, E. and R. Gerlagh, The resource curse hypothesis and its transmission channels, *Journal of Comparative Economics* （32）, 2004；Papyrakis, E. and R. Gerlagh, Resource Abundance and Economic Growth in the United States, *European Economic Review* （51）, 2007.

（二）"资源诅咒"

而与"资源福音"相对立的观点广泛存在：自然资源不但不能促进经济的增长，反而成为经济发展的阻碍。与资源缺乏的地区相比，资源丰富的地区反而陷入了更低的财富均衡（Lower Wealth Equilibrium）之中[1]。

Sachs 和 Warner[2] 认为"资源诅咒"是一个相当坚实的事实。Papyrakis 和 Gerlagh[3] 研究在美国各州内的变化，并观察到，相对于资源贫乏的州而言，资源丰富的州，存在着发展上的劣势。James 和 Aadland 通过关注美国县级地区，尝试发现"资源诅咒"是否在县级层面上存在[4]。Papyrakis 和 Gerlagh 发现在县级水平上，自然资源收益对经济增长有显著负面影响[5]，James 和 Aadland 甚至发现，在整个美国范围内，开矿业与经

---

① Jeffrey D. Sachs, Andrew M. Warner, Natural Resource Abundance and Economic Growth NBER Working Papers 5398, *National Bureau of Economic Research*, 1995; R. Hausman, R. Rigobon, An Alternative Interpretation of the Resource Curse: Theory and Policy Implications NBER Working Paper Series, WP 9424, Cambridge: National Bureau of Economic Research, 2002; Xavier Sala – I – Martin, Arvind Subramanian, Addressing the Natural Resource Curse: An Illustration from Nigeria. IMF Working Paper WP/03/139, 2003.

② J. Sachs, A. Warner, The Curse of Natural Resources, *European*, *Economic Review* (4), 2001.

③ Gylfason, T, Natural Resources, Education, and Economic Development, *European Economic Review* (45), 2001; Leite, C. and J. Weidmann, Does Mother Nature Corrupt? Natural Resources, Corruption, and Economic Growth; InG. T. Abed and S. Gupta (Eds.), 2002, Governance, Corruption and Economic Performane, International Monetary Fund; Papyrakis, E. and R. Gerlagh, The resource curse hypothesis and its transmission channels, *Journal of Comparative Economics* (32), 2004; Papyrakis, E. and R. Gerlagh, Resource Abundance and Economic Growth in the United States, *European Economic Review* (51), 2007.

④ Alex James, David Aadland, The Curse of Natural Resources: An Empirical Investigation of US Counties, *Resource and Energy Economics*33 (2), 2001.

⑤ Gylfason, T, Natural Resources, Education, and Economic Development, *European Economic Review* (45), 2001; Leite, C. and J. Weidmann, Does Mother Nature Corrupt? Natural Resources, Corruption, and Economic Growth; InG. T. Abed and S. Gupta (Eds.), 2002, Governance, Corruption and Economic Performane, International Monetary Fund; Papyrakis, E. and R. Gerlagh, 2004, The resource curse hypothesis and its transmission channels, *Journal of Comparative Economics* (32); Papyrakis, E. and R. Gerlagh, Resource Abundance and Economic Growth in the United States, 2007, *European Economic Review* (51).

济发展呈现负相关，从而证明了自然"资源诅咒"的存在①。

而资源是如何对经济发展产生诅咒作用的？以往的研究通常分析了以下几种机制：

一是荷兰病的机制（Dutch Disease、Sachs 和 Warner 等人支持②）。即资源出口或者资源部门的扩张，将制造业的发展排挤出去，此外，随着制造业的流失，人才流失也就成为必然趋势。

二是堕落机制（Corruption），资源丰富地区开发资源与输出资源时，错失向外部承包商学习的机会。Matsuyama 的内生性模型以及 Rodrik 和 Rodríguez 的统计结果表明，自然资源驱动的增长会使经济陷入动态的效率低下的平衡，并认为可能是与外部进行交易部分的知识的交换过程中，错失了学习机会③。

此外，对于自然资源带来的意外收获，政府可能更愿意选择寻租活动谋求资源暴利④。Torvik 的研究认为，由于集中的外部需求，生产性企业家倾向于转向寻租来回应资源繁荣⑤。

三是制度机制。从自然资源禀赋中获得的收入倾向于维持糟糕的政策，如果没有这种意外的收获，这种政策不可能持续长久。Mansoorian 发现资源富裕国家倾向于积累巨额债务，这对短期和长期运行的经济都是有害的⑥。

① Wright, G., Czelusta, J, 2003, Mineral Resources and Economic Development. In: Paper Prepared for the Conference on Sector Reform in Latin America, Stanford Center for International Development.

② Sachs, J. D. and Warner, A. M, 1995, Natural Resource Abundance and Economic Growth, National Bureau of Economic Research Working Paper, No. 5398, Cambridge, MA.

③ Kiminori Matsuyama, 1992, Agricultural Productivity, Comparative Advantage, and Economic Growth, *Journal of Economic Theory*58 (2); Dani Rodrik, Francisco Rodröguez, 2000, Trade Policy and Economic Growth: A Skeptic's Guide to the Cross National Evidence, Macroeconomics Annual, in: Ben Bernanke, S. Kenneth (Eds.), Rogoff, MIT Press for NBER, Cambridge, MA, 2001.

④ Hodler, R, The Curse of Natural Resources in Fractionalized Countries European, *Economic Review* (50), 2006; Wick, A. K. and Bulte, E. H, Contesting Resources Rent Seeking, Conflict and the Natural Resource Curse, Public Choice, 1283 (4), 2006; olsson, O. Conflict Diamonds, *Journal of Development Economics* (82), 2007.

⑤ Ragnar Torvik, Natural resources, Rent Seeking and Welfare, *Journal of Development Economics*67 (2), 2002.

⑥ Arman Mansoorian, Resource Discoveries and Excessive' External Borrowing, *Economic Journal*101 (409), 1991.

Manzano 和 Rigobon 也提供了这种机制的启发性的证据①。

此外，Morrison 检验了政治经济模型，资源的丰富性允许国家精英阻碍民主制度，他们通过创造可能的恰当满足的收入再分配制度，进而免于社会革命的发生②。Bulte 和 Damania 分析了游说游戏，开发资源的公司通过游说腐败的政府获得开发的支持③。

四是冲突机制。自然资源租金的存在提高了弱国武装冲突的频率。Collier、Hoeffler 和 Fearon 提供跨国的证据表明，资源收入和武装冲突存在积极相关的关系④。

五是其他机制，例如对美国 APPALACH IAN 地区的研究，该地区煤矿资源丰富，大批文献研究了该地区的煤矿资源导致了它的贫困，而其中的机制包括：薄弱的政府管理；创业精神，承包关系和教育成就、环境退化；较差的健康结果以及其他机制都可能对经济发展机会造成限制⑤。

（三）一种混合观点

关于自然资源对于经济发展的理论与经验的文献是有分歧的，一方面一个支系的文献强调机会，例如，带给经济的额外的资本；但是另一支系的文献强调资源的有害机制，这种机制可能使自然资源这种意外的收益会有负面影响⑥。还有一种观点强调，资源对于经济发展的促进和限制作用

---

① Osmel Manzano, Roberto Rigobon, Resource Curse or Debt Overhang? National Bureau of Economic Research Working Paper 8390, 2001.

② Morrison, K, Natural Resources, Aid, and Democratization: A Best – Case Scenario, Public Choice (3), 2007.

③ Bulte, E. H. and Damania, R, Resources for Sale: Corruption, Democracy and the Natural Resource Curse, *The B. E. Journal of Economic Analysis&Policy*, 8 (1) (Contributions), 2008.

④ Paul Collier, Anke Hoeffler, Greed and Grievance in Civil War, Oxford Economic Papers (4); James D Fearon, 2005, Primary Commodity Exports and Civil War, *Journal of Conflict Resolution* (4), 2004.

⑤ Deaton, B. J. and E. Niman, An Empirical Examination of the Relationship between Mining Employment and Poverty in the Appalachian Region, *Applied Economics* (44), 2012; James, A. and D. Aadland, The Curse of Natural Resources: An Empirical Investigation of U. S. Counties, *Resource and Energy Economics* (2), 2011.

⑥ Alberto Abadie, J. Gardeazabal, The Economic Costs of Conflict: a Case Study of the Basque Country, *American Economic Review* 93 (1), 2003.

并不是绝对的，资源会对经济的发展产生一种混合型效果。而资源对于经济发展的作用更多的还是取决于国家的管理制度、公共政策、教育等因素。

Mehlum、Moene 和 Torvik 认为，不同国家的制度安排导致了有些资源丰富的国家或地区是成功的，有些地区却陷入"资源诅咒"[1]。当制度是"友好的掠夺者"（grabber friendly）时，资源会促使总体收入下降，而在"友好的生产者（producer friendly）制度下的资源会增加收入[2]。同时，也提出了相似的观点，资源的积极和消极作用取决于两个层面的"恰当性"。第一，资源本身不会对经济或者收入的增长产生有害的影响，但是当没有好的制度（制度恰当性 [institutional appropriability]）时就会成为问题；第二，一些资源比其他资源在这个问题上有更大（技术的合理性 [technical appropriability]）。

对此，Anne Boschini 等人[3]提出了制度合理性的 4 个方面，并认为资源本身不会对经济或者收入增长产生有害或有利的影响，其作用取决于制度的恰当性（institutional appropriability）。

Sachs 认为："对于荷兰病真正担心的是，非石油部分将会挤压其他产业，因此也挤压掉了经济发展中科技进步的主要源泉。但是这种担心是可以通过国家性的发展策略来恰当地解决掉的。如果从石油中的获利不是用来消费，而是用来公共投资，结果将会有所不同，实际交换率增值的消极影响可能会重新衡量。"[4]

有学者认为，关于抽取税收、处理税收和对税收管理和经营的管理结构和制度，决定着自然资源究竟是起到诅咒还是祝福的作用[5]。展示了自

---

① Mehlum, H., Moene, K, & Torvik, R, Institutions and the Resource Curse, *Economic Journal*, 2006.

② Boschini, A, Pettersson, J, & Roine, J, Resource Curse or not: A Auestion of Appropriability, *Scandinavian Journal of Economics* (3), 2007.

③ Ibid.

④ Sachs, J. D. and Warner, A. M, Natural Resource Abundance and Economic Growth, National Bureau of Economic Research Working Paper, No. 5398, Cambridge, MA, 1995.

⑤ Alao, A, Natural Resources and Conflict in Africa: The Tragedy of Endowment, USA: University of Rochester Press, 2007; Idemudia, U, 2009, The Quest for the Effective Use of Natural Resource Revenue in Africa: Beyond Transparency and the Need for Compatible Cultural Democracy in Nigeria, *Africa Today* (2); Ackah – Baidoo, A. Enclave Development and "Offshore Corporate Social Responsibility": Implication for Oil – rich Sub – Saharan Africa, *Resource Policy* (2), 2012; Bravo – Ortega, C. and J. De – gregorio, The Relative Richness of the Poor? Natural resources, Human Capitaland Economic Growth, In D. Lederman and W. F. Maloney (Eds.), 2007, Natural Resources: Neither Curse nor Destiny.

然资源与教育之间的关系，发现高水平的教育有助于减少"资源诅咒"。

资源对于经济发展的影响无非有两种："福音"或者"诅咒"。而资源对于经济发展的影响机制也因研究的资源的种类、地区的差异、研究方法的差异，研究结果也各不相同。而以往的研究中多以国家层面的宏观研究为主，将不同类型的资源与国家、民族和地区集结起来进行分析；以微观视角切入，针对特定地区的专门性的研究相对较少，尤其是针对资源型社区、资源型村庄的研究更是较少涉及。因此这也正是本文的研究切入点和创新之处。

四 数据分析——资源型村庄与收入关系

（一）样本与变量

本研究主要采用"甘肃省社会经济发展变迁（2010 年）调查数据"分析我们的研究问题。在本研究中，进一步探讨的是资源型村庄与居民收入之间的关系。其中因变量是居民收入，自变量为资源村庄，控制变量包括教育年限、性别、民族、户口类型、是否为党员、更换工作次数、最近从事的工作的年限等，如表 4.1 所示。

表 4.1　　　　　　　　　研究中的主要变量

变量	取值
因变量	
个人收入对数	2009 年个人全年的总收入的对数
家庭收入对数	2009 年家庭全年的总收入对数
个人职业收入对数	2009 年个人职业收入对数
自变量	
教育年限	没受过任何教育 =0；私塾/小学 =6；初中 =9；职业高中/普通高中/中专/技校 =12；大学专科 =15；大学本科 =16；研究生及以上 =19。

变量	取值
性别	男性 = 1；女性 = 0。
民族	汉族 = 1；少数民族 = 0。
户口	农村户口 = 1；非农户口 = 0。
政治身份	党员 = 1；非党员 = 0。
更换工作次数	
工作的年限	

首先，研究区分了居民收入的几种类型，个体收入对数、家庭收入对数、个体职业收入对数。而为了区分资源型村庄对于居民收入的影响，研究主要采用了多元线性回归模型进行分析，模型的数学表达示为：

$$Y = a + \sum_{n=1}^{n} biXi + U$$

其中，Y 表示因变量居民收入；a 表示常数项；u 表示随机误差；Xi（$i = 1, 2, \cdots, n$）表示自变量教育年限、性别、民族、户口、政治身份、更换工作次数、工作年限；bi 表示与自变量相对应的回归系数。

而为了区分资源型村庄对于居民收入的独立性影响，研究建立了 2 个模型：

模型 1：$Y_{(居民收入)} = a + b_{(资源型村庄)} X_{(资源型村庄)} + U$；

模型 2：$Y_{(居民收入)} = a + b_{(资源型村庄)} X_{(资源型村庄)} + b_{(教育年限)} X_{(教育年限)} + b_{(性别)} X_{(性别)} + b_{(民族)} X_{(民族)} + b_{(户口)} X_{(户口)} + b_{(政治身份)} X_{(政治身份)} + b_{(更换工作次数)} X_{(更换工作次数)} + b_{(工作的年限)} X_{(工作的年限)} + U$。

（二）结果与分析

为了对居民收入与资源型村庄之间关系进行分析，我们以居民收入为因变量，以资源型村庄为自变量，同时引入教育年限、性别、民族、户口类型、是否为党员、更换工作频次、工作年限作为控制变量，进行回归分析。具体结果见表4.2。

表 4.2 回归分析结果

	个人收入对数		家庭收入对数		个人职业收入对数	
	模型 1	模型 2	模型 1	模型 2	模型 1	模型 2
	B	B	B	B	B	B
常数	9.693***	9.638***	10.368***	10.210***	9.871***	9.645***
您村委会所在地是否属于矿产资源区？	-0.379*	-0.391*	-0.196*	-0.259*	-0.593*	-0.188*
教育年限		-0.004		0.008		0.019
性别		0.481*		0.083		0.562
民族		0.481		0.572		0.374
户口类型		-0.706		-0.630		-0.998
是否为党员		0.009		0.063		-0.126
更换工作次数		-0.018*		-0.019		-0.039
最近的工作的年限		8.919E -6*		9.450E -6		0.000

从上表中，我们看出，个人收入对数模型 1：$Y_{(个人收入对数)} = 9.693 + 0.379X_{(资源型村庄)}$；

个体收入对数模型 2：$Y_{(个人收入对数)} = 9.638 + 0.391X_{(资源型村庄)} - 0.004X_{(教育年限)} + 0.481X_{(性别)} + 0.481X_{(民族)} - 0.706X_{(户口)} + 0.009X_{(政治身份)} - 0.018X_{(更换工作次数)} + 8.919E -6X_{(工作的年限)} + U$。

两个模型削减误差比例分别达到 2.7%、48.9%；模型 1 中，"村委会所在地是否属于矿产资源区？"对于个体收入对数影响显著，即资源型村庄对于居民收入的影响显著，或者说，资源型村庄拥有丰富的资源，资源并没有起到增加居民收入的作用，反而限制了居民收入的增加，这进一步证明了"资源诅咒"的存在。"个人收入对数模型 2"是显著的，且削减误差比例也较大，模型 2 控制其他变量之后，"村委会所在地是否属于矿产资源区？"的系数变化不大，而资源型村庄对于居民收入的影响也是显著的。因此，资源型村庄的独立性影响以及控制其他变量的情况下资源型村庄的影响依然显著。

家庭收入对数模型 1：$Y_{(居民收入)} = 10.368 + 0.196X_{(资源型村庄)} + U$；

家庭收入对数模型 2：$Y_{(居民收入)} = 10.210 + 0.259X_{(资源型村庄)} + 0.008X_{(教育年限)} + 0.083X_{(性别)} + 0.572X_{(民族)} - 0.630X_{(户口)} + 0.063X_{(政治身份)} - 0.019X_{(更换工作次数)} + 9.450E - 6X_{(工作的年限)} + U$。

模型 1 中，资源型村庄对于家庭收入的影响的独立性影响显著，且控制其他变量之后的模型 2 显示，资源型村庄与居民家庭收入的关系同样也是显著的。两个模型都展示出，资源型村庄，家庭经济收入受到了资源的限制，即生活在资源型村庄中的居民的收入反而更低，资源反而使得居民家庭收入受限。

个人职业收入对数模型 1：$Y_{(居民收入)} = 9.871 + 0.593X_{(资源型村庄)} + U$

个人职业收入对数模型 2：$Y_{(居民收入)} = 9.645 + 0.188X_{(资源型村庄)} + 0.019X_{(教育年限)} + 0.562X_{(性别)} + 0.374X_{(民族)} - 0.998X_{(户口)} - 0.126X_{(政治身份)} - 0.039X_{(更换工作次数)} + 0.000X_{(工作的年限)} + U$。

模型 1 与模型 2 中，资源型村庄与个人职业收入对数有显著的相关性，模型 1 中，资源型村庄与居民个体职业收入对数的关系是显著的，而在控制了其他变量之后的模型 2 中，资源型村庄与居民个人职业收入对数依然有着显著的相关性。即资源型村庄与居民个人职业收入的显著性影响一直存在，与非资源型村庄相比，资源型村庄居民的个体职业收入受到了资源的限制，而非促进。

通过以上分析，我们发现，资源型村庄与居民收入（居民个体收入对数、家庭收入对数、个体职业收入对数）之间的关系显著程度一直存在。不论是资源型村庄的独立性影响，还是控制其他变量之后的影响，资源型村庄与居民收入的显著性影响一直存在。

资源型村庄与居民收入关系的影响的分析结果，与我们前面从宏观数据分析的东西部资源与东西部经济发展之间关系的结果，两者具有不谋而合的趋势。即资源丰富的地区，无论是宏观上的资源丰富的西部地区，还是中观与微观层面上的资源丰富的村庄或者社区，资源与经济发展、居民收入上都呈现反向相关的关系。也就是说，西部整体资源富饶，但是经济发展却落后于东部地区，而当我们将这一结果置于更加中观的视角或者微观视角，进一步探讨资源型村庄与居民收入之间关系时，"资源诅咒"这一命题进一步得到了验证。

五　结论与反思

资源与经济发展关系的探讨以及"资源诅咒"这一命题，在中国的实践成果已经相当丰富，而资源对于经济发展（尤其是中国的地区经济发展），到底起到了什么作用？资源到底是经济发展的引擎还是障碍？

对于这一问题的回应上，我们从在宏观层面上进行分析，发现中国资源西部丰富，不论是资源的数量与潜在的开发价值上，均超过了东部和中部地区[①]。而在经济发展程度上东部发展速度与发展质量则明显高于西部，中国东西部发展之间存在着资源与发展上的错位，也就是说，西部形成了"富饶的贫困"的局面，而东部形成了"匮乏的丰腴"的局面。而且在东西部区域发展上，出现了"俱乐部内部趋同"与"俱乐部之间趋异"的现象[②]。因此，本研究认为，在宏观层面上，"资源诅咒"这一命题在中国东西部发展上是成立的，也是显而易见的。

本研究将视野放入中观与微观层面上，希望进一步研究资源型村庄与居民收入的关系时，研究发现，不论是资源对于居民收入的独立性影响，还是控制其他变量之后的影响，资源型村庄对居民收入（包括居民个人收入对数、居民家庭收入对数、居民个人职业收入对数）的影响都是显著的。因此本研究认为，在中观与微观的层面上，"资源诅咒"的现象依然存在，并得到了数据的支持与证明，而这一结论与本研究在宏观层面上的分析相一致。

西部地区，不论是宏观层面上的西部地区，还是微观层面上的西部地区的资源型村庄，其发展都陷入了"资源的悖论"与"富饶的贫困"之中。同时，国家为了发展西部地区，虽然实施西部大开发政策，但是西部大开发政策却出现了"目的与结果的悖论"，而西部大开发的背后则隐含了通过牺牲西部资源来发展东部经济的一种策略。此外，在学术界中，普

---

① 于瑞祥等：《中国西部自然资源竞争力评估研究》，中国地质大学出版社 2006 年版。
② 蔡昉、都阳：《中国区域经济增长的趋同与差异》，《经济研究》，2000 年第 10 期。

遍采取"投入与产出比"、"投资效益分析"、"梯度发展"理论，还有"全国一盘棋"、"东部支援（反哺西部）"等知识理论来分析西部落后的局面，更有甚者将西部落后归结为西部地区自身僵化与保守，而没有看到西部落后的现象背后的政策偏向等制度问题。其结果为，知识分子共同建构了"东部主义"的话语体系①。

因此我们认为，西部地区无论是在宏观层面，还是中观与微观层面上，存在着西部地区"资源诅咒"的现象。进一步探讨发现，西部"资源诅咒"现象的背后，更是存在着国家层面的政策上、学术界层面上的知识创造和传播上的"东部主义"的支撑。

① 陈安平、李国平：《中国地区增长的收敛性：大时间序列的经验研究》，《数量经济技术经济研究》，2004 年第 5 期。

西部民众对"资源诅咒"的认知

一　问题的提出

经历了 1978 年的改革开放和 2000 年的"西部大开发"项目,中国经济在过去的三十多年不断攀升,"从 1978 年到 2007 年,国内生产总值由 3645 亿元增长到 24.95 万亿元,年均实际增长 9.8%,是同期世界经济年均增长率的 3 倍多,中国经济总量上升为世界第四"[①]。对于改革开放中让步发展的西部区域来说,期待反哺发展之日已久。新中国成立后国家历任领导包括很多经济学家(林凌,刘茂才,谈民宪,常修泽,陈仲常等)都曾郑重申明西部发展规划的长期性和重要性,"西部大开发是一长期性的区域发展平衡策略,当基础设施陆续完成,基本经济环境得到改善后,民间与境外的投资将高速投入,政策效果亦将显现。估计总体效益将迟至 2010 年后有效显现"(耿庆武,2005)。然而 2010 年以来,部分研究者指出中国经济增长已经开始下降,[②] 在 2013 年新一届政府上台后官方论坛指出"中国的经济增长不可能再保持过去 30 多年的高速增长了,将进入中速增长阶段,接近增长速度转折点"[③]。斯坦福大学教授迈克尔·博斯金表示"中国经济也会换到低档水平,未来 15 年,中国人口老龄化与公

[①] 《纪念中共十一届三中全会召开三十周年大会上国家主席胡锦涛发表重要讲话》,中新社发。

[②] 彭文生预计,我国到 2020 年的经济增长速度或下降到 5%,《国际金融报》,2013 年 6 月,"中国人口红利将消失,经济增长率将跳跃式下降",《第一财经日报》,2012 年 6 月。

[③] 国务院发展研究中心副主任刘世锦在 2013 年中国发展高层论坛上指出。国务院发展研究中心开展了一项关于中国经济增长前景的国际比较研究,结论是中国经济增速进入一个中速增长阶段。最后速度如果稳定下来,他估计(GDP)应该在 6% 和 7% 之间。中国 GDP 的增长率在 2015 年左右开始下降,到 2019 年的时候会低于 7%。

共债务上升问题对中国经济增长影响很大。"①

显然，经济增长已经到了重要的转折点，然而西部发展问题始终没有真正回到主流社会的重要视线，与西部大幅度的资源开发并行的是低速度的经济增长，这种现象使社会开始重新审视资源拥有量与经济发展的关系。由于自然资源丰富的西部比资源相对稀缺的东部经济增长速度更慢，社会更倾向于认为丰富的自然资源是经济发展的诅咒而不是祝福②，文化层面上也开始逐渐认同"资源诅咒"的命题，大量经验数据分析对于中国省级层面的"资源诅咒"现象做出了分析，发现西部大部分地区存在"资源诅咒"（姚子龙、周洪、谷树忠，2011；徐康宁等，2006、2007；陈仲常、章翔，2008；高永祥，2011），网络媒体中山西、黑龙江、辽宁以及西部部分地区的资源开发枯竭面临可持续发展问题，警示其勿陷入"资源诅咒"陷阱③，然而，在宏观经济增长的回落已成为现实的前提下，西部更是"面临着被进一步边缘化的严峻现实"（陈文江、周亚平，2010）。

亲历了国家大开发的西部民众对于当前的西部资源和经济处境是如何感知的？大开发的经济实惠迟迟没有传递到西部的客观现实情况下，关于民众对西部问题的主观认知的研究具有重要的现实意义。西部拥有丰富的资源而陷入富饶的贫困，这是否和以往牺牲西部而发展中国发展东部的东部主义思维相关（陈文江、周亚平，2010）？

我们主要关注西部省份民众对于"东部经济发展"和"西部资源拥有"关系的认知情况，分析民众对于西部存在另类"资源诅咒"观点是否认同。这种认同因个体获得的信息和信息处理机制不同而可能产生不同

---

① 迈克尔·博斯金在 2013 年中国发展高层论坛上的发言指出。

② 官锡强：《基于"荷兰病"效应与"资源诅咒"的桂西新型工业化路径选择》，《学术论坛》，2012 年第 12 期。

③ 《规避"资源诅咒"陷阱，鄂尔多斯在行动——鄂尔多斯金融发展论坛采记》，鄂尔多斯商会网站

——引自《采掘式增长模式进入资源诅咒陷阱》，《21 世纪经济报道》，《市场报》，2006 年 3 月 31 日。

——引自《新疆克拉玛依如何走出"资源诅咒"》，《西部金融》，2011 年 4 月。

——引自《煤都破解"资源诅咒"》，《民生周刊》，2011 年第 50 期。

——引自《警惕"资源诅咒"走生态发展之路》，新疆网，2013 年。

的投射结果。文章的安排如下：首先对"资源诅咒"概念及其社会认知做一梳理；然后介绍中国西部"资源诅咒"的背景；再次作出理论梳理和假设，接着分析数据结果，最后进行讨论和得出结论。

二 "资源诅咒"及其社会认知

资源与经济发展的密切关系源于工业革命带来的大规模资源开发。工业化时代的矿产资源是促成经济增长的重要原动力，众多学者都默认自然资源对经济发展有积极影响，丰裕的自然资源促进经济增长，如图表1，资源和经济的关系处于（b）象限。"丰裕的自然资源使美国获得了更高的生产率，并创造了19世纪的繁荣局面。美国在工业生产中的领导地位与其对煤、铜、石油、铁矿石等资源产品的开采和生产密不可分（Habakkuk，1962）"，"美国工业化的成功很大程度上归功于国家充分发挥了范围广大的矿产资源的作用（De Ferran – tietal，2002）"。"在19世纪的下半叶和20世纪的上半叶，美国比其他国家更密集地开采其矿产禀赋，而且这种开采的范围非常广泛。智利、俄罗斯、加拿大、澳大利亚等资源丰富的国家同样通过资源采掘业的发展，推动了工业化的进程（David and Wright，1997）"。更有学者指出"19世纪晚期本国钢铁产业发展的前提条件是煤炭和铁矿的储量。因此，资源丰裕的国家，如英国和德国，其经济在19世纪末成长得特别迅速。相反，一战以前意大利经济的不景气，可以用其煤炭储量不足导致生产结构倒退来解释（De long & Williamson，1994）"。这种"资源欠缺致使经济不景气"的例子可归于图表1的（d）象限。然而，资源开发和经济增长在现实中并不存在必然的正向因果关系，Auty等人对于部分资源型国家做了初步研究，发现"丰裕资源"与"经济增长"之间并不存在正相关（Auty，1993）（如图1），资源开发与经济增长关系处于（a）、（c）象限。Auty等人的这一发现无疑对于资源国反省资源与经济增长错位关系有重大意义。1993年Auty首次提出"资源诅咒"（curse of resources），认为资源富裕与经济增长的关系并非是必然正相关，反而会成为一种限制。"资源贫乏国家的人均收入增长速度比资源丰裕的国家快"（Auty，2001），资源丰富的地区经济发展会受限，二者呈负相关（Auty，1993；Sachs、Warner，1995、1997、1999、2001；

Leite、Weidmann，1999；Gylfason，2000、2001）。这一命题产生源于国家层面"资源拥有"与"经济增长"之间的负相关，现实情况背反人们对二者关系的普遍认知，即"受众意识中反映出不同于客观形象本身的映像"（陈俊，2007）。

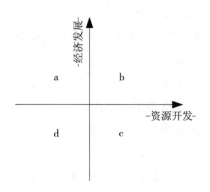

图1 "资源诅咒"的二维解析

在此，"资源有益论"和"资源有限论"的争论已成为学者们讨论的重要主题，针对不同国家、不同区域这一争论得到了更大范围的研究，但是因为资源价值和经济增长本身的测量方式有待精确，且两派的研究观点无疑是与他们的"资源量"和"经济增长"的统计分析观念、技术不无关系，因此，这一争议在很大的范围内共存。

赵鹏大是我国较早提出"资源竞争力"的人之一，认为要把矿产资源优势转化为经济优势[①]。较多人认为我国依循其他发达国家经历的阶段，在前工业社会，轻工业为主，低矿产资源开发；进入工业化后，开发利用资源的能力增强，产业结构由轻工业为主转向重化工业，矿产资源的经济优势增加；在后工业化社会，随着科技水平的提高以及产业结构的升级，矿产资源的经济优势降低。部分研究国内"资源诅咒"的专家指出，我国在国家层面不存在"资源诅咒"现象，但是在省际、东西部区域层面存在较为明显的"资源诅咒"（徐康宁等，2005、2006、2007；齐中英、邵帅，2008；陈仲常、章翔、陈锡崑，2008；胡援成，肖德勇，

---

① 张忠俊、余敬：《矿产资源可持续发展指标体系和方法局限性分析》，《中国矿业》，2009年第9期。

2007）。但即使是"资源诅咒"存在，现实中也呈现出时段特征和地方特点，这也使得这种经济增长和资源开发的关系很难得到公认的结论。

中国区域间的"资源诅咒"存在已经部分验证了"资源开发地区经济增长缓慢，资源稀缺地区经济得到快速发展"的假设。然而，与此客观事实相应的民众主观认知状况，对于这一增长悖论也许会产生更具革命性的作用，假如要预防"资源诅咒"将产生的社会动荡，主观认知的研究相比客观事实更为紧要。

当前学界对于"社会不平等"、"社会融入"、"社会歧视"等问题在主观认知方面的研究已经取得了一定成果，运用心理学的投射理论分析客观情景与认知之间的差距及其致因，这对于人本身的感知反应和行动预期分析有重要的现实意义。在当前西部遭受"资源诅咒"的现实情况下，对民众对在这一问题中的认知情况和投射机制作出分析同样有着重要的现实意义。关于"资源诅咒"的认知问题，需要作出进一步的概念分析，从其原本的定义来说，"资源拥有"与"经济增长"是最为关键且密切相关的两个概念。而人们要认识这种诅咒现象并作出必要的认知判断，受到更多的社会因素影响。这无疑需要借助社会心理学的角度探讨他们在认知过程中，会受到哪些社会学方面因素的影响，并解析这些因素影响个体认知的机制（邱扶东、李凌，2004）。这一过程"其实就是个体对外来信息进行表象与加工的过程，即个体处理自己所接受的外来信息过程"（Whewell、Skule，1986）。

"资源诅咒"是一个意识形态的概念，对这一概念的态度呈现，需要研究对象结合"资源拥有"和"经济增长"两个客体现象做出反应。这期间个体在组织不同信息来形成关于"资源诅咒"的表征时受到信息的获得源头和处理信息的机制（刘萍、王沛、胡林成，2001）的作用。信息源头就是认知主体所处的环境，信息网、群体圈子、大众媒介等。而信息处理机制就是主体对信息的理解能力，以及如何形成自己的表征，这一点受到个体的人口学特征影响。在形成这种表征时，所接触的信息不同，认知不同；对信息的筛选和处理机制不同，最后的认知也会有很大的差异；如果信息来源和信息的处理机制都不同那么就会形成本质上存在差异的认知。

以认知体系中的社会图式（S. E. Taylor、J. Crocker，1980）对"资源

诅咒"现象作出解析,即"经过对来自社会环境的信息经过选择和加工后投射于人脑,并加以组织"(陈俊,2007),对于西部民众对"资源诅咒"的认知分析,可以采用以下三类认知图示综合做系统的理论解析:第一类,自我图示,即西部人是如何看待西部本身的资源利用价值和经济发展潜力的,因历史知识的禁锢、当前新兴科学技术的把握、资本积累等因素对于"我"方信息的加工,形成西部的认知概念。也是形成文化价值观念的一部分。第二类,他者图示,需要进一步知道西部人如何认识东部的资源能力和经济增长现状的(这里存在一个间接假设:西部民众对东部存在一定的认知)。那么东部是如何进入西部人的视线中的?因新闻媒介、教科书、国家改革开放、西部大开发等政策实施;因自己的亲身体验、或是与他人交谈中获得等,获取信息的途径不同,对于认知评价会产生不同的影响,而信息的来源中国家建构成分显然是最主要的。第三类,事件图式,民众对于宣传较广、影响较大社会事件的印象会更有可能进入个体的选择性记忆,对于新中国成立后国家实施西部政策的社会事件,对于国家取得发展成果的事件等,都会在个人的意识中形成有序的认知信息,而这一认知又会影响主体对"资源诅咒"现象的投射反应。

然而,无论认知体系如何被影响,这里的"资源"并不是真正的罪魁祸首,产生诅咒的是资源带来的资源效应,不论是"贸易"、"价格"、"挤出效应"还是"寻租行为"① 都是因资源而生,因此资源"诅咒"学说的建构是为了让民众对资源效应有更深的认识。大众媒介、报纸、网络信息对于"资源诅咒"或此类资源效应事件报道,包括资源型搬迁、企业寻租、政府腐败、资源生产地的价格高于大部分供给外销的资源出售价等。这些报道作为信息来源的一种,也在一定程度上对民众的"资源诅咒"认知产生一定影响。

三 中国的"资源诅咒"背景

中国的资源总体分布西多东少,从新中国成立后"一五"计划开始

---

① 这几点是国内外研究者在做"资源诅咒"分析时,得到较多认同的诅咒致因,当然,研究者涉及的区域不同,资源类型不同时,会倚重于不同的原因。

西部经历了多次的大规模投资开发，这包括五年计划、改革开放、西部大开发等持续的规划。西部资源开发更多是为补给东部发展，"西部的资源开发和利用在很大程度上不是资源对当地经济发展的良性积淀和稳定性贡献，而是近乎掠夺性的开发和简单的直接输出，基本上没有形成有效的产业积淀"（陈文江、周亚平，2010）。国家对西部资源的掠夺式开发却能在进入地区时畅通无阻，民众对这一开发行为的沉默反应，除了以习得的文化价值观作出白描判断之外，对国家整体观（集体意识）的默认程度也是关键的影响因素。在改革开放初期，高层领导提出"让一部分人先富起来，先富帮后富"的政策口号，新闻媒体中报道国家整体经济实力的提升和综合国力的加强，这对于民众宏观经济增长感知有一定的映射意义；"全国一盘局"的提出让各地民众因为自身在棋局中所占据的重要位置而产生集体自豪感；与此同时，伴随着政策实施的一代人以这种集体荣誉感重新构建"地方"和"个人"角色，对于那些在国家项目中作出重大贡献的地方政府、企业单位、个人，国家予以表彰，新闻媒体也会对这一"先进"行为作出报道，与此同时民众的认知行为也同时得到了重构，认知"不是存在那里，等待被发现的，而是通过社会互动而建构起来的"（Finnermore，1996）。"争取荣誉"的刺激行为在基础设施落后、资源丰富的西部呈现出偏功利的表现，导致"给国家做贡献"和"地方发展"在某些时候并不相容。当然，这里的社会个体并非总是明白"自己处在什么样的环境中"或"自己需要作出什么样的反应"，要构建某种长远理想的效果难以达到，因而民众对于自身的利益处境和认知处境并不能做出全貌的分析。从国家的西部建设项目以及今日西部经济状况也可验证"国家大开发"与"地方低增长"之间的矛盾事实。

从中国的五年计划开始实施以来，可以从宏观层面的开发政策和地区经济增长对比来对"国家整体"规划做一概述。1953 年"一五"期间国家在西部地区进行重工业为主的大规模工业基地建设，力图"在全国各地区适当地分布工业生产力，使工业接近原料、燃料产地和消费地区，并适合于巩固国防的条件，来逐渐改变这种不合理的状态，提高落后地区的经济水平。"[①] 20 世纪 60 年代中期的三线建设，以西南地区为主，建成了

---

① "发展国民经济的第一个五年计划"文件。

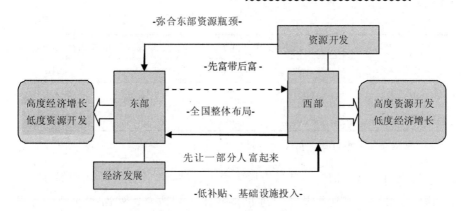

表2　整体布局中的东部经济增长与西部资源开发现实

西部地区工业的骨干力量。改革开放前后，因为能源和原材料的需求，国家重点投入开发煤炭、石油、天然气、水能，以及青海、甘肃、四川、云南、贵州、陕西等地的有色和稀有金属矿，煤、气、电、金属矿产等大批调出。西部地区的医疗、教育、交通等基础设施也得到了改善，但在同一时期，东西部经济差距大幅增长。于此，区域协调发展正式进入了国家战略，2000年国家开始实施"西部大开发战略"，在公路、铁路、教育等基础设施中投入的同时，退耕还林还草、"西气东输"、"西电东送"等大型工程也投入建设，包括先前的矿产资源也得到了进一步勘探和开发。

经过了十三年大开发的西部，其经济发展并没有因为这一开发战略而得到应有的快速发展。从表1可见，东部人均GDP仍然是西部的两倍多，而在西部的能源投资份额（可以作为开发力度大小的判断）增长的最多，东部的能源开发量大幅减小。根据国家贫困检测局数据显示，西部的贫困发生率也一直较高，西部大开发的禁林、退耕、退牧区的补偿期即将截止，到时大部分无产的农民更面临返贫的危险（冯永宽，2010）。

表1　　　1999—2010年我国东西部人均GDP与能源投资份额对比

	人均 GDP（元）		能源投资份额比重（%）	
	1999	2010	1999	2010
东部地区	9866	42027	47.01	29.71

续表

	人均 GDP（元）		能源投资份额比重（%）	
	1999	2010	1999	2010
中部地区	6051	28173	32.16	36.44
西部地区	4329	20756	20.83	26.16

（数据来源：2000 年、2011 年国家统计年鉴）

民众对于这一浩大的项目充满国家荣誉感，大开发使得西部部分地区的医疗、教育、交通等基础设施也得到了一定改善，然而"西部大开发的真正重点实际上是对生态环境的保护和基础设施的建设。在中央政府实质性的投资中，围绕生态环境建设和基础设施的占到了 80% 以上，而真正能增强西部地区经济发展能力的仅占到极小部分，并且由于体制的因素，这些投资对于西部地方经济再生能力的影响又是微乎其微"（陈文江、周亚平，2010）。中国石油大学高德利教授说：80 年代中国每年有1/4 原油用于出口。当时由于中国外汇紧缺，小平同志还专门提出过"石油换外汇"的说法，1993 年以前外汇的主要来源是靠输出石油换来的。从关税与贸易总协定的统计资料中也可以看到这一点：80 年代中国在世界贸易国排名比其他任何国家都上升得快，主要的原因在于 80 年代出口资源的转移。对此，美国经济学家 Nicholas Lardy 评价说："在 70 年代末80 年代初，中国的出口额汹涌上升，大半缘于中央政府所做的决定，其中最具特殊意义的也许是关于增加中国石油出口的决定。"[①] 西部资源价值千金却与当地民众并无关系，"西部尽管资源丰富，但是这些资源基本上与当地的居民无关。不仅如此，甚至能源开采的部分成本都由那些本已贫苦不堪的西部农民来承担。有一长庆石油管理局因甘肃庆阳地区不愿低价划拨土地而迁址西安，导致大量的高收入人口和部分税收由石油开采地流失，严重影响石油开采地财政收入和居民生活"（陈文江、周亚平，2010）。

在此，国家经济攀升的同时，西部的地方经济并没有得到发展，而且资源开采后国家拨付的生活补偿仅是压低的土地地价和有限的粮食补贴，

---

① http://finance.sina.com.cn，《第一财经日报》，2004 年。

西部人本应足以认识到这种"国家采掘"导致的地方发展资本丧失的现实，而当这一现实经过"文化价值权衡、国家整体利益观、新闻媒介报道"① 等的棱镜投射，现象的原貌变化了，大脑中印象和认知被扭曲，最终形成了从利益获得群体的眼光"旁观"西部经济发展和西部资源处境的认知。

四 理论假设

就如前面所讨论的，"资源诅咒"已经成为经济和资源关系讨论中一个重要的命题，本研究主要用社会投射理论对这一认知行为作出分析。分解"资源诅咒"从概念到认知的形成过程，分析认知、投射机制②，建立研究框架。要分析民众是否认同西部"资源诅咒"观点，就要看这一群体可能获取的信息资源和经过的信息加工程序将产生什么样的认知结果。

模型解释：

第一，认知客体——西部"资源诅咒"，东部经济发展而西部资源流失现象。对于这一现象国内研究者做了实证研究，认为中国省际存在"资源诅咒"现象，西部地区的"资源诅咒"系数最大，东部"资源诅咒"系数最小。

第二，资源占有。这是考量"资源诅咒"的重要因素，西部是中国的资源集中分布地区，在中国三大阶梯中蕴藏量最为丰富，比如西部的稀土矿藏丰富，部分在全世界储量中占优势。③ 然而地区资源储量在中国"国家整体观"之下都上升为集体财产，而且西部民众大部分都习得了这

---

① 国家普及的文化教育在一定程度上形成了个人的"文化价值观"，"国家整体观"在文化价值观之下，并经过个人整合而强化，再次就是大众媒介通过视听工具对民众的感知产生一定的影响。

② 借鉴匡文波、任天浩（2013）对国家形象的认知、投射分析。

③ 国家资源的阶梯分布和储量对比说法来源于由聂振邦主编，中国资源信息编撰委员会编的《中国资源信息》和李元、鹿心社主编的《国土资源与经济布局——国土资源开发利用50年》，引用详细信息见参考文献。

样的整体荣誉感和集体财产知识，这对于他们的"资源诅咒"观念认知有重要影响。

第三，经济增长。主要是东部和西部的经济增长对比，通过数据对比发现，改革开放前东部人均 GDP 为西部的 1.89 倍，而到了 2010 年，东部人均 GDP 是西部的 2.02 倍。这一宏观数据并不是普通民众也会了解到的，他们更为直观的认识仍然来自于知识习得、新闻媒介或个人亲身体验，不同的信息来源带给他们的东部、西部感受存在很大差异。

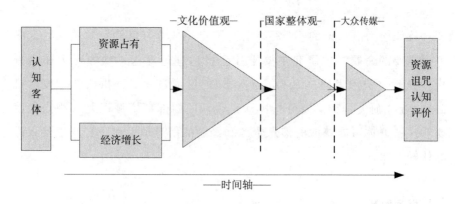

图表 1　民众对"资源诅咒"的认知投射机制

注：图中的三角箭头是"棱镜投射—传递"过程

第四，棱镜投射—传递。西部民众对于"资源诅咒"的感知评价是经过复杂的知识传递、筛选过程得出的，在时间上东西部概念、实体都是经过日常信息逐渐进入大脑，经过长时间的积累和辨别区分而来。空间感知来自于不同的社会关系网，有的会产生对比鲜明的强信息，有的是繁杂、凌乱、重复的弱信息。无一例外它们都会进入大脑的感知，经过个人的偏好、认可度等选择后，部分信息会得到进一步强化，而另外的被过滤信息则被选择性遗忘，在"东西部"的认知分析中，主要以"文化价值观"、"国家整体利益观"、"大众媒体"三者的棱镜筛选作用，分析西部民众对"资源诅咒"的认知。

（1）文化价值观，民众习得的文化观念，这一习得既包括来自于国民教育，也包含来自于家庭、周边环境中习得。

（2）国家整体利益观，即上文提到的集体自豪感、国家荣誉感，来自于高层的荣誉感知，是国家通过个体奖励达到集体感知的效果。

（3）大众传媒，相比于前两者需要长时段积累的才能达到的价值观作用，大众传媒的棱镜投射作用更为表面和直接，通过一些不完整的碎片化信息影响民众感知。

第五，"资源诅咒"认知，个人接受的信息经过棱镜作用，投射出最后的"资源诅咒"认知。整个投射过程中个人特征在信息获得和信息选取过程中会有一定差异，如性别、年龄、民族、户口、教育、政治面貌等人口学特征的影响，也受到个人的社会地位、收入状况、流动状况的影响和情境因素的影响。由此得出本文的研究假设：

在个体层面上：

假设1：年轻人比老年人更赞同"资源诅咒"。因出生年代不同，所接触的社会意识形态不同，在"文化价值观"和"国家整体观"的棱镜投射下，中老年人更为接受国家整体观念，年轻人则不然。

假设2：教育程度高的人比教育程度低的人更赞同"资源诅咒"。因教育程度高的人接受的信息更为全面、内容层次更深，而且对信息的加工会以更理性的方式，由此他更能清楚认识到东西部之间的互动关系。

假设3：非党员群体比党员身份的群体更赞同"资源诅咒"。有党员身份的人在较长时间的党章、党性教育中，会更倾向于用中国共产党的目标准则和行为态度规范自己，于此，他的价值观会与国家整体价值观吻合，而非党员的认知则较少受到政党观念的投射影响。

在省际层面上：

假设4：人均GDP越高的省份，民众越不认同东部追求经济发展导致西部资源流失。

假设5："资源诅咒"系数越高的省份，民众越认同东部追求经济发展导致西部资源流失。

五　数据、变量和方法

（一）使用的数据

本研究使用的数据来自于由西安交通大学边燕杰教授主持的西部社会经济发展变迁调查（CSSC2010）。抽样总体为西部十二省18周岁及以上的城市和农村人口，采用多阶段抽样法，样本总量为 10946 人。

（二）变量选择与描述

研究选取的自变量除了年龄、性别、民族等人口学变量以外，依据本文的理论推导和研究假设选取了其他的相关变量。自变量分为"个人层面"和"省际层面"两个维度，用以作出不同层面的推论。具体变量控制和基本情况如表 2、表 3 显示：

表 2   变量控制

变量	内容
因变量	
东部追求发展导致西部资源流失	是 =1；否 =0。
自变量	
个人层面	
年龄	18 岁以上。
性别	男性 =1；女性 =0。
政治身份	党员 =1；非党员 =0。
是否党员干部	是 =1；否 =0。
教育年限	没受过任何教育 =0；私塾/小学 =6；初中 =9；职业高中/普通高中/中专/技校 =12；大学专科 =15；大学本科 =16；研究生及以上 =19。
个人年收入（ln）	个人 2009 年全年的总收入的对数。
户口	农村户口 =1；非农户口 =0。
社会经济地位	上层 =1；中上层 =2；中层 =3；中下层 =4；下层 =5。
十年经济地位变化	变差 =1；变好和不变 =0。
省际层面	
省份	西部 12 省：陕西、内蒙古、新疆、宁夏、甘肃、青海、重庆、四川、贵州、云南、广西、西藏。

续表

变量	内容
省际层面	
2010 各省 HDI	2010 年 12 省人类发展指数（HDI）。
2010 各省人均 GDP	2010 年 12 省人均 GDP。
In（2010 各省人均 GDP）	2010 年 12 省人均 GDP 对数。
平均"资源诅咒"系数	2000 年到 2007 年 11 省（西藏无数据）。

表3   变量选择与描述

变量	均值/概率	标准差	样本总量
东部追求发展导致西部资源流失（因变量）	53.0%	—	10274
个人层面			
年龄	45.10	14.784	10931
性别（1＝男）	50.7%	—	10942
民族（1＝汉）	72.6%	—	10932
教育年限	7.94	4.515	10935
政治身份（1＝党员）	13.7%	—	10946
是否干部（1＝是）	4.3%	—	10946
户口类型（1＝农村）	59.9%	—	10946
个人年收入	12412.24	29496.577	10864
In（个人年收入）	8.97	1.145	9152
上层	0.50%	—	10942
中上层	4.5%	—	10942
中层	38.6%	—	10942
中下层	27.6%	—	10942
下层	28.8%	—	10942
十年社经地位变化（1＝变差）	34.0%	—	10916

变量	均值/概率	标准差	样本总量
省际层面			
2010 各省 HDI	0.78	0.046	12
2010 各省人均 GDP	23556.52	9676.524	12
In（2010 各省人均 GDP）	9.9959	0.36722	12
2000 年到 2007 年平均"资源诅咒"系数	2.5136	1.36648	11

（三）分析方法

本研究采用多层次模型同时评估个人层面和省际环境因素的影响。数据在保留个体层面变量的基础上嵌入以省份单位的环境变量，最终用于分析影响西部民众对"东部追求发展是否导致西部资源流失"认知的个人和省际两个层面的因素。因变量（东部追求发展是否导致西部资源流失）为虚拟变量，赋值分别为 0 和 1。基于研究目的和测量维度的考虑，研究使用多层广义线性模型（HGLM）进行分析采用 logit 链接函数（logit link function），模型表现如下：

1.1：
$$P（y_{ij}=1）=\theta_{ij}$$
$$Log（\theta_{ij}/1-\theta_{ij}）=Y_{ij}$$
$$Y_{ij}=\beta_{0j}+\beta_{1j}X_{ij}$$

1.2：
$$\beta_{0j}=Y_{00}+Y_{01}Z_j+u_{0j}$$
$$\beta_{1j}=Y_{10}+Y_{11}Z_j+u_{1j}$$

此处，其中 i 表示个体参数，j 表示不同省份。$y_{ij}=1$ 表示第 j 个省份的第 i 个人在"东部追求发展是否导致西部资源流失"这一问题的认知持赞同态度；$P（y_{ij}=1）=\theta_{ij}$ 表示第 j 个省份的第 i 个人在"资源诅咒"问题上持赞同态度的概率，即因变量；$Log（\theta_{ij}/1-\theta_{ij}）$ 表示对因变量进行 logit 转换，将因变量由概率转换为几率；x_{ij} 和 z_j 代表了个人层次（年龄、性别、民族、个人年收入等）和省级层次（各省的 HDI 和人均 GDP 等）的协变量。β_{0j} 和 β_{1j} 分别表示第 j 个省份的因变量的函数 Y_{ij} 对自变量 x_{ij} 的回归直线的截距和斜率，Y_{00} 和 Y_{01} 分别表示截距 β_{0j} 对于省级特征变量 z_j 的回归直线的截距和斜率，Y_{10} 和 Y_{11} 以此类推，其中 u 表示误差项。

六 分析结果

为检验研究假设，本次采用多层次 logistic 回归分析，构建了逐步扩展和细化的嵌套模型。模型 1 是基准模型，主要包括个人层次的年龄、性别和民族变量和省级层次的 HDI 指数；模型 2 加入与意识形态有关的变量，"是否党员"和"是否党员干部"，分析民众对问题的认识是否会受到意识形态的影响；模型 3 对模型 2 进行了一定拓展，在个人层面加入了"户口"、"经济地位"、"收入"以及与人力资本相关的"教育"变量，以及省级层面"人均 GDP 对数"，用于观察在经济、人力资本等因素被控制的情况下，自变量是否仍然会对结果产生影响。模型 4 在模型 3 的基础上增加了"各省'资源诅咒'系数"变量，由此模型分析不同省份资源被开采使用程度的大小，对民众"东部经济发展导致西部资源流失"的认知产生的影响（见表 1）。

表 1 logistic 统计结果

协变量	系数			
	模型 1	模型 2	模型 3	模型 4
个人层面				
年龄	-0.012***	-0.013***	-0.009***	-0.010***
	(0.0014)	(0.0014)	(0.0018)	(0.0018)
性别	0.097***	0.110***	0.133**	0.135**
	(0.0401)	(0.0407)	(0.0461)	(0.0478)
民族	0.201***	0.204***	0.241***	0.113*
	(0.0470)	(0.0470)	(0.0538)	(0.0563)
党员		-0.088	-0.046	-0.076
		(0.0682)	(0.0741)	(0.0759)
是否党员干部		-0.077	-0.058	-0.044
		(0.1146)	(0.1177)	(0.1195)

协变量	系数			
	模型 1	模型 2	模型 3	模型 4
教育			−0.018**	0.022***
			(0.0066)	(0.0070)
户口			−0.066	−0.048
			(0.0556)	(0.0577)
个人年收入（ln）			0.017	0.012
			(0.0234)	(0.0247)
社会经济地位				
上层			0.001	−0.144
			(0.3024)	(0.3152)
中上层			−0.143	−0.174
			(0.1140)	(0.1206)
中层			0.085	0.046
			(0.0584)	(0.0600)
中下层			−0.020	−0.036
			(0.0606)	(0.0600)
下层			——	——
十年社会经济地位变化			−0.079	−0.075
			(0.0487)	(0.0508)
省际层面				
HDI	−1.338	−1.340***	−1.261***	6.533***
	(0.4521)	(0.4524)	(0.7289)	(1.1347)
人均 GDP（ln）			0.016	−0.695***
			(0.0897)	(0.1286)
"资源诅咒"系数				0.033
				(0.0199)
截距	1.307***	1.463***	0.796	2.153**

续表

协变量	系数			
	模型 1	模型 2	模型 3	模型 4
	(0.3410)	(0.3565)	(0.6700)	(1.1212)
似然比卡方	141.250***	145.377***	126.339***	142.881***
	(4)	(6)	(15)	(16)
个人数量	10242	10455	8569	8038
省际数量	12	12	12	11

东部追求发展导致了西部资源流失

注：* P < 0.05，** P < 0.01，*** P < 0.001

基准模型中，在其他变量不变的情况下，年龄每增加一岁，被访者赞同 "东部追求发展导致西部资源流失" 的几率就会减少 1.2%，表明年轻群体比年龄大的群体更认同西部遭受了资源损失，证实了假设一。同样，关于 "资源诅咒" 的认知存在显著的性别差异，在其他因素不变的情况下，男性比女性更赞同 "资源诅咒" 的观点，主要因为男性对于自身所处的现状更能做出理性的判断，而女性的认知更为感性，更容易受到文化价值观教育和媒体的影响。值得注意的是，少数民族比汉族更认同 "东部追求发展导致西部资源流失"，少数民族的被掠夺感更强，这在一定程度上显示了民族矛盾和分裂的隐患。从省级层面来看，当少数民族在年龄、性别和民族等个人变量被控制后，省级人类发展指数（HDI）与民众的 "东部追求发展导致西部资源流失" 认知之间存在不显著的负关系。

为进一步控制政治身份对认知的影响，引入变量 "党员身份" 与 "党员干部身份"，发现党员与非党员之间对 "资源诅咒" 的态度并不存在差异，党员和党员干部之间的态度也不存在差异，因此没有很好地验证假设三。值得注意的是，在控制了政治身份变量之后，省级层面的 HDI 开始显著，人类发展指数每增加一个单位，该省份认同 "资源诅咒" 观点的几率将下降 134%，同时也表明人类发展指数越高的省份越倾向于不认同 "东部追求发展导致西部资源流失" 观点，该结果与本文理论假设和经验不符。

除基本人口学特征变量外，个人经济社会状况也是影响认知的重要因素，因此在模型 3 中加入了人力资本相关的"教育"、"个人年收入"变量，"社会经济地位"及其变化状况、和户口变量。结果发现，当其他变量被控制后，说明教育程度越高的人越不认同"东部追求发展导致西部资源流失"，受教育年限每增加一年，个体不赞同"资源诅咒"观点的几率将增加 1.8%。由于西部地区不同省份的教育和资源开发状况差异很大，在没有进行更严格的分组情况下，该结果值得商榷。

最后，为了对依照资源开采程度和发展情况实现进一步分组，控制客观"资源诅咒"的环境因素对主观认知的影响，在模型 4 加入了各省的"'资源诅咒'系数"变量，结果发现"资源诅咒"系数与人们的"资源诅咒"认知呈现正相关关系，即资源被开发越多比开发较少地区的公众更认同"东部追求发展导致西部资源流失"的观点，但该关系并不显著，一定程度上反映出西部地区公众对地方资源开采和经济发展的即时状况并没有太大关注。值得注意的是，教育状况对"资源诅咒"认知的影响由负变正，教育程度越高的人对于"东部追求发展导致西部资源流失"的观点越认同，在此证实了假设二。省级层面的 HDI 对"资源诅咒"认知的影响也由负变正，表明在控制了包括"资源诅咒"系数的其他变量前提下，人类发展指数越高的省份，人们越倾向于认同"东部追求发展导致西部资源流失"。在此模型中，地方经济发展程度（人均 GDP）对"资源诅咒"认知的影响为正，表明地方经济发展程度越高，民众更不认同"东部追求发展导致西部资源流失"的观点。这证伪了假设四但证实了假设五。显示出西部地区发展并不是集体受损或落后的局面，而是存在较大的分化，这种分化使既得利益地区对于国家发展政策表现出更大的认同，而相对贫穷落后地区的民众更认同"资源诅咒"观点，西部资源被掠夺的感知在这部分群体中表现得更为明显。

七　结论与讨论

文章对"东部追求发展是否导致西部资源流失"即民众对"资源诅咒"的认知情况做了理论和数据分析。发现这一认知既受到个体微观层面因素的影响，也受省际宏观层面因素的影响。在个体层面的分析发现年龄、性别、民族与这一认知显著相关。

　　年龄越小的群体比老年群体更认可西部遭受"资源诅咒"的观点，首先，因老一辈人从出生就在新中国成立初期的艰苦生活中，贫穷和饥饿时代的文化价值观让他们觉得无论怎样，现在也比那些过去的年代好；其次，老一代人更受到毛时代国家整体价值观的熏陶，对于中央的认同意识更强，而年轻人更少经受类似的艰苦体验，至高的国家利益价值观也相对较弱，他们也更强调个人发展，因此对于东西部的差距他们有更明显的被掠夺体验，当老一代认同中央的群体不断退出历史舞台时，年轻一代人是否会继续承受资源带来的诅咒效应是很难预期的，也表明社会中期待变革的群体所占比重会不断增加。男性对于西部遭受"资源诅咒"的观点的认同度高于女性，从社会组织号召群体的相关分析，可以推测男性对这一观点的认同度更有可能导致规模性的社会冲突和抗争。少数民族是研究西部社会的重要变量，本研究数据分析发现，西部的少数民族群体比汉族群体更认同"东部追求发展导致西部资源流失"的观点。然而，需要注意的是西部十二省份的少数民族聚集程度在全国最高，区域的自治程度相对较高，资源开发幅度大，地区内的贫困人口比重高，外出务工人员不断增多，他们对于中国东西部经济的发展差距以及"西部大开发"、西部资源输出、西部贫困等概念会有更深的认识，这样的发展模式无疑会强化我国民族群体间社会意识隔阂和分裂，因为经济基础及社会差距决定着社会的稳定程度。新疆近年来多次发生打砸抢暴力事件，恐怖分子的筹划活动，西藏的"藏独"事件等，都在警告这个社会——"掠夺式发展"的恶果似乎已经开始有了应验的兆头。教育程度在模型 4 中呈现出显著正相关，教育程度越高的民众对于"资源诅咒"的观点越认同。文化程度高的社会精英掌握了更为全面和深层次的社会知识，对于社会经济发展的把握更有其独立的认识，在这一观点中他们更认识到了西部陷入"资源诅咒"陷阱的问题，而这部分人也将是为社会指引方向的思想首领，这部分人对西部问题的观点更应得到"一盘局"的规划者重视。

　　在省级宏观层面上，人均 GDP 越低的省份，民众对于"资源诅咒"的感受越深，越认可"东部追求发展导致西部资源流失"的观点；"资源诅咒"系数越高的省份，其民众越认为中国东西部存在资源掠夺现象。1978 年中国改革开放时，中央政府提出"全国一盘棋"战略，提倡"先让一部分人富起来，先富帮后富"，西部资源的无偿运出，全民信任中央政府，信任先让一部分人富起来是中国发展之必要，但同时他们更期待先富帮后富。为了促进西部发展，"西部大开发"战略大规模在西部铺开，交通运输和输气管道铺设、"西气东输"、"西电东送"、西煤西油东运等。不可否认，在中国三十多年的经济高速发展中，国家经济有了高速提升，而西部资源的贡献比率是巨大的，但是西部很多省份的经济并没有得到快速发展。直到现在，全国经济竞争力靠后的省份都在西部，国家扶助的贫困县西部所占比例最高，于此，中国的发展布局和发展模式是否已经到了反思的关头？

新一届政府对于"中国梦"的实现有较大的期待，习近平指出"中国梦归根到底是人民的梦，必须紧紧依靠人民来实现，必须不断为人民造福。……使发展成果更多更公平惠及全体人民，在经济社会不断发展的基础上，朝着共同富裕方向稳步前进"。姚洋提出的"中性政府"[1] 似乎在此得到了进一步印证，认为因中国一直秉持着"中性政府"，在改革开放三十多年以来，经济增长可以说是取得了成功，而且我们的"北京共识"[2] 也没有偏离"华盛顿共识"[3]，由此才取得了较大的成功。[4] 然而西部民众并不认同这种观点，中央政府的"长期的经济增长"始终存在于东部经济的增长关注中，习惯于改革开放时"东部优先发展"的前奏中。相对比于东部社会、经济、文化的提升，西部不仅没有获得同样的增长，在某种程度上已远落后于全国均等水平。如此的"中性政府"很明显已经长期偏向于东部区域效益的获得而无视西部利益的牺牲。秦晖曾指出中国三十多年所取得的成就谓之"奇迹"并不过分，中国现在所有的要素都表现得极有竞争力，劳动力的廉价和充裕不敌印度，而劳工的逆来顺

---

① "中性政府"是这样的一个政府，"因为不受利益集团左右，中性政府更可能关心长期经济增长，即使是为了自己，它也更愿意把资源投入到生产力较高的部门，这样的一个结果就是不平等，这正是过去三十年所发生的"，"中性政府是不长期偏向某个或某些利益集团的政府，它不是隶属于某一个阶层的政府，这样它就不容易被利益集团所俘获"。

② 北京共识由雷默（Roma）提出，其中对中国的总结包括平等且可持续的增长、独立自主和创新这三点，而这些都是非常中性的评判。

③ 华盛顿共识由约翰·威廉姆森提出，其本意只是新古典经济学告诉一个国家发展经济所需要做哪些正确的事情。

④ 姚远："对话姚远：中国模式的成功与前景"，北京大学国家发展研究院 CCER 论坛 2013年。

受、无集体谈判权却是他们不及的"优势";我国可利用的土地稀缺,但却拥有世界上最有效的圈地机制,圈占广州附近的大片膏腴比人家圈内华达沙漠还容易,中国创造的全球化奇迹中低工资、低人权之"优势"是其他国家不敌的。[①] 在全球产业链中北、上、广、深发展得最成熟,但它并不处于高端产业链。东部发展到现在出现季节性的民工荒,已经显露出了发展的局限和瓶颈。国家对于人口流动的放松,并提高外来务工人员的保障待遇,是想借西部的廉价劳动力为东部形成更优更低成本的产业链,但是这里面是有一定危险性的,倾注西部人力、物力补给东部有限城市的发展,对于西部和东部的未来长期稳定发展并不是好的选择。对于中国当前的有限发展和西部资源开发现状,用阿克诺夫的"所有者掠夺"和"破产谋利"概念似乎更能得到形象的解释,他指出"有政府担保的部门的掠夺者将于该部门之外的非关联企业进行交易,让这些企业的生产有助于最大化掠夺者当前攫取的收益,而不关注企业自身的未来损失。掠夺者不是寻找诚实地履行合同的商业伙伴,而是寻找如果履行合同似乎会获得高现值但实际上不会而且也不可能履行合同的合作伙伴"(乔治·阿克诺夫、保罗·罗默,2004)。西部人已经认识到了这种掠夺行为,而这种认知的社会后果将是恶性抗争,也毫不偏离秦晖之"低人权"和"高效政府"所将到达的目的地。

实现"中国梦"之"走中国道路"、"弘扬中国精神"、"凝聚中国力量"三个必须,让我们不得不理性认识中国的区域发展问题,曾经美国也提出"美国梦",然而美国的确做到了形式上的机会均等。中国提倡国家繁荣、民族复兴、人民民主、人民主权、公平正义、共同富裕等,但是其内容无不含混。改革开放的高速发展只实现了东部的发展,西部承担着社会贡献的角色,并没得到实质的发展,中国从改革开放到现在经过了最辉煌的三十年,三十年后的西部仍然是一个资源后备区,并没有激活区域本身的发展活力,不得不说"中国梦"到此已经缩水为"东部梦"。

不否认中国经济近年来越来越发展,但是西部民众并没有认同这种发展,显然他们已经意识到了中央政府的不平衡取向。这种取向本身是危险的,而民众对这一取向的后果表示不满和无"共识"的时候,东部取向

---

① 秦晖:《对"中国经验"望洋兴叹》,《南方周末》,2008 年。

的发起者将面临危急的时刻。通过分析，本研究认为主要有两个方面的表现：第一，东部主义在西部的映射程度，东部发展，西部贫困的现实已经根植于当代的年轻人群体、少数民族群体、人均 GDP 低的群体，在当前中国经济整体发展开始回落时，抗争主体就会更倾向于在这部分群体中凸显。政府自身标榜处在一个"中性"的位置，当经济发展的时候它选择了东部优先发展，如果西部长期没有得到发展而成为抗争主体时，它无疑又会变为被镇压的对象，那么，这样一个"中性政府"将如何在历史上自圆其说。第二，民族群体认同度，民族冲突问题在群体冲突案例中已经开始显现，然究其原因仍离不开经济，在西部"资源诅咒"已成现实的前提下，区域民族的地方发展意识和发展差距感知也会更强烈，在未来也将成为更具威胁的隐患。不能不说，国家片面追求东部发展、宣扬东部主义的发展模式，希冀成就"中国梦"，最终只会制造西部怨恨情结，将更不利于国家政治、经济的持续稳定发展。

西部民众对西部大开发的认知研究

一 导 言

始于 2000 年的西部大开发战略，不同于 1978 年开始实施的惠及东部沿海地区的地方发展政策，其目标是要促进内地省份的经济增长，以减少区域社会经济发展的不平等，从而确保中国西部地区的社会及政治的稳定。

西部大开发战略实施十年来，西部地区的经济增长、基础设施建设、社会事业和人民生活水平都获得了前所未有的提高和发展。然而，东西部的发展差距仍然不太乐观。仅从收入差距来看，2010 年，西部人均生产总值、城镇居民可支配收入、农村居民纯收入分别只有东部地区的 45%、68%、53%[①]。

实际上，西部大开发战略至今不仅没有扭转东西区域发展不平等的事实，反而还在一定程度上加剧了这种不平等。例如，在人均 GDP、人均收入、人均消费等经济指标上，东西地区非但没有表现出收敛的倾向，在发展水平上的差异反倒越来越大[②③]。一些原本用来表现西部大开发政绩的"西气东输"、"西煤东送"等大型工程也开始受到质疑，西部大开发实际成了西部大开挖。这些标志性的工程，犹如抽水机，将西部优势资源形成的税收和更多利益源源不断地抽走，造成了东西部差距进一步拉大[④⑤]。中国的

---

① 中国统计年鉴，http://www.stats.gov.cn/tjsj/ndsj/2011/indexch.htm，2011 年。

② 高小寒：《西部大开发绩效评价与研究》，《科学咨询（决策管理）》，2008 年第 3 期。

③ 单海鹏：《西部大开发：10 年绩效评价》，《兰州商学院学报》，2010 年第 2 期。

④ 陈文江、周亚平：《西部问题与"东部主义"——一种基于"依附视角"的理论分析》，《北京工业大学学报（社会科学版）》，2010 年第 2 期。

⑤ 陈文江、严学勤：《西部社会转型与转型与发展社会学范式转换》，《探索与争鸣》，2013 年第 1 期。

现代化发展模式就是一种以空间置换时间的畸形现代化，一种以牺牲一部分地区和一部分人的利益为代价的不完整现代化[1]。

那么，那些经历了十年西部大开发的西部民众是怎样认识东西发展差距的变化？在他们看来西部大开发是缩小了还是拉大了其所在地区与东部地区之间的不平等？西部民众对于西部大开发下这种东西区域发展模式和不平等趋势会不满吗？

我们的研究借助恰值西部大开发十年之际举行的"中国西部社会经济变迁调查（2010）"[2]数据对上面问题展开研究分析。通过对这些问题的研究，不仅能反映出西部民众是如何将他们现实的处境与西部大开发这项政策联系起来的，还能帮助我们从西部民众的视角中反思西部大开发"区域协调发展"语境下的西部发展问题，也为保证西部大开发朝向符合广大西部民众意愿的方向发展提供了重要的研究支撑。

二　背景与文献

（一）东西区域发展差距的变化趋势

西部地区虽然是中华文明的发源地，然而经济发展长期滞后于东部地区，在改革后沿海地区得到开发和外贸优惠等政策，东西部发展差距逐渐显现并增大。在中国现代化进程中，东西区域之间发展不平衡也经历了曲折的动态变化。

Lardy[3]发现，在新中国成立初期，甚至到改革开放之前，东西发展差异都是呈缩小态势的。此后 Tsui[4]认为在中国实施改革开放政策之前，各省区的收入差异变化还并不明显，而在改革开放初期表现出了下降的趋

---

①　陈文江、周亚平：《西部问题与"东部主义"——一种基于"依附视角"的理论分析》，《北京工业大学学报（社会科学版）》，2010 年第 2 期。

②　本研究使用数据来源于"西部社会经济发展变迁（2010 年）"调查，该调查涉及西部十二省 10946 位被访民众，由西安交通大学实证社会科学研究所边燕杰教授主持收集，在此表示感谢。

③　Lardy N. R, *Economic Growth and Income Distribution in the People's Republic of China*, New York: Cambridge University Press, 1978.

④　Tsui, Kai Yuen, China's Regional Inequality: 1952—1985, *Journal of Comparative Economics*, Vol. 15, 1991.

势。而 Jian[1] 的研究发现东西区域发展变化并不简单，在 1952—1965 年
和 1978 年之后的十几年时间中区域发展差异呈收敛趋势，而在 1965—
1978 年间则是发散趋势，这种发散趋势在 1990 年后又重新抬头。他认为
这种现象主要是中国在 1989 年开始实施的分税制改革，这项改革将地方
政府为发展地区经济而拓展地方税源的权力合法化，从而使得地区发展差
异因地方禀赋差异而显现出来[2]。

总体来说，大部分研究认为在 1978 年之前，我国地区发展差异变化
不大，甚至还存在一定的收敛倾向，在改革开放之初的 80 年代也一度有
收敛趋势，然而到了 90 年代整个发展形势出现了逆转，以至于东西发展
差异在逐渐明显扩大。

（二）西部大开发与东西区域发展不平等

西部大开发是中央政府倡导实施的一项政策，其目的是提高西部地区
的经济和社会发展水平。在学术理论界，对西部大开发能否有效缩小东西
发展差距有着两种不同的观点。

一种观点认为，随着我国经济发展进入到中上发展水平，具有后发优
势的西部地区在中央政府干预的宏观调控中将获得更大的发展，它将提高
西部地区的经济增长，有效缩小过去由于经济发展阶段和体制下形成的不
合理的东西区域发展不平等。邓仕礼[3]等人将东西部地区人均 GDP 差距转
化为时间和速度差距，对西部追赶东部所需的时间和速度进行了量化的分
析和估计，指出西部大开发战略实施以来，有效地遏制了东西部差异的扩
大。曹桂全[4]等通过使用缪达尔—赫希曼模型对中国地区经济发展变动趋
势进行了分析，认为资本流、劳动力迁移、外商贸易、中央政府政策、体
制改革、中央政府转移支付等是造成我国东西发展不平等的主要原因，而
西部大开发的政策方向则会对这些造成地区差异的因素起到抑制作用。

---

① Tianlun Jian、Jeffrey D Sachs、Andrew M. Warner, Trends in Regional inequality in China,
China Economic Review, Vol. 7（1），1996.

② Ibid.

③ 邓仕礼：《地区差距与西部的追赶速度》，《社会科学战线》，2004 年第 6 期。

④ 曹桂全：《中国地区差距变动的系统分析与地区政策选择》，《中国软科学》，2001 年第
12 期。

第二种观点则认为西部大开发不能从根本上解决东西区域发展中不合理的"梯度差"，从某种程度上，西部大开发反而加剧了更多地区发展之间的不平等。白永秀[1]等人认为，西部大开发反而促使了西部地区要素流向东部发达地区，而西部大开发只能缩小西部地区内部经济发展差距，而并不能有效缓解东西部的发展差距。西部大开发战略非但未能起到削弱"资源诅咒"的作用，反而在一定程度上加大了"资源诅咒"。邵帅、齐中英[2]的研究显示，西部大开发对能源产业的过度强调减少了 FDI 和人力资本投资，损害了西部地区长期的经济增长能力。尽管西部大开发一再表明是在"战略"层面考虑西部问题，但从它采取的实际措施和实施效果看，西部大开发不仅没有遏制西部同东、中部的差距，反而这种差距越来越大，出现了市场经济时代的俱乐部趋异现象[3]。

（三）对不平等的社会认知和态度研究

收入差距和区域发展差距一直为政府和学者所关注，但对于民众对不平等的认知和态度研究是在近十年才开始广受关注。李路路基于历次"中国综合社会调查"数据的研究发现，受访群体普遍反映当前的收入不平等持续拉大，收入分配欠缺公平性与合理性[4]。

而怀默霆[5]在对一项于 2004 年在中国范围内收集的调查数据进行了分析，研究认为个人对收入不平等是否不公平的态度，可能会受人们所在地区的影响：那些在像上海和珠江三角洲等经济发达地区的人，更有可能对当前的不平等抱有乐观和接受的态度，而那些在西部内陆省份和像东北等经济受挫的省份的人，则更有可能对当前不平等持批评态度。

---

① 白永秀、岳莉萍、吴振磊：《西部大开发战略实施的绩效分析——基于主成分分析法的视角》，《科学管理》，2008 年第 5 期。

② 邵帅、齐中英：《西部地区的能源开发与经济增长——基于"资源诅咒"假说的实证分析》，《经济研究》，2008 年第 4 期。

③ 陈文江、周亚平：《西部问题与"东部主义"——一种基于"依附视角"的理论分析》，《北京工业大学学报》（社会科学版），2010 年第 2 期。

④ 李路路、唐丽娜、秦广强：《患不均，更患不公——转型期的"公平感"与"冲突感"》，《中国人民大学学报》，2012 年第 4 期。

⑤ 怀默霆：《中国民众如何看待当前的社会不平等》，《社会》，2009 年第 1 期。

谢宇①建立起了中国普通民众是怎样看待经济发展与对不平等态度之间的关系分析，民众对社会不平等的态度很大程度会被他们对这种关系的信念所影响。中国人经历了快速的经济和社会不平等的同时增长，因而他们倾向去将经济发展视为社会不平等的推动力。研究结果显示，有较高比例的中国人内化了一个发展平等因果模型，即他们将高程度的不平等投射到更加发达的国家，而低程度的不平等则是那些他认为不发达的国家。②

从已有的文献研究中可以发现一方面对有关不平等的意识形态的关注逐渐凸显其政治意义；另一方面目前国内研究对西部民众对西部大开发下的东西发展差距认知还缺乏研究，本研究则是在以往研究基础上，展开西部民众对西部大开发下的东西区域差距进行研究。

三 西部大开发背景下民众对东西差距认知的可能因素

（一）西部大开发背景下西部地区内部经济增长差异

由表1可以看出，全国各省在近十年间人均GDP都获得了极大的增长，尤其是西部地区，但是东西部的绝对差异仍然是在逐渐拉大。就西部地区十二省而言，内部增长差异也逐渐明显。2000年的时候，十二省人均GDP差异不大，而经过十年的发展，省际间增长率差异最大达到了3倍多（最高的内蒙古与最低的新疆之间）。

表1　　　　　2000—2010 年我国各省市人均 GDP 增长情况

省份	2010 人均 GDP(元)	2000 人均 GDP(元)	年均增长率(%)	增长排名
全国	29748	7858	27.857	—
内蒙古	49467	5872	74.242	1
陕西	27267	4549	49.941	2
重庆	29948	5157	48.073	3
宁夏	25760	4839	43.234	4
山西	24888	5137	38.449	5

① 谢宇：《认识中国的不平等》，《社会》，2010 年第 3 期。
② 同上。

省份	2010 人均 GDP(元)	2000 人均 GDP(元)	年均增长率(%)	增长排名
吉林	31693	6847	36.287	6
江苏	52448	11773	34.549	7
青海	22442	5087	34.116	8
天津	79153	17993	33.991	9
山东	42014	9555	33.971	10
江西	21284	4851	33.875	11
河南	23842	5444	33.795	12
贵州	11640	2662	33.727	13
四川	20458	4784	32.763	14
西藏	19483	4559	32.735	15
广西	18348	4319	32.482	16
湖南	23798	5639	32.203	17
安徽	19768	4867	30.616	18
浙江	52421	13461	28.943	19
湖北	27339	7188	28.034	20
甘肃	14459	3838	27.673	21
辽宁	42285	11226	27.667	22
河北	28796	7663	27.578	23
广东	47689	12885	27.011	24
海南	24505	6894	25.545	25
云南	16049	4637	24.611	26
福建	39617	11601	24.150	27
北京	78194	24127	22.409	28
新疆	23080	7470	20.897	29
黑龙江	26006	8562	20.374	30
上海	93488	34547	17.061	31

（数据来源：《中国统计年鉴，1999，2011》；注：黑体表示西部省份，斜体表示东部省份，其余为中部省份。）

表 2 可以看到，到 2010 年，除了内蒙古人均 GDP 与东部人均 GDP 的差异绝对值缩小以外，其余十一省与东部的差距则是越来越大。

表 2　　　　　　　　西部十二省与东部地区人均 GDP 比较

省份	2010 年人均 GDP	2000 年人均 GDP	2010 年东部人均 GDP	2010 年差距	2000 年东部人均 GDP	2000 年差距
内蒙古	49467	5872	52783	3316	14702	8830
宁夏	25760	4839	52783	27023	14702	9863
重庆	29948	5157	52783	22835	14702	9545
陕西	27267	4549	52783	25516	14702	10153
广西	18348	4319	52783	34435	14702	10383
新疆	23080	7470	52783	29703	14702	7232
四川	20458	4784	52783	32325	14702	9918
青海	22442	5087	52783	30341	14702	9615
甘肃	14459	3838	52783	38324	14702	10864
云南	16049	4637	52783	36734	14702	10065
贵州	11640	2662	52783	41143	14702	12040
西藏	19483	4559	52783	33300	14702	10143

（数据来源：《中国统计年鉴，1999，2011》。）

一方面，除了东西发展差距逐渐扩大；另一方面，西部内部经济也在逐渐出现了差异发展的苗头。尽管西部大开发从国家战略层面上规划了西部各个省要获得平稳发展，但是可以看到的是，十二省在西部大开发政策获得的利益是不可同日而语的。除了人均 GDP 的差异增长，以中央预算、国内贷款和利用外资三种主要的固定社会资产投资为例，表 3 显示出西部大开发前各省无论从国家、金融机构还是外商投资中所获得的资金支持从增长速度上来看均是有明显差异的。虽然还不清楚各省人均 GDP 的增长与它们所获得的资金支持之间是否存在正相关关系，西部内部是否出现了趋异发展也有待考证，但可见的是，省际之间获得了不均衡的投资倾向和利益增长，因而，省际层面的分析在本研究就显得很有必要。

表3　　　　　　　　　2000—2010 年西部十二省的资本流动（亿元）

	中央预算			国内贷款			利用外资		
	1999	2010	增长率（%）	1999	2010	增长率（%）	1999	2010	增长率（%）
四川	34.1	1398.4	3999.7	152.8	2411.4	1478.7	34.5	99.9	189.5
甘肃	25.1	555.7	2116.6	53.9	510.1	847.3	5.1	18.8	266.5
云南	28.3	526.8	1760.2	89.0	1399.3	1471.5	5.6	11.3	102.9
陕西	48.0	819.0	1606.6	70.9	1075.8	1416.5	6.9	29.5	325.7
重庆	38.1	606.8	1493.5	52.6	1683.3	3100.2	4.6	149.1	3113.4
新疆	43.1	578.8	1242.9	85.7	532.7	521.4	6.7	12	80.5
贵州	22.0	292.1	1232.6	38.9	897.3	2207.3	8.7	11.4	31.6
西藏	24.3	321.5	1224.1	1.8	9.9	438.0	0.02	1.4	6900.0
内蒙古	29.4	378.7	1188.5	37.4	1090.3	2815.2	12.4	7.5	-39.7
青海	11.0	141.5	1187.5	27.3	178.6	555.4	0.7	5.2	664.7
广西	30.5	331.1	985.6	49.3	1050.3	2030.9	25.9	68.6	164.8
宁夏	13.3	89.0	571.7	19.5	410.9	2009.3	2.0	4.1	100.9

（数据来源：《中国统计年鉴，1998，2011》。）

　　占国土面积 71.4% 的西部地区蕴藏着丰富的自然资源，尤其是煤、石油、天然气等能源资源更是储量丰富。据相关统计，西部地区石油和天然气的探明储量分别占全国 41% 和 65%。然而，西部的经济增长水平却相对滞后[1]。据《中国统计年鉴 2010》数据显示，2009 年西部十二省生产总值占全国 GDP 的 18.6%，而东部十一省为 53.1%，西部地区除内蒙古外其余省份的人均 GDP 均低于全国平均水平[2]。西部许多资源型城市和地区不但没有越来越富有，反而相对越来越贫穷，"富饶的贫困"现象非常普遍。

　　在所有自然资源中，能源可以产生相对较高的经济租金，其在工业化

---

　　① 邵帅、齐中英：《西部大开发中的能源开发与经济增长——基于"资源诅咒"假说的实证分析》，《经济研究》，2008 年第 4 期。

　　② 中国统计年鉴，http://www.stats.gov.cn/tjsj/ndsj/2010/indexce.htm，2010。

进程和区域经济发展中的战略性地位是不言而喻的。在 21 世纪初开始实施的西部大开发战略中，能源开发作为一项战略性工程，在整个西部大开发的进程中具有举足轻重的地位。西部大开发中"西气东输"、"西油东送"、"西煤东运"等能源工程项目的实施更是加大了西部能源开发和输出的强度。陈文江、周亚平①也同样认为西部地区的自然资源和人力资源也在这个过程中被无情地"开发"掉了，源源不断的能源、资源和廉价劳动力的输出，使原本就比较脆弱的西部经济再生能力和增长能力进一步被削弱。正是由于西部大开发对能源的重点开发，一定程度上抑制了西部地区科技创新和人力资本投入，而使"资源诅咒"在西部成为越来越明显且严重的事实②③④。

四 对不平等认知的假设

尽管到目前国内探讨影响民众对不平等认知的影响因素研究不多，但在有关不平等的认知和态度影响因素方面的研究以美国为首的其他国家中已经得到很好的开展。周亚平总结了国外关于个体收入不平等评价的因素主要有自我利益和意识形态两种⑤。

（一）自我利益因素

自我利益倡导者们认为人们会有不同的观点是与他们的社会地位相关联⑥，例如那些把自己归于社会底层的英国人和瑞典人更多地持有平等主

① 陈文江、周亚平：《西部问题与"东部主义"——一种基于"依附视角"的理论分析》，《北京工业大学学报》（社会科学版），2010 年第 2 期。

② 邵帅、齐中英：《西部地区的能源开发与经济增长——基于"资源诅咒"假说的实证分析》，《经济研究》，2008 年第 4 期。

③ 姚予龙、周洪、谷树忠：《中国资源诅咒的区域差异及其驱动力分析》，《资源科学》，2011 年第 1 期。

④ 方颖、纪珩、赵扬：《中国是否存在"资源诅咒"》，《世界经济》，2011 年第 4 期。

⑤ 周亚平：《对中国社会经济改革进程中收入不平等的认知：一个同期群组的分析》，《兰州大学学报》，第 4 期。

⑥ Mau S, Ideologischer Konsens and Dissens in Wohlfahrtstant, *Journal of Soziale Welt*, 17 (4), 1997.

义观念，因而他们表现出对收入不平等更加强烈的批判。很多经验研究结果表明社会地位和不平等之间存在一致性的关系①，对一些国家之间的比较研究也发现了类似结论：教育水平和收入水平越低的个体，他们就越不会认为收入不平等是合理的。

与本研究的利益相关者除了以往相关研究所关注的西部民众个体之外，省级单位也是作为西部大开发的利益相关者而存在。这主要是由于西部大开发的政策和复杂的决策过程创造了党中央和国家与各省之间的动态相互作用的空间。一些以前给沿海地区的特权现在也被授予给西部地区，而西部地区的领导也开始在中央领导的许多目标基础上讨价还价。在旷日持久的过程中，各省级官员试图最大限度地争取他们的利益，争夺国家投资，基础设施项目，外商直接投资，关于生态和少数民族地区的项目，以及其他各种优惠。省级以上的相互作用迄今为止已经成为国家决策过程中固有的一部分②。而事实上表 3 已经展示了不同省份在西部大开发中的所获得的具体资金政策支持是有差异的，因而每一个地区在西部大开发中获得的利益是不一样的。因此本研究中的利益相关者不仅有处在不同社会经济地位的西部民众，还有因西部大开发而获得不同利益和发展速度的省级群体。

与相关利益者理论有千丝万缕联系相对剥夺感理论也不得不考虑其中。相关利益者强调在不同的群体之间对不平等产生的认知和态度取决于他们的利益是否得到满足。而参照群体理论则强调人们不同情绪的反应受到他们同所选择的与其他群体比较结果的影响。当人们将自己的处境与某种标准或某种参照物相比较而发现自己处于劣势时所产生的受剥夺感，这种感觉会产生消极的认知情绪，态度上表现为愤怒、怨恨或不满③。

国际上，殖民主义容易让落后地区产生被发展地区剥削的感觉，导致

① Mau S, Ideologischer Konsens and Dissens in Wohlfahrtstant, Journal of Soziale Welt, 17 (4) , 1997.

② Heike Holbig, The Emergence of the Campaign to Open up the West: Ideological Formation, Central Decision – Making and the Role of the Provinces, *Journal of The China Quarterly*, 335 (178) , 2004.

③ 王利娟：《群体性事件产生的社会机制探析》，《长春师范学院学报（人文社会科学版）》，2013 年第 1 期。

了国际政治经济中所谓的"政治民族主义"①。在当前中国东西发展模式下，东部牺牲西部发展的这种内地殖民，也是这种"政治地方主义"的体现，如果西部民众在对西部发展的问题上归结于来自东部的剥夺，就很容易对西部对东部的追赶和两地发展差距产生消极的认识，有朝一日，犹如世界体系中的政治民主主义，区域发展模式经济问题就有可能扩展到政治方面演变成政治问题②。因而在此方面，本研究予以了特别关注。

根据相关的事实和理论背景，针对具体的研究对象，建立了以下基本的研究假设，用以指导具体的经验研究。根据相关利益者理论，本研究提出以下三个假设：

假设一：那些认为东部追求发展导致西部资源流失的人，更加不赞同西部大开发缩小了东西部发展差距和不平等。

依据：这一假设主要依据相对剥夺感理论，中国东西部的发展是一种依附关系，西部大开发一些工程或项目的实施，将西部资源输送到东部，西部人民在这个过程中会不会产生被剥夺的感受，在他们的认知中西部资源的流失和东西差距变化之间又存在什么关系。一方面，我们关注西部民众在多大程度上有这种剥夺感；另一方面，他们的这种剥夺感是否会直接影响到他们对东西发展不平等的判断。

假设二：从外在的情景变量而言，人均 GDP 越高的省份，其民众更倾向于认同西部大开发缩小了本地区与东部地区的差异。

依据：虽然西部地区相比东部来讲都还基本处在发展落后行列，但是由于近几年西部内部也产生了趋异趋势，所以从省际这个宏观单位来讲，西部民众的认知将会产生省际差异。

假设三：社会经济地位自我评价比十年前有所提高的人，对西部大开发中本地区与东部地区的差距变化更倾向于持积极的态度。

依据：虽然这个指标是人们主观的一种判断，但利益相关者理论暗示了那些利益得到满足的人则越容易产生积极的态度。此外，对于那些地位变坏的民众，在与他们前十年生活的比较中也更容易产生相对剥夺感而有

---

① 陈文江、周亚平：《西部问题与"东部主义"——一种基于"依附视角"的理论分析》，《北京工业大学学报（社会科学版）》，2010 年第 2 期。

② 同上。

负面情绪。

（二）意识形态因素

这一视角主张个体的认知和态度会受到其所持价值观的影响，它假设全体社会成员共享一个主导意识和思想，即社会的主流价值观。意识形态往往是经历过社会化而内化于人们心中。在以往有关收入不平等认知和评价研究中，对其产生影响的意识形态主要有以下几种。

其中最重要的一种就是平均主义思想。反观中国历史，自古以来就有"不患寡而患不均"的文化传统，而大多农民起义也以实现"均、平"为口号来反抗封建王朝暴政，表现出了广大人民群众对封建社会不平等的强烈不满[1]。另一种是精英主义态度，人们常使用"权力精英"、"社会精英"、"统治阶级"等概念来称呼精英。帕累托从"高度"和"素质"两个方面讲"精英"同民众区分开来。在国外的研究中，政治态度也是考虑对不平等态度的一个重要因素，那些自称左派的人与那些自称右派的人在某一问题上看法是有区别甚至是冲突的[2]。

由于本研究所使用的数据并未涉及对平均主义程度的测量，所以仅用的也只有政治身份一个变量，本研究根据意识形态理论提出假设四：由于具有更高的政治认同，所以党员比非党员更倾向赞同对西部大开发提出积极的评价，因而他们可能更赞同西部大开发让本地与东部地区差距缩小。而党员群体中干部党员比非干部党员的赞同性更强。

五　数据、变量和方法

（一）使用的数据

本研究使用的是"西部社会经济发展变迁（2010 年）"调查数据，由西安交通大学边燕杰教授主持收集。样本是西部十二省 18 周岁及以上的城市和农村人口，使用多阶段抽样。最终，整个调查样本有 10946 人，

---

[1]　翟学伟：《中国人的大公平观》，《社会》，2010 年第 5 期。

[2]　Kluegel J. R. and Smith E R, Beliefs about Inequality: American's Views' of What is and What Ought to Be, *Hawthorne NY: Aldine de Gruyter*, 1986.

其中有 6555 个农村户口居民，4391 个非农户口居民。

（二）变量控制与描述

本研究所选的自变量除了性别、年龄、民族等基本人口变量外，根据研究理论和假设还选择了相关变量，且自变量分为宏观省级层面和微观个人层面两个层次。具体变量控制和基本情况如表 4、表 5 显示。

表 4 变量控制

变量	内容
因变量	
西部大开发是否缩小当地与东部差距	是 = 1；否 = 0。
自变量	
个人层面	
年龄	18 岁以上。
性别	男性 = 1；女性 = 0。
民族	汉 = 1；其他 = 0。
教育年限	没受过任何教育 = 0；私塾/小学 = 6；初中 = 9；职业高中/普通高中/中专/技校 = 12；大学专科 = 15；大学本科 = 16；研究生及以上 = 19。
政治身份	党员 = 1；非党员 = 0。
是否党员干部	是 = 1；否 = 0。
收入对数	个人 2009 年全年的总收入的对数。
户口	农村户口 = 1；非农户口 = 0。
主观分层变量	上层 = 1；中上层 = 2；中层 = 3；中下层 = 4；下层 = 5。
十年变化	变差 = 1；变好和不变 = 0。
东部追求发展导致西部资源流失	是 = 1；否 = 0。

续表

变量	内容
省级层面	
省份	西部十二省：陕西、内蒙古、新疆、宁夏、甘肃、青海、重庆、四川、贵州、云南、广西、西藏。
HDI	2010 年各省人类发展指数（HDI）。
人均 GDP 对数	2010 年各省人均 GDP 的对数。
人均 GDP 增长率	2000 年到 2010 年各省人均 GDP 增长速率。

表 5   选择变量的描述

变量	均值/概率	标准差	样本总量
西部大开发是否缩小了东西差距	40.9%		10504
个人层面			
年龄	45.10	14.784	10931
性别（1＝男）	50.7%	—	10942
民族（1＝汉）	72.6%	—	10932
教育年限	7.94	4.515	10935
政治身份（1＝党员）	13.7%	—	10946
是否干部（1＝是）	4.3%	—	10946
户口类型（1＝农村）	59.9%	—	10946
个人年收入	12412.24	29496.577	10864
ln（个人年收入）	8.97	1.145	9152
上层	0.50%	—	10942
中上层	4.5%	—	10942
中层	38.6%	—	10942
中下层	27.6%	—	10942
下层	28.8%	—	10942
十年社经地位变化（1＝变差）	34.0%	—	10916

变量	均值/概率	标准差	样本总量
东部追求发展导致西部资源流失 （1 = 是）	53.0%	—	10274
省级层面			
2010 各省 HDI	0.78	0.046	12
2010 各省人均 GDP	23556.52	9676.524	12
LN（2010 各省人均 GDP）	9.9959	36722	12
GDP 十年增长速度	3.8951	9122.369	12

（三）方法

本研究采用多层广义线性模型同时评估个人层面和省际环境因素的影响。这些数据首先是以个体嵌入省份的形式展开，同时考虑个人层面和省际层面的因素。然后将这些数据用于到西部民众对西部大开发下东西发展差距的认知研究中去。因变量（西部民众对东西差距的认知）是一个二分变量，即 0 或 1。然后使用多层广义线性模型（HGLM）来分析。分析中的广义模型表现为如下公式：

$$H_{ij} = \beta_{oj} + \sum_k \beta_{jk} X_{kij} \qquad (1)$$

$$\beta_{jk} = \eta_{jo} + \sum_m \eta_{jm} Z_{mj} \qquad (2)$$

$$\beta_{oj} = \eta_{oo} + \sum \eta_{am} + \alpha_{aj} \qquad (3)$$

此处，H_{ij} 是逻辑回归报告中第 j 个省的第 i 个人对西部大开发来本地与东部地区差距变化的认知，X_{kij} 和 Z_{mj} 代表了个人层次和省级层次的协变量。个人特征（年龄、性别、民族、个人年收入等）和省级指标（各省的 HDI 和人均 GDP 等）同时被考虑进去，考察西部民众对东西发展差距变化的认知情况。

六　研究结果

为了检验研究假设，我们采用了多层广义线性模型分析。表 6 中，模型 1 是基准模型，个人层次的年龄、性别和民族变量以及省级层次的 HDI。模型 2 加入了与意识形态有关的变量，但由于问卷设计的限制，仅有是否党员和是否党员干部两个与之有关的变量，主要看对问题的认识是否会受到意识形态的影响。模型 3 在模型 2 的基础上加入与相关利益者有关的变量，分别来自个人层次的收入、社会经济地位变化等和省级层次的人均 GDP，看当相关利益因素被控制后，是否会对结果产生影响。模型 4 在模型 3 的基础上增加了各省人均 GDP 增长速率这一变量，从这个模型中检验经济增长速度的影响。模型 5 也是只增加了民众对东部发展导致西部资源流失这一主观态度测量变量，并以此来预测这一主观认知是否会影响到人们对西部大开发中东西差距的变化的认知并检验二者在民众认知结构中是否存在某种内化的关系。

表 6   多层广义线性模型分析

协变量	系数				
	模型 1	模型 2	模型 3	模型 4	模型 5
个人层面					
年龄	-0.003^{**}	0.005^{***}	0.002	0.000	$-7.652E-5$
	(0.0014)	(0.0013)	(0.0018)	(0.0018)	(0.0018)
性别	0.077	0.104^{***}	0.029	0.024	0.025
	(0.0398)	(0.0399)	(0.0461)	(0.0463)	(0.0471)
民族	-0.218^{***}	-0.204^{***}	-0.248^{***}	-0.152^{***}	-0.159^{***}
	(0.0465)	(0.0458)	(0.0534)	(0.0550)	(0.0562)
党员		0.083	0.005	-0.009	-0.015
		(0.0676)	(0.0743)	(0.0746)	(0.0754)
是否党员干部		0.258^{*}	0.230^{*}	0.194	0.226
		(0.1123)	(0.1166)	(0.1170)	(0.1189)
教育			-0.012	-0.016^{*}	0.014^{*}
			(0.0066)	(0.0067)	(0.0068)
户口			0.014	0.119^{*}	0.102
			(0.0556)	(0.0558)	(0.0568)

协变量	系数				
	模型 1	模型 2	模型 3	模型 4	模型 5
个人年收入(In)			-0.062***	-0.063***	-0.054*
			(0.0234)	(0.0235)	(0.0239)
社会经济地位					
上层			0.075	0.072	0.026
			(0.3021)	(0.3013)	(0.3059)
中上层			-0.231*	-0.198	-0.0185
			(0.1122)	(0.1128)	(0.1147)
中层			-0.080	-0.060	-0.070
			(0.0584)	(0.0587)	(0.0599)
中下层			0.016	0.006	0.007
			(0.0606)	(0.0609)	(0.0622)
下层			—	—	—
十年社会经济地位变化			0.099*	0.078	0.086
			(0.0485)	(0.0488)	(0.0496)
东部追求发展导致西部资源流失					-0.092*
					(0.0450)
省级层面					
HDI	0.296	0.138	1.684*	3.004***	2.834***
	(0.4469)	(0.4413)	(0.7255)	(0.7453)	(0.7563)
人均GDP(LN)			-0.227**	-1.096***	-1.062***
			(0.0885)	(0.1400)	(0.1435)
十年GDP增长速率				0.245***	0.236***
				(0.0302)	(0.0309)
截距	-0.049	-0.271	1.670*	8.610***	8.365***
	(0.3372)	(0.3475)	(1.0914)	(1.0914)	(1.1212)

协变量	系数				
	模型 1	模型 2	模型 3	模型 4	模型 5
似然比卡方	40.328***	60.908***	93.403***	160.238***	153.506***
	(4)	(6)	(15)	(16)	(17)
个人数量	10473	10473	8742	8733	8406
省级数量	12	12	12	12	12

结果如表 6 所示，在基准模型中，控制了其他变量以后，年龄每增加一岁，被访者赞同西部大开发使当地与东部地区差距缩小的几率就会减少0.003。同样，控制了其他变量后，少数民族的被访者赞同当地与东部差距缩小的几率就减少了0.218。从省级层面来看，当年龄、性别和民族等个人变量被控制后，省级人类发展指数和民众对东西发展差距变化的认知之间存在不显著的正关系。

在模型 2 中，在新加进的变量中，民众的干部身份和其对东西发展差距变化的认知之间存在显著的正关系，从中我们可以看到，相比非党员干部来讲，党员干部中赞同西部大开发使当地与东部地区差距缩小的几率增加了0.258。模型 2 中，性别变量变得显著起来，即在控制了其他变量后，男性比女性对差距缩小的认同几率增加了0.104。

模型 3 中加进了利益相关的变量，个人层次方面十年社会经济地位变化和个人年收入显著等变量显著。当其他变量被控制后，十年来社会经济地位有所变差的民众比起那些没变或者变好的民众，其认为西部大开发使当地与东部地区差距缩小的几率比起社会经济地位变差的民众增加了0.099。在控制其他变量后，收入每增加一个单位，则民众认为十年来本地与东部地区缩小的几率就会减少0.063。在情景条件中，控制了其他变量，省级的人类发展指数与其民众的认知呈正相关，HDI 每增加一个单位，则民众对西部大开发缩小了当地与东部发展差距的认同几率就会增加1.684 倍。换句话说，控制了其他变量，来自具有较高 HDI 省份的民众更有可能认为十年西部大开发中当地与东部地区的差距缩小了。而控制了其他变量后，人均 GDP 则呈现了负相关关系。人均 GDP 每增长一个单位，则民众认同几率就会减少 0.0885。这表明，那些拥有较高人均 GDP 省份的民众反而更可能不会认为他们与东部的差距缩小了。

当在模型4只增加了各省的十年人均GDP增长率这个变量，令人吃惊的是，当控制了其他变量后，十年人均GDP的增长率同民众的认知呈正相关，人均GDP增长速度每增加一个单位，民众赞同当地与东部差距缩小的几率就会增加0.245。这与模型3中HDI所呈现的方向一致，与人均GDP所呈现的方向是相反的。

模型5加入了一个同为态度的变量，在控制其他变量后，民族、个人年收入这两个个人变量仍然显著，省级层面的HDI、人均GDP及人均GDP增长速率依然显著但效果减小。对新加进的变量，控制了其他变量以后，那些认同因东部追求发展而导致西部资源流失的民众，在认同十年来当地与东部地区差距缩小的几率就减少了0.092。

因而，从表6这五个模型中可以看出，西部民众对西部大开发是否缩小了东西部差距的认知情况受到来自个人层次和省级层次因素的影响。

七　讨论和结论

从本文的分析中我们可以看到：第一，经济收入越发达地方的民众对西部大开发缩小了当地与东部地区差距则持更加反对的态度。换句话说，无论是个人层面还是省级层面，人们经济条件越好，反而倾向于对西部大开发中的东西差距的判断是加大而不是缩小的，假设二认为那些人均GDP越高的省份的民众就越倾向于认为当地与东部地区的差距缩小了，然而结果显示恰好相反，因而假设二被证伪。同样，当我们考虑到个人层次的收入情况时，也存在这样的情况。这种结果似乎与相关利益者理论相悖。奇怪的是，当我们考虑十年来的西部十二省人均GDP增长速度时又出现了民众对东西差距变化的认知与其出现正相关。而从表1中，可以看到，人均GDP和十年来的人均GDP增长率这两个变量在次序上基本是重合的，因而就省级层面上的2010年人均GDP和西部大开发十年来的人均GDP增长速度这两个变量的分析结果就似乎是矛盾的。

一种可能较为合理的解释就是，当我们以个人社会经济地位的提高或省级人均GDP的快速增长为衡量利益满足的指标时，我们期望人们对东西差距的变化产生积极的认知。事实的确如此，因为利益的满足总是相对

而言的。实际上，这里的利益满足只是西部民众在和他们自己十年前的情
况相比，西部大开发十年改善西部社会和民众的生活环境的成果是有目共
睹的。当我们停留在现时的截面来考察民众的认知时发现，人们的态度又
完全是另一种情景。事实上，很有可能是人们所选择的时空上的参照群体
不一样，现时那些人均 GDP 较高的省份多数处在西部地区的东部边缘，
也就是这些省份紧挨着经济较好的中部省份甚至是东部较发达的省份区
域。尽管问卷中我们看不到对与东部比较的问题，但是我们可以设想，地
理空间的分布和经济发展差异，让那些处在西部地区东部边沿的省份更容
易和邻近的其他区域的省份产生对比，而更容易感知这种发展差距的存在
甚至扩大。因而收入较高者和来自人均 GDP 较高省份的民众，他们更加
清楚地意识到了与东部差距并认为西部大开发十年来并没有使这种差距
缩小。

第二，那些赞同东部的发展导致西部资源流失的民众更多地认为西部
大开发并没有使当地与东部之间的差距缩小，因而假设一得到证实。实际
上，民众对于东部发展导致了西部资源流失的认知和西部大开发中东西差
距变化的认知之间可能被建立起了一种内化的归因模式，尽管本研究没有
完整地证实，但事实证明，那些认为东部发展致使西部资源流失的民众更
倾向于认为西部大开发使东西差距变化缩小了，反之不认为东部发展使西
部资源流失的民众则更认为西部大开发之中东西差距变化是扩大了。也就
是说，在西部民众的思维里，存在这样一种逻辑，东部发展攫取了大量的
西部资源，本属于西部的资源却更多地被用在了东部发展上，而西部发展
只是利用了可怜的一点资源，所以西部大开发并没有缩小东西部的发展
差距。

第三，在意识形态方面，只有党员干部在问题的判断上表现出积极的
认知。虽然党员身份并没有让党员与非党员民众的对这种差距变化的认知
产生差异，但是党员干部这个群体则更倾向于认为西部大开发使当地与西
部的差距缩小了。假设四只在某种程度上得到证实。谢宇[①]认为中国传统
的政治意识形态助长了以业绩为基础的不平等，而这种业绩能促进民众的
集体福利。党员干部往往是政策的执行领导者，不管是先前的以牺牲西部

---

① 谢宇：《认识中国的不平等》，《社会》，2010 年第 3 期。

人的利益为代价发展东部，还是到现在提倡的东部反哺西部的口号，其中可能产生的不平等在党员干部眼中也不过是大局转好下的附带品，他们总是更倾向于相信西部大开发能促进改善西部人民的生活水平，在东部的帮助下，最终能实现党中央在西部大开发战略中的决策目标，忠实的党员干部对十年来西部大开发的绩效保持积极的态度。

第四，不同于汉族民众，少数民族的民众在对西部大开发中当地与东部地区的差距变化判断上更多倾向于扩大而不是缩小。一方面，正如很多研究所认为的那样，东西发展的不平等实际上是少数民族地区与汉族地区的不平等。另一方面，也让我们要警惕民族地区对西部大开发的不满情绪。

整体上看，仅四成的西部民众认为西部大开发十年来缩小了当地与东部地区的差距。本研究认为，利益（无论是个人层面还是省级层面）的实现并不会必然导致民众对地区发展不平等的积极认知，而只有在与十年前的比较中，利益的加强才会凸显出它对认知影响的积极作用，可见当与利益相连时，西部民众看待这种东西差距变化的问题上是复杂的，是矛盾的。

此外，这项研究结果表明，因个人层面的社会地位并没有变好和省级层面的资源流失而产生的剥夺感，正在影响人们对西部大开发的消极态度，西部大开发对西部地区产生的消极后果依旧是那么普遍甚至严重，人们对这一中央要求长期坚持的发展战略的消极认知会接着带来严重的消极情绪，这将对西部大开发战略的实施产生阻力。

从改革开放以来，"一部分地区和一部分人先富起来"的发展模式下我国各地经济增长就呈现了不平衡的态势，在总体经济高速增长的同时，一方面是东部沿海地区增长较快，另一方面则是内陆地区增长缓慢，而且其增长还有进一步不断分化的倾向。这种差异化将中国经济体推向了俱乐部趋异的发展空间。尽管近年来西部大开发战略试图缩小甚至抑制这种空间趋异发展，但事实上，获得较高增长速度的西部地区仍然因为起点的差异而继续被东部地区远远地甩在了后面。已经有近六成的西部民众意识到了这种发展差异的扩大趋势，而这种差异正被越来越多西部民众内化成西部大开发的结果之一，在他们的主观意识中，东部的发展仍是造成西部资源流失的主要原因，也就是说，西部大开发中对西部资源的开发并没有真正成为发展西部经济的资本，反而被送往东部发展了东部经济使东部获得了更高的发展。中国东部与西部这种发展关系使世界体系中中心和边陲国家的关系在中国体系中得到近乎完美般的复制。尤其从改革开放以来，中国在现代化的发展中就是一种以空间置换时间的"东部主义"的狭隘战略思维，东部和东部人的利益总是要优先于西部和西部人的利益，民众在很大程度上赞同东部的发展导致了西部资源流失，这种东部主义思维正逐渐为西部民众所认知。

福格尔和恩格尔曼用详细的数据证明，美国南方的奴隶制经济远比北方自由农场创造出了更高的利润①，因而从奴隶主的角度看这种奴隶经济制度是非常有效率的。相比而言，中国东部经济得到如此快速的发展，这种经济效率除了在改革开放中获得了大量的惠及东部发展的政策支持外，还很大程度上得益于来自西部的大量廉价劳动力的价值创造。东部对农民工的青睐无疑与美国奴隶制经济有相似之处，尽管后来美国北方的自由制经济战胜了南方的奴隶制经济，但对于没有自由经济土壤的中国来说，东部还将继续扮演"奴隶主"的角色剥削西部劳动力。

因而东部经济较高的发展效率是一种非人道的后果，因为它以牺牲西部地区和西部人民的利益为前提的，因而在这种发展模式下，我们不仅没有做到韦伯在《民族国家与经济政策》②中提出的利益共享来解决民族在长期的遗传中因适应能力而产生的差异，反而在遗传的差异中加强了"不成熟政治"所滋生的进一步差异。

当西部的能源源源不断地输往东部，西部民众离乡背井却无法享受同东部民众一样的生活权利，西部已经走向黑洞洞的未来，这种发展模式永无平等而言。只有那些被现代化外表迷惑的人们才会相信，在未来西部将和东部享受平等、幸福的生活。而通常，我们的政治经济学总是以不断提升民众普遍的幸福感为己任，这种庸俗的政治经济学观使得社会的目标可以被理解为促成人类生存的"愉悦的平衡"。

我们看到，政治家和经济学家们所做的努力并不能有效解决不平衡的

---

① Robert William Fogel, Stanley L. Engerman, Time on the cross: the Economics of American Negro slavery, *Boston: Little, Brown*, 1974.

② ［德］马克斯·韦伯：《民族国家与经济政策》，生活·读书·新知三联书店 1997 年版。

差异发展时，让处在发展不利地位上的西部民众对他们现时的经济利益并没有感到满足，尽管与过去的时光比他们是受益了，但在那所谓的"东部主义"的"利益政治"思维下，他们反而受到了更多的剥夺，一旦西部民众深信不疑地认为东部的发展造成了西部的资源流失而使东西发展差距越来越大（虽然本研究证实了持有东部发展导致西部资源流失的民众更倾向于认为东西差距扩大了），但二者之间是否存在因果关系还有待进一步证明，那种所谓的"愉悦的平衡"将不复存在，而他们对于现有的这种"不成熟政治"也会有越来越多的抱怨而产生更多的负面情绪，这将不利于西部地区乃至整个国家的政治和社会的稳定。

参考文献

阿图罗·埃斯科瓦尔:《遭遇发展——第三世界的形成与瓦解》,汪淳玉等译,叶敬忠译校,社会科学文献出版社 2011 年版。

安东尼·吉登斯:《社会的构成》,李康、李猛译,生活·读书·新知三联书店 1998 年版。

白永秀、岳莉萍、吴振磊:《西部大开发战略实施的绩效分析——基于主成分分析法的视角》,《科学管理》,2008 年第 5 期。

包晓霞:《贫困研究综述》,《开发研究》,1999 年第 4 期。

保健云:《邓小平区域发展思想研究》,《毛泽东思想研究》,2002 年第 3 期;《北京工业大学学报(社会科学版)》,2010 年第 2 期。

伯格、卢克曼:《现实的社会建构》,汪涌译,北京大学出版社 2009 年版。

布迪厄、华康德:《实践与反思》,李猛、李康译,中央编译出版社 1998 年版。

蔡昉、都阳:《中国地区经济增长的趋同与差异——对西部开发战略的启示》,《经济研究》,第 10 期。

蔡昉、都阳:《制度、趋同与人文发展——区域发展和西部开发战略思考》,中国人民大学出版社 2003 年版。

蔡昉、都阳:《中国地区经济增长的趋同与差异——对西部开发战略的启示》,《经济研究》,2000 年第 10 期。

蔡昉、王德文、都阳:《劳动力市场扭曲对区域差距的影响》,《中国社会科学》,2001 年第 2 期。

曹桂全:《中国地区差距变动的系统分析与地区政策选择》,《中国软科学》,2001 年第 12 期。

曾国安：《论中国居民收入差距的特点、成因及对策》，《中国地质大学学报》，2001 年第 12 期。

曾培炎：《西部大开发决策回顾》，中共党史出版社、新华出版社2010 年版。

陈东林：《三线建设：备战时期的西部开发》，中共中央党校出版社2003 年版。

陈涛：《中石油：老大是怎么当上的》，《南方周末》，2007 年第 20版。

陈文江、贾双跃：《权力知识视角下的西部特质》，《中国社会学年会论文集》，2011 年。

陈文江、杨延娜：《西部农村地区贫困代际传递的社会学研究》，《甘肃社会科学》，2010 年第 4 期。

陈文江、周亚平：《西部问题与"东部主义"》，《北京工业大学学报》，2010 年第 2 期。

陈耀：《国家中西部发展政策研究》，经济管理出版社 2000 年版。

陈春文：《资本魔方与逆境中的人类》，《科学·经济·社会》，2000年第 1 期。

陈文江、寇星亮：《西部社会学的价值取向与学术立场》，《2014 年 7月中国社会学年会"西部社会学"论坛论文集》，2014 年。

陈文江、周亚平：《西部问题与"东部主义"——一种基于"依附理论"的分析视角》，《北京工业大学报》，2010 年第 2 期。

陈文江、黄超：《"东部主义"的话语方式及其发展实践》，《2012 年7 月中国社会学年会"西部社会学"论坛论文集》，2012 年。

陈文江、贾双跃：《"权力知识"视角下的"西部特质"》，《"西部社会学：中国道路与西部模式"论坛论文集》，2011 年。

陈文江：《社会学的知识转向和西部社会学研究》，《"西部社会发展与西部社会学"论坛论文集》，2010 年。

陈文江、周亚平：《西部问题与"东部主义"》，《北京工业大学学报》，2010 年第 2 期。

陈文江、黄超：《国家视角下的西部大开发战略规划——基于国民经济和社会发展规划及西部大开发专项规划的分析》，《中国社会学年会

2011 年学术年会》，2011 年。

陈文江：《社会学的知识转向和西部社会学研究——兼论西部社会学研究的背景、领域和议题》，《2010 年 7 月中国社会学年会"西部社会学"论坛论文集》，2010 年。

陈文江、贾双跃：《"权力/知识"视角下的"西部特质"》，《2011 年 7 月中国社会学年会"西部社会学"论坛论文集》，2011 年。

陈文江、严学勤：《西部社会转型与发展社会学范式转换》，《探索与争鸣》，2013 年第 1 期。

陈英、陈新辉：《女性视界：女性主义哲学的兴起》，中国社会科学出版社 2012 年版。

陈文江、周亚平：《公众参与方式与社会转型中的"逆转型"现象——以 Y 市政府搬迁中的公众参与为例》，《北京工业大学学报》，2007 年第 5 期。

陈宗胜：《经济发展中的收入分配》，上海三联书店 1994 年版。

陈钺、汤秀莲：《西部大开发与东部沿海地区的发展关系及协调对策》，东北财经大学出版社 2005 年版。

陈勇：《中国能源与可持续发展》，科学出版社 2007 年版。

陈东林：《中国共产党领导的三次西部大开发》，《党史博览》，2011 年第 8 期。

陈安平、李国平：《中国地区增长的收敛性：大时间序列的经验研究》，《数量经济技术经济研究》，2004 年第 5 期。

陈俊：《社会认知理论的研究进展》，《社会心理科学》，2007 年第 89—90 期。

陈仲常、章翔、陈锡崐：《双视角下地区能源状况与经济增长关系研究》，《经济经纬》，2008 年第 3 期。

成伯清：《走出现代性——当代西方社会学理论的重新定向》，社会科学文献出版社 2006 年版。

单海鹏：《西部大开发：10 年绩效评价》，《兰州商学院学报》，2010 年第 2 期。

陈文江、周亚平：《北京工业大学学报》（社会科学版），2010 年第 2 期。

邓伟志：《社会学的春天》，《深圳特区报》，2012 年（B10）。

邓小平：《邓小平文选》（第三卷），人民出版社 1993 年版。

邓志涛：《共和国怎样对待西部》，《发展》，1996 年第 5 期。

邓志涛：《共和国怎样对待西部》，《经济管理研究》，1996 年第 2 期。

邓志涛：《怎样对待西部》，《经济研究参考》，1996 年第 2 期。

邓志涛：《解决东西部差距问题的思考》，《经济学动态》，1996 年第 5 期。

邓小平：《立足民族平等，加快西藏发展》，《邓小平文选（第 3 卷）》，人民出版社 1987 年版。

邓仕礼：《地区差距与西部的追赶速度》，《社会科学战线》，2004 年第 6 期。

丁湘城：《社会资本与农村社区发展：西部农村个案研究》，《湖南农业大学学报》，2009 年第 2 期。

董才生：《经济学、社会学研究路径之比较》，《社会科学家》，2001 年第 3 期。

范伟达、范冰：《社会调查研究方法》，复旦大学出版社 2010 年版。

范剑勇、朱国林：《中国地区差距演变及其结构分解》，《管理世界》，2002 年第 7 期。

方熙中：《"五点三三类工资区"的来龙去脉》，《中国劳动》，1991 年第 4 期。

方颖、纪衎、赵扬：《中国是否存在"资源诅咒"》，《世界经济》，2011 年第 4 期。

冯静：《民族主义、现代化与国家——中国现代化道路的诠释与反思》，《西南大学学报》（人文社会科学版），2007 年第 1 期。

冯永宽主编：国家社会科学基金西部项目（04XJL018）研究成果，《西部贫困地区发展路径研究》，四川大学出版社 2010 年版。

聂振邦主编，中国资源信息编撰委员会编：《中国资源信息》，中国环境科学出版社 2000 年版。

傅美蓉：《社会性别、再现与女性的他者地位》，《妇女研究论丛》，2010 年第 3 期。

高小波：《浅论布迪厄的反思社会学》，《世纪桥》，2014 年第 11 期。

高永祥：《资源诅咒与经济发展门槛——基于我国省际面板数据的经验分析》，《电子科技大学学报》，2011 年第 1 期。

高小寒：《西部大开发绩效评价与研究》，《科学咨询（决策管理）》，2008 年第 3 期。

葛卉：《话语权力理论与 90 年代后中国文论的转型》，华东师范大学博士学位论文 2007 年。

葛新蓉：《俄罗斯区域经济政策与东部地区经济发展的实证研究》，黑龙江博士学位论文《乌拉尔经济区_ 俄罗斯留学_ 新浪博客》2009 年，http：//blog. sina. com. cn/s/blog_ 53f9Ccd6010003r8. ht. . . 。

耿庆武：《中国不平衡经济发展》，社会科学文献出版社 2005 年版。

龚绍林：《邓小平"两个大局"战略构想与中国现代化》，《南昌大学学报（人社版）》，2000 年第 4 期。

国家发改委，《西部大开发十一五规划》，http：//wenku. baidu. com/view/5bd677d97f1922791688e8c8. html。

谷亚光：《是梯度发展理论失灵还是政策调整没到位》，《中国改革报》，2005 年第 005 版。

顾仲阳：《扶贫协作增强西部"造血"能力》，《人民日报》，2006 年。

官锡强：《基于"荷兰病"效应与"资源诅咒"的桂西新型工业化路径选择》，《学术论坛》，2012 年第 12 期。

郭虹：《城乡统筹与农民工的城市融入》，《社会科学研究》，2011 年第 6 期。

郭忠庆：《从"开发西部讲习大纲"看中国历史上的西部大开发》，《发展》，2010 年第 11 期。

何光喜：《西部农业科技：恶劣的自然条件，粗放的生产方式》，《科技中国》，2005 年第 11 期。

何艳、张芬：《我国地区投资差距：基于泰尔指数的分析》，《兰州商学院学报》，2006 年第 6 期。

赫克托：《内部殖民主义：1536—1966 年不列颠民族发展中的凯尔特边缘地区》，1975 年。

亨利·列斐伏尔：《空间：社会产物与使用价值》，王志弘译；包亚明：《现代性与空间的生产》，上海教育出版社 2003 年版。

洪大用：《当代中国环境公平问题的三种表现》，《江苏社会科学》，2011 年第 3 期。

胡东莉：《新中国三代领导人关于西部开发战略思想与实践的比较研究》，河南大学硕士学位论文 2007 年。

胡锦涛：《纪念党的十一届三中全会召开 30 周年大会上的讲话》，新华网 2008 年。

胡佛（Hoover. E. M）：《区域经济学导论》，商务印书馆 1990 年版。

胡援成、肖德勇：《经济发展门槛与自然资源诅咒——基于我国省际层面的面板数据实证研究》，《管理世界》，2007 年第 4 期。

怀默霆：《中国民众如何看待当前的社会不平等》，《社会》，2009 年第 1 期。

奂平清：《"理论自觉"与中国社会学的发展——以郑杭生及其社会运行学派为例》，《西北师大学报》（社会科学版），2012 年第 3 期。

黄新原：《1956 年的定级》，《湖北档案》，2004 年第 11 期。

黄超：《我国学者西部社会研究的取向和主要议题》，《中国社会学年会 2010 年学术年会论文集》，2010 年。

黄超：《"东部主义"的话语方式及其发展实践》，《2012 年 7 月中国社会学年会"西部社会学"论坛论文集》，2012 年。

贾双跃：《被建构的西部：西部话语的建构性及其建构逻辑》，兰州大学硕士研究生学位论文，2012 年。

贾双跃：《社会学东部主义与西部社会学的实践：基于反思性视角的分析》，《2012 年 7 月中国社会学年会"西部社会学"论坛论文集》，2012 年。

贾双跃：《被建构的西部：西部话语的建构性及其建构逻辑》，兰州大学硕士学位论文，2012 年。

贾双跃：《被建构的西部：西部话语的建构性及其建构逻辑》，兰州大学社会学硕士学位论文，2012 年。

江时学：《"内部殖民主义论"概述》，《国外理论动态》，1993 年第 15 期。

江红英：《邓小平区域非均衡发展战略的产生及实践》，《西南交通大学学报（社会科学版）》，2004 年第 3 期。

姜汝祥：《综述：中国西部发展研究 1980—1990》，《开发研究》，1993 年第 1 期。

蒋介石：《开发西北的方针》，《中央周刊》，1943 年第 27 期，转自张海鹏、陈育宁主编《中国历史上的西部开发》，商务印书馆 2007 年版。

蒋志永：《国际收入不平等变化的中国因素分析——基于控制人口因素的方法》，《经济研究》，2005 年第 11 期。

杰夫瑞·亚历山大：《世纪末社会理论》，张旅平等译，上海人民出版社 2003 年版。

金国轩：《中国区域发展差距原因剖析——基于政治经济学视角的解释》，《经济论坛》，2011 年第 7 期。

景天魁、邓万春：《发展社会学的时空视角》，《甘肃行政学院学报》，2009 年第 6 期。

凯蒂·加德纳、大卫·刘易斯：《人类学、发展与后现代挑战》，张有春译，中国人民大学出版社 2009 年版。

科瑟：《社会学思想名家》，石人译，中国社会科学出版社 1990 年版。

寇星亮：《长庆油田机关搬迁事件的社会学分析》，兰州大学社会学硕士研究生学位论文，2013 年。

李纲主编：《2010 中国地区经济监测报告》，中国统计出版社 2010 年版。

李富春：《关于发展国民经济的第一个五年计划的报告》，《人民日报》，1955 年。

李含琳：《西部开发政策》，甘肃人民出版社 2000 年版。

李浩：《上海三线建设动员工作研究》，华东师范大学硕士论文，2010 年。

李格：《略论建国初期大行政区的建立》，《党的文献》，1998 年第 5 期。

李晓霞：《试析维吾尔民众的国家认同、民族认同与宗教认同》，《北方民族大学学报》，2009 年第 6 期。

李小云等：《中国农村贫困状况报告》，《中国农业大学学报》，2004

年第 1 期。

李周：《西部大开发与中国的发展》，载于郑易生主编《中国西部减贫与可持续发展》，社会科学文献出版社 2008 年版。

李宗植、魏立桥、毛生武：《中西部地区发展模式及政策研究》，甘肃人民出版社 1999 年版。

李实：《中国个人收入分配研究回顾与展望》，《经济学》（季刊），2003 年第 2 期。

李有发：《西部社会学：社会学理论本土化的研究范式》，《2013 年 7 月中国社会学年会"西部社会学"论坛论文集》，2013 年。

李杰：《影响西部社会和谐的主要矛盾及原因分析》，《西南民族大学学报》（人文社科版），2011 年第 11 期。

李少惠：《民族传统文化与公共文化建设的互动机理——基于甘南藏区的分析》，《西南民族大学学报》（人文社科版），2013 年第 9 期。

李实、赵人伟：《中国居民收入分配再研究》，《经济研究》，1999 年第 3 期。

李双菊：《改革，市场化与中国地区差距的实证研究》，《山西财经大学学报》，2006 年第 2 期。

李春玲：《中国社会分层与生活方式的新趋势》，《科学社会主义》，2004 年第 1 期。

李静、郭永玉：《如何破解中国的"幸福悖论"》，《华中师范大学学报》，2011 年第 6 期，第 15 页。

李元、鹿心社主编：《国土资源与经济布局——国土资源开发利用 50 年》，地质出版社 1999 年版。

李路路、唐丽娜、秦广强：《患不均，更患不公——转型期的"公平感"与"冲突感"》，《中国人民大学学报》，2012 年第 4 期。

理查德·威尔金森、凯特·皮克特：《不平等的痛苦：收入差距如何导致社会问题》，安鹏译，新华出版社 2010 年版。

林凌、刘世庆：《西部大开发的进展、经验与前景》，载于郑易生主编《中国西部减贫与可持续发展》，社会科学文献出版社 2008 年版。

林毅夫、刘培林：《中国的经济发展战略与地区收入差距》，《经济研究》，2003 年第 3 期。

林凌：《区域经济发展中的东西部关系问题》，《重庆工商大学学报（西部论坛）》，2004 年第 4 期。

林毅夫、陈斌开：《重工业优先发展战略与城乡消费不平等——来自中国的证据》，《浙江社会科学》，2009 年第 4 期。

林毅夫、蔡昉、李周：《中国的奇迹：发展战略与经济改革》，上海三联书店 1994 年版。

刘杰森：《浅析我国西部地区城市化的发展动力》，《社会学研究》，2001 年第 6 期。

刘敏：《中国少数民族地区社会发展特征与转型》，《社会学研究》，1994 年第 1 期。

刘乃寅：《何以西北：国史上西北情结的渊源》，载于张海鹏、陈育宁主编《中国历史上的西部开发》，商务印书馆 2007 年版。

刘萍：《民国时期的西部开发》，《中国报道》，2009 年第 12 期。

刘胜强、周兵：《中国区域经济发展差距研究综述》，《经济问题》，2008 年第 1 期。

刘丰泉：《关于"梯度推移"理论讨论情况综述》，《探索与争鸣》，1986 年第 2 期。

刘岩红、王晶：《论西部教育现状及其应对措施》，《科协论坛》，2009 年第 8 期。

刘志明：《依附论和世界体系论述评》，《开放导报》，2010 年第 148 期。

刘云杉：《告别巴别塔：走入世界的中国社会科学》，《北京大学教育评论》，2011 年第 2 期。

刘慧：《区域差异测度方法与评价》，《地理研究》，2006 年第 4 期。

刘生龙、王亚华、胡鞍钢：《西部大开发成效与中国区域经济收敛》，《经济研究》，2009 年第 9 期。

刘再兴：《中国区域经济：数量分析与对比研究》，中国物价出版社 1993 年版。

刘萍、王沛、胡林成：《社会信息加工理论研究新进展——社会认知理论介评》，《社会心理科学》，2001 年第 62 期。

卢丽春、李延国：《中国区域经济发展差距研究综述》，《上海财经大学学报》第 8 卷，2006 年第 2 期。

陆学艺：《社会学的春天和社会学家的任务》，《北京社会科学》，2009 年第 5 期。

陆学艺：《社会建设就是建设社会现代化》，《社会学研究》，2011 年第 4 期。

陆铭、陈钊：《城市化，城市倾向的经济政策与城乡收入差距》，《经济研究》，2004 年第 3 期。

罗道捞：《光荣的任务——到西北区》，《江西中医药》，1953 年第 2 期。

马敏：《西部开发的历史审视》，湖北人民出版社 2001 年版。

马戎：《关于当前中国城市民族关系的几点思考》，《西北民族研究》，2009 年第 1 期。

马戎、旦增伦珠：《拉萨市流动人口调查报告》，《西北民族研究》，2006 年第 4 期。

马戎、马雪峰：《西部六城市流动人口综合调查报告》，《西北民族研究》，2007 年第 3 期。

马戎、王晓丽、方君雄、韩亚萍：《新疆乌鲁木齐市流动人口的结构特征与就业状况》，《西北民族研究》，2005 年第 3 期。

马寿荣：《都市回族社区的文化变迁》，《回族研究》，第 4 期。

马缨：《社会经济条件：影响西部居民健康的重要因素》，《科技中国》，2005 年第 11 期。

马戎：《民族社会学——社会学的族群关系研究》，北京大学出版社 2004 年版。

马克思：《1857—1858 年经济学手稿（前半部分）》，载《马克思恩格斯全集》（第三十卷），人民出版社 1995 年版。

马晓河：《对低收入者和高收入者之间的收入不平等程度分析》，《管理世界》，2003 年第 9 期。

马晓京：《西部地区民族旅游开发与民族文化保护》，《旅游学刊》，2000 年第 5 期。

孟琳琳、包智明：生态移民研究综述，《中央民族大学学报》，2004 年第 6 期。

米歇尔·福柯：《不同空间的正文与上下文》；包亚明：《后现代性与地理学的政治》，上海教育出版社 2001 年版。

米歇尔·福柯：《空间、知识、权力——福柯访谈录》；包亚明：《后现代性与地理学的政治》，上海教育出版社 2001 年版。

米尔斯：《社会学的想象力》，张强、陈永强译，生活·读书·新知三联书店 2001 年版。

聂振邦主编，中国资源信息编撰委员会编：《中国资源信息》，中国环境科学出版社 2000 年版。

潘泽泉：《当代社会学理论的社会空间转向——当代社会发展理论研究历程回顾与创新》，《江苏社会科学》，2013 年第 1 期。

潘文卿：《中国区域经济差异与收敛》，《中国社会科学》，2010 年第 1 期。

彭文斌、刘友金：《我国东中西三大区域经济差距的时空演变特征》，《经济地理》，2010 年第 4 期。

齐美尔：《社会学——关于社会化形式的研究》，林荣远译，华夏出版社 2002 年版。

綦尤礼、高敬海：《略论我国经济次发达地区的发展道路》，《江西社会科学》，1986 年第 3 期。

钱宁：《贫困文化与西部的贫困问题》，《北京青年政治学院学报》，1999 年第 2 期。

钱宁：《寻求现代知识与传统知识之间的平衡：少数民族农村社区发展中的文化教育问题》，《云南社会科学》，2008 年第 1 期。

强世功：《陕北故事和科斯定理》，《读书》，2001 年第 8 期。

乔治·阿克诺夫、保罗·罗默著，吴敬琏编：《所有者掠夺：以破产牟利的经济黑幕活动》，《比较》，2004 年第 15 期。

秦晖、王蕾：《解读中国奇迹——改革三十年回顾》，《时代教育》，2008 年第 8 期。

清华课题组：《"中等收入陷阱"还是"转型陷阱"》，《开放时代》，2013 年第 3 期。

邱扶东、李凌：《社会认知经典研究述评》，《宁波大学学报（人文科学版）》，2004 年。

曲兆鹏、赵忠：《老龄化对我国农村消费和收入不平等的影响》，《经济研究》，2008 年第 12 期。

饶会林：《城市经济学》，东北财经大学出版社 1999 年版。

任建军、阳国梁：《中国区域经济发展差异及其成因分析》，《经济地理》，2010 年第 5 期。

赛义德：《东方学》，王宇根译，生活·读书·新知三联书店 1999 年版。

邵帅、齐中英：《西部地区的能源开发与经济增长——基于"资源诅咒"假说的实证分析》，《经济研究》，2008 年第 4 期。

沈澄如：《每个青年人都有美好的理想》，《人民日报》，1954 年。

沈坤荣、马俊：《中国经济增长的"俱乐部收敛"特征及其成因研究》，《经济研究》，2002 年第 1 期。

施戌杰：《改革开放三十年我国区域发展模式的选择逻辑——一个马克思经济学的解释》，《理论建设》，2012 年第 1 期。

石壁华：《我国非均衡区域发展战略理论述评》，《淮北煤炭师院学报》（社会科学版），1998 年第 4 期。

石丹、李涛：《浙江省高校教师工资收入影响因素分析》，《经济论坛》，2012 年第 7 期。

帅建强：《邓小平区域经济发展思想的形成及影响》，《今日湖北（理论版）》，2007 年第 2 期。

双宝：《内蒙古青年打工群体生存状况调查与研究》，《内蒙古民族大学学报》，2009 年第 2 期。

宋岭、魏秀丽：《中国经济区域划分综述》，《新疆财经》，2000 年第 2 期。

孙建丽：《西部城市化基本特征分析》，《中国人口、资源与环境》，2000 年第 4 期。

孙立平：《121 文件陕北油田之争》，《经济观察报》，2005 年。

孙立平：《断裂——九十年代中国社会结构发展新趋势》，社会科学文献出版社 2003 年版。

孙立平：《"中等收入陷阱"还是"转型陷阱"》，《清华大学凯风研究院社会进步研究所清华大学社会学系社会发展研究课题组研究报告》，

2012 年。

覃成林：《中国区域经济增长趋同与分异研究》，《人文地理》，2004 年第 3 期。

陶东风：《社会科学的反思性》，《开放时代》，1999 年第 4 期。

童大林：《研究以大城市为中心的城市经济区发展方案》，载于李忠凡主编《城市与经济区》，福建人民出版社 1984 年版。

汪三贵、李周、任燕顺：《中国的"八七扶贫攻坚计划"：国家战略及其影响》，上海扶贫大会会议论文 2004 年。

汪圣云：《论邓小平"两个大局"战略思想的内涵及其意义》，《求实》，2010 年第 10 期。

王春光：《社会公共空间与西部农村的发展》，《贵州财经学院学报》，2003 年第 2 期。

王培智：《社会制度》，《理论学刊》，1986 年第 1 期。

王庭科：《三线建设在西部开发中的得与失》，载于张海鹏、陈育宁主编《中国历史上的西部大开发》，商务印书馆 2007 年版。

王彦斌：《论少数民族地区的社会秩序转型》，《中南民族学院学报》，1998 年第 2 期。

王彦斌：《滇池环境保护中的个人态度与行为》，《云南社会科学》，2002 年第 1 期。

王梅君：《"自考生"身份构建的话语研究》，《浙江师范大学学报（社会科学版）》，2010 年第 4 期。

王娟：《青海省"三线"建设述评》，西北师范大学硕士学位论文 2013 年。

王小强，白南风：《富饶的贫困》，四川人民出版社 1986 年版。

王冠丽：《政策研究就是构筑政策环境——专访 MEDOW 项目顾问列宁》，《科技中国》，2005 年第 11 期。

王庆明：《社会学的社会学：从反思性到自主性》，《晋阳学刊》，2008 年第 4 期。

王崇举、黄志亮：《东西部开发比较研究及西部大开发战略抉择》，重庆出版社 2003 年版。

王怀强：《保安族公民政治社会化问题研究——以"保安三庄"梅坡

村为例》，西北师范大学硕士学位论文 2008 年。

王蓓：《现代化理论与依附理论的比较分析》，《青岛大学师范学院学报》，2004 年第 3 期。

王小鲁：《农村工业化对经济增长的贡献》，《改革》，1999 年第 6 期。

王小鲁、樊纲：《中国地区差距的变动趋势和影响因素》，《经济研究》，2004 年第 1 期。

王小强、白南风：《富饶的贫困——中国落后地区的经济考察》，四川人民出版社 1996 年版。

王利娟：《群体性事件产生的社会机制探析》，《长春师范学院学报》（人文社会科学版），2013 年第 1 期。

威廉·乌斯怀特等：《大转型的社会理论》，吕鹏等译，北京大学出版社 2011 年版。

魏后凯：《东中西部关系与我国区域经济发展》，《管理世界》，1989 年第 4 期。

魏后凯：《论我国区际收入差异的变动格局》，《经济研究》，1992 年第 4 期。

魏后凯：《中国地区经济增长及其收敛性》，《中国工业经济》，1997 年第 3 期。

魏后凯、蔡翼飞：《西部大开发的成效与展望》，《中国发展观察》，2009 年第 10 期。

温振英、徐金华：《从 1956 年工资改革管窥建国初期的分配思想》，《企业经济》，2006 年第 7 期。

温家宝：《开拓创新，扎实工作，不断开创西部大开发的新局面》，《人民日报》，2005 年。

文军：《反思社会学与社会学的反思》，《社会科学研究》，2003 年第 1 期。

文军：《何为"社会学理论"与"社会学理论"为何——兼论中国社会学理论研究的现状及反思》，《湖南师范大学社会科学学报》，2007 年第 1 期。

闻翔：《社会学的公共关怀和道德担当——评介麦克·布洛维的〈公

共社会学〉》，《社会学研究》，2008 年第 1 期。

沃勒斯坦：《现代世界体系》，罗荣渠译，高等教育出版社 1998 年版。

吴猛：《福柯话语理论探要》，复旦大学博士论文 2003 年。

吴启权：《中共三代领导集体与西部大开发》，《毛泽东思想研究》，2002 年第 2 期。

吴映珍：《西北地区生态环境恶化引发的生态伦理问题之思考》，《甘肃农业》，2005 年第 10 期。

吴小英：《社会学危机的涵义》，《社会学研究》，1999 年第 1 期。

武文军：《甘肃干部"土"的表现特征及其产生的原因》，《兰州学刊》，1986 年第 5 期。

西部大开发新开工 18 项重点工程投资总规模为 4689 亿元，新华网 2009 年。

向书坚：《全国居民收入分配基尼系数的测算与回归分析》，《财经理论与实践》，1998 年第 1 期。

谢卫群、魏贺、胡洪江：《西部：大开发大发展》，《人民日报》，2009 年。

谢立中：《多元话语分析：社会分析模式的新尝试》，《社会》，2010 年第 2 期。

谢宇：《认识中国的不平等》，《社会》，2010 年第 3 期。

徐宽：《基尼系数五十年》，《经济学》（季刊），2003 年第 4 期。

徐文华：《中国近代民族工业的发展和反帝救国运动——兼谈民族工业发展的分期》，《淮阴师专学报》（社会科学版），1984 年第 1 期。

徐舒：《技术进步，教育收益与收入不平等》，《经济研究》，2010 年第 9 期。

徐康宁、王剑：《自然资源丰裕程度与经济发展水平关系的研究》，《经济研究》，2006 年第 1 期。

许振明：《甘肃省城市农民工社会保障问题的现实思考》，《开发研究》，2008 年第 6 期。

许宝强、汪晖选编：《邓小平文选》（第二卷），人民出版社 1994 年版。

许召元、李善同：《近年来中国地区差距的变化趋势》，《经济研究》，2006 年第 7 期。

薛泽洲：《中国中部地区现代化发展战略研究》，中共中央党校博士学位论文 2004 年。

杨柏：《我国归类划分东中西部经济区已不适应发展要求》，《贵州财经学院学报》，2004 年第 4 期。

杨胜坤：《贵州农村贫困研究》，《社会学研究》，1990 年第 6 期。

杨勇先：《西部固定资产投资情况分析》，《西部大开发》，2002 年第 6 期。

杨敏：《邓小平区域发展理论的社会学理解》，《新视野》，2002 年第 4 期。

杨菊华：《数据管理与模型分析：STATA 软件应用》，中国人民大学出版社 2012 年版。

杨俊、张宗益：《中国经济发展中的收入分配及库兹涅茨倒"U"假设再探讨》，《数量经济技术经济研究》，2003 年第 2 期。

杨伟民：《地区间收入差距变动的实证分析》，《经济研究》，1992 年第 1 期。

姚枝仲、周素芳：《劳动力流动与地区差距》，《世界经济》，2003 年第 4 期。

姚予龙、周洪、谷树忠：《中国资源诅咒的区域差异及其驱动力分析》，《资源科学》，2011 年第 1 期。

叶敬忠、孙睿昕：《发展主义研究评述》，《中国农业大学学报》（社会科学版），2012 年第 2 期。

营志翔：《民族优惠政策与民族意识》，《中南民族大学学报》，2008 年第 1 期。

于瑞祥等：《中国西部自然资源竞争力评估研究》，中国地质大学出版社 2006 年版。

袁朱：《我国主体功能区划相关基础研究的理论综述》，《开发研究》，2007 年第 2 期。

翟学伟：《中国人的大公平观》，《社会》，2010 年第 5 期。

张琢：《发展理论与中国现代化研究述评》，《社会学研究》，1986 年第 6 期。

张晓霞：《中国高层智囊》，京华出版社 2000 年版。

张卓元主编：《中国经济学 30 年》，中国社会科学出版社 2008 年版。

张继良：《开放条件下中国经济区域划分的演变》，《南京财经大学学报》，2007 年第 3 期。

张敦富、覃成林：《中国区域经济差异与协调发展》，中国轻工业出版社 2001 年版。

张海东：《城市居民对社会不平等现象的态度研究——以长春市调查为例》，《社会学研究》，2004 年第 6 期。

张志强、徐中民、程国栋、陈东景：《中国西部 12 省（区市）的生态足迹》，《地理学报》，第 9 期。

张忠俊、余敬：《矿产资源可持续发展指标体系和方法局限性分析》，《中国矿业》，2009 年第 9 期。

赵延东、邓大胜：《西部教育：任重而道远》，《科技中国》，2005 年第 11 期。

赵旭东：《超越社会学既有传统——对费孝通晚年社会学方法论思考的再思考》，《中国社会科学》，2010 年第 6 期。

赵延东、邓大胜：《西部教育：任重而道远》，《科技中国》，2005 年第 11 期。

郑杭生：《"理论自觉"与中国风格社会科学：以中国社会学为例》，《江苏社会科学》，2012 年第 6 期。

郑杭生：《当今社会学要做好三门功课》，《人民日报》，2014 年。

郑杭生：《中国社会学不能在西方的笼子里跳舞》，《中国社会科学网》，2011 年。

郑丹丹：《女性主义研究方法解析》，社会科学文献出版社 2011 年版。

郑杭生：《破除"边陲思维"》，《北京日报》，2013 年。

郑杭生：《促进中国社会学的"理论自觉"——我们需要什么样的社会学》，《江苏社会科学》，2009 年第 5 期。

郑震：《空间：一个社会学的概念》，《社会学研究》，2010 年第 5 期。

中共中央文献研究室编：《关于第三个五年计划安排情况的汇报提纲（草稿）》，《建国以来重要文献选编（第二十册）》，中央文献出版社 1998 年版。

中共中央文献研究室编：《中共中央、国务院关于西南三线建设体制问题的决定》，《建国以来重要文献选编（第二十册）》，中央文献出版社 1998 年版。

中国西部开发网，《扶贫始终把西部作为主战场——访扶贫办主任范小建》

中共中央文献研究室，《邓小平思想年谱》（1975—1997），中央文献出版社 1998 年版。

中国统计年鉴 2010 年，http：//www. stats. gov. cn/tjsj/ndsj/2010/indexce. htm。

中国石油天然气股份有限公司，《2006 社会责任报告》，http：//wenku. baidu. co/view/bf99b14ffe4733687e21aa83. html。

中国政府网，《中华人民共和国国民经济和社会发展第七个五年计划（摘要）》，http：//www. sdpc. gov. cn/fzgh/ghwb/gjjh/W020050715581805921895. pdf。

中国政府网，《中华人民共和国国民经济和社会发展第十二个五年计划纲要》，http：//www. gov. cn/20111h/content_ 1825838. htm。

中华人民共和国商务部网 ［EB/OL］. http//www. mofcom. org. hk/article/200309/20030900130437_ 1. xml。

中国统计年鉴 2011 年，http：//www. stats. gov. cn/tjsj/ndsj/2011/indexch. htm。

钟瑶奇：《农民工群体生活状态与态度研究：基于重庆的调查分析》，《西部论坛》，2010 年第 4 期。

周恩来：《周恩来总理在国务院召开的交大迁校会议上的讲话》1995 年，载于凌安谷等编著《西安交通大学内迁西安史实》，西安交通大学出版社。

周凡：《西部地区发展与西部话语建构——西部地方政府对西部话语的建构逻辑分析》，兰州大学硕士研究生学位论文，2015 年。

周穗明：《西方新发展主义理论述评》，《国外社会科学》，2003 年第

5 期。

周富强：《高等教育组织与高深知识的环境：学术场域——读皮埃尔·布尔迪厄的〈科学的社会用途〉》，2007 年第 4 期。

周亚平：《对中国社会经济改革进程中收入不平等的认知：一个同期群组的分析》，《兰州大学学报》，2012 年第 7 期。

周凡：《西部地区性别收入差异现状及其影响因素探究》，《菏泽学院学报》，2014 年第 4 期。

朱厚泽：《西部的困局与开发：历史成因与现实图景》，《科技导报》，1996 年第 7 期。

朱剑红：《统计局首次发布十年基尼系数略高于世行计算的数据》，《人民日报》，2013 年第 1 期。

邹东涛：《什么粘住了西部腾飞的翅膀》，中国经济出版社 2000 年版。

《中华人民共和国国民经济和社会发展第七个五年计划》，人民出版社 1986 年版。

《陕西副省长批西气东输等四大工程：像抽水机拉大东西差距》，《时代周报》，2010 年。

［德］马克斯·韦伯：《民族国家与经济政策》，生活·读书·新知三联书店 1997 年版。

中央党校经济研究中心课题组：《西部大开发的经济学思考》，《经济研究》，2000 年第 6 期。

《中国现代化网_ 百度文库》http：//wenku. baidu. com/view/3fd50462a98271fe910ef9...。

《第十三讲：社会现代化 .ppt》，http：//www. docin. com/p—464204248. html。

《你从哪里来，发展社会学？_ 蝴蝶飞呀_ 新浪博客》，http：//blog. sina. com. cn/s/blog_ 4abcb700010008ua. ht...。

《初学发展社会学》，http：//www. docin. com/p—700614034. html.

J. 厄里：《关于时间与空间的社会学》；特纳主编：《社会理论指南》，李康译，上海人民出版社 2003 年版。

［美］乔森纳·特纳：《社会学理论的结构》，邱泽奇等译，华夏出版

社 2001 年版。

　　[英] 安东尼·吉登斯:《社会的构成——结构化理论大纲》,李康、李猛译,生活·读书·新知三联书店 1998 年版。

　　Connel 认为社会学事实上被西方话语为主的"北方理论"所统治,因此从澳大利亚的本土知识入手提出"南方理论"。Raewyn Connell, 2008, *Southern Theory: The global dynamics of knowledge in social science*, Allen & Unwin。

　　Alao, A, 2007, *Natural Resources and Conflict in Africa: The Tragedy of Endowment*, USA: University of Rochester Press; Idemudia, U, 2009, The Quest for the Effective Use of Natural Resource Revenue in Africa: Beyond Transparency and the Need for Compatible Cultural Democracy in Nigeria, *Africa Today* (2); Ackah – Baidoo, 2012, A Enclave Development and "Offshore Corporate Social Responsibility": Implication for Oil – rich Sub – Saharan Africa, *Resource Policy* (2); Bravo – Ortega, C. and J. De – gregorio, 2007, The Relative Richness of the Poor? Natural resources, Human Capitaland Economic Growth, In D. Lederman and W. F. Maloney (Eds.), Natural Resources: Neither Curse nor Destiny.

　　Alberto Abadie, J. Gardeazabal, The Economic Costs of Conflict: A case Study of the Basque Country, *American Economic Review*, (93), 2003.

　　Alberto Abadie, J. Gardeazabal, The Economic Costs of Conflict: a Case Study of the Basque Country, *American Economic Review*, 2003.

　　Alderson, Arthur S. and Francois Nielsen, Globalization and the great Uturn: Income inequality trends in 16 OECD countries, *American Journal of Sociology*, 107 (5), 2001.

　　Alexeev, M. and R. Conrand, The Elusive Curse of Oil. *The Review of Economics and statistics*; Brunnschweiler, C. N. and Bulte, E. H, 2008, The Resource Curse Revisited and Revised: A Tale of Paradoxes and Red Herrings, *Journal of Environmental Economics and Management*, 2009, 55 (3); an Der Ploeg, F. and Poelhekke, S, Volatility and the Natural Resource curse, *Oxford Economic Papers*, 2009.

　　Alex James, David Aadland, The Curse of Natural Resources: An Empirical Investigation of US Counties, *Resource and Energy Economics*, 33（2），2001.

Alvin Gouldner, The Coming Crisis of Western Sociology, New York：Avon Books Peter Berge, 2002, pp. 27—29, 1970.

Arman Mansoorian, Resource Discoveries and Excessive' External Borrowing, *Economic Journal*, 101（409），1991.

Auty, R. M. , *Sustaining Development in Mineral Economies：The Resource Curse Thesis*, Routledge, 1993.

Auty, R. M. , *Resource Abundance and Economic Development*, Oxford：Oxford University Press, 2001.

Beck, U, Risikogesellschaft. Auf dem Weg in eine andere Moderne, *Frankfurt am Main：Suhrkamp*, 1986.

Resource Curse, *The B. E. Journal of Economic Analysis&Policy*, 8（1）（Contributions），2008.

Brunnschweiler, C. , Oil and Growth in Transition Countries. CER – ETH, Zurich, *OxCarre Research Paper* 29, 2009.

Bulte, E. H. and Damania, R, Resources for Sale：Corruption, Democracy and the Natural.

Boschini, A, Pettersson, J, & Roine, J, Resource Curse or not：A Auestion of Appropriability, Scandinavian Journal of Economics, （3），2007.

Chen, Anping, Reducing China's regional disparities：Is there a growth cost?, *China Economic Review*, 21（1），2010.

Christa N. Brunnschweiler, Erwin H. Bulte, The Resource Curse Revisited and Revised：A Tale of Paradoxes and Red Herrings, *Journal of Environmental Economics and Management*55（3），2008；Michael Alexeev, Robert Conrad, The Elusive Curse of Oil, *Review of Economics and Statistics*, MIT Press91（3），2009.

Cowell, Frank A, Measurement of inequality, *Handbook of income distribution*, 1（1），2000.

Cyba, E. Geschlecht and soziale Ungleichheit, Konstellationen der Frauenbenachteiligung, *Opladen：Leske und Budrich*, 2000.

Deininger, Squire, Klaus Deininger, Lyn Squire, New ways of looking at old issues: inequality and growth, *Journal of Development Economics*, 1998.

Demurger, Sylvie, Infrastructure development and economic growth: an explanation for regional disparities in China?, *Journal of Comparative Economics*, 29 (1), 2001.

Deaton, B. J. and E. Niman, An Empirical Examination of the Relationship between Mining Employment and Poverty in the Appalachian Region, *Applied Economics* (44), 2012; James, A. and D. Aadland, The Curse of Natural Resources: An Empirical Investigation of U. S. Counties. *Resource and Energy Economics* (2), 2011.

Ellu, Different Cohorts and Evaluation of Income Differences in Estonia, *International Sociology*, 2008.

Executive Yuan, Report on the Survey of Personal Income Distribution in Taiwan Area of the Republic of China, *Taiwan: China Republic*, 1977.

Fleisher, Belton M. and Jian Chen, The Coast noncoast Income Gap, roductivity and Regional Economic Policy in China, *Journal of Comparative Economics*, 25 (2), 1997.

Fu, Xiaolan, Limited linkages from growth engines and regional disparities in China, *Journal of Comparative Economics*, 32 (1), 2004.

Friedrichs, P. Klasse andGeschlecht 1, Arbeit. Macht. Anerkennung. Interesse, *Opladen: Leske und Budrich*, 1977.

Georg Simmel, Simmel on Culture, edited by David Frisby and Mike Featherstone, Nottingham Trent University, 1997.

Gerhard Lenski, *Power and Privilege: A Theory of Social Stratification*, University of North Carolina Press, Chapel Hill, NC, 1984.

Gouldner, Alvin, *The Coming Crisis of Western Sociology*, New York: Basic Books, 1970.

Gustafsson, Björn and Mats Johansson, In search of smoking guns: What makes income inequality vary over time in different countries?, *American Sociological Review*, 64 (4), 1999.

Glenn Firebaugh, *The new geography of income distribution in the world,*

Harvard University Press, 2003.

Gijsberts M, The Legitimation of Income Inequality in State – socialist and Market Societies, *Acta Sociologica*, (45), 2002.

Growth, Development Policies in Natural Resource Economics, 1999.

Gylfason, T, Natural Resources, Education, and Economic Development, *European Economic Review*, (45), 2001; Leite, C. and J. Weidmann, *Does Mother Nature Corrupt? Natural Resources, Corruption, and Economic Growth*; In G. T. Abed and S. Gupta (Eds.), 2002, *Governance, Corruption and Economic Performane, International Monetary Fund*; Papyrakis, E. and R. Gerlagh, The resource curse hypothesis and its transmission channels, *Journal of Comparative Economics* (32), 2004; Papyrakis, E. and R. Gerlagh, Resource Abundance and Economic Growth in the United States, *European Economic Review* (51), 2007.

Gylfason T, Resources, Agriculture, and Economic Growth in Transition Economics, *Kyklos*, 2000.

Gylfason T, Natural Resources, Education, and Economic Development, *European Economic Review*, 2001.

Haller, M., Mach B. and Zwicky, H, Egalitarismus und Antiegalitarismus zwischen gesellschaftlichen Interessen und kulturellen Leitbildern, *Soziale Ungleichheit und soziale Gerechtigkeit*, 1995.

Herbert Gans, More of Us Should Become Public Sociologist, Footnotes, Vol. 30, 2002.

Ragnvald Kalleberg, What is "Public Sociology"? Why and How Should It Be Made Stronger ? *The British Journal of Sociology*, Vol. 56, 2005.

Heike Holbig, The Emergence of the Campaign to Open up the West: Ideological Formation, Central Decision – Making and the Role of the Provinces, *Journal of The China Quarterly*, 335 (178), 2004.

Homans, G. C, Social Behavior. Its Elementary Forms, *New York: Harcourt Brace Jovanovich*, 1974.

Hobbes, Thomas, *Man and Citizen*, Hackett Publishing Company, Indianapolis, 1642/1991.

Hobbes, Thomas, *Leviathan*, Oxford University Press, 1651/1996.

Horowitz, Irving Louis, The Decomposition of Sociology, New York: Oxford University Press, 1993.

Hradil, St. Sozial struktur analyse in einer fortgeschrittenen Gesellschaft, *Opladen: Leske und Budrich*, 1987.

Hodler, R, 2006, The Curse of Natural Resources in Fractionalized Countries European, *Economic Review*, (50); Wick, A. K. and Bulte, E. H, 2006, Contesting Resources – Rent Seeking, Conflict and the Natural Resource Curse, *Public Choice*, 1283 (4); olsson, 2007, O. Conflict Diamonds, *Journal of Development Economics*, (82) .

Ragnar Torvik, Natural resources, Rent Seeking and Welfare, *Journal of Development Economics*, 67 (2) , 2002.

Höllinger, F, Die Wurzeln religiösen Verhaltens in westlichen Gesellschaften, *Opladen: Leske und Budrich*, 1996.

Inglehart, R and Baker, W. E, 2000, Modernization, Cultural Change, and the Persistence of Traditional Values, *American Sociological Review*.

Innis A H. Essays in Canadian Economic History, University of Toronto Press; North D C. , 1955, Location Theory and Regional Economic Growth, *Journal of Political Economy*, 1956, 63 (3).

Jeffrey Sachs, *How to Handle the Macroeconomics of Oil Wealth*, in: M. Humphreys, J. Sachs, J. Stiglitz (Eds.), Escaping the Resource Curse, Columbia University Press, 2007.

Jeffrey D. Sachs, Andrew M. Warner, 1995, Natural Resource Abundance and Economic Growth NBER Working Papers 5398, *National Bureau of Economic Research*; R. Hausman, R. Rigobon, 2002, An Alternative Interpretation of the Resource Curse: Theory and Policy Implications NBER Working Paper Series, WP 9424, Cambridge: *National Bureau of Economic Research*; Xavier Sala – I – Martin, Arvind Subramanian, 2003, Addressing the Natural Resource Curse: An Illustration from Nigeria. *IMF Working Paper* WP/03/139.

J. Sachs, A. Warner, The Curse of Natural Resources, European, *Economic Review* (45) , 2001.

John Holmwood, Sociology as Public Discourse and Professional Practice：A Critique of Michael Burawoy , *Sociological Theory*, Vol. 25, 2007.

Jasso, G, How Much Injustice Is There in the World. Two New Justice Indexes, *American Sociological Review*, (64), 1999.

Kuijs, Louis and Tao Wang, China's pattern of growth：moving to sustainability and reducing inequality, *China & World Economy*, 14 (1) , 2006.

Kluegel, J. R. and Smith, E. R, Beliefs about Inequality. Americans Views of What Is and What Oughtto Be, *New York：Aldine de Gruyter*, 1986.

Kluegel J R and Smith E R, Beliefs about Inequality：American's Views' of What is and What Ought to Be, Hawthorne NY：Aldine de Gruyter, 1986.

Kreidl, M, Perception of Poverty and Wealth in Western and Post – Communist Countries, *Social Justice Research*, (13), 2000.

Larry M. Bartels, *Unequal Democracy：The Political Economy of the New Gilded Age*, Princeton University Press, 2008.

Lardy NR, Economic growth and income distribution in the People's Republic of China, New York：Cambridge University Press, 1978.

Leslie McCall, Do They Know and Do They Care? Americans' Awareness of Rising Inequality, *Russell Sage Foundation Social Inequality Conference University of California*, 2005.

Leite, Carlos, Weidmann, Jens, Does Mother Nature Corrupt? Natural Resources, Corruption and Economic Growth, *IMF Working Paper*, 1999.

Li, S. and J. He, *China's economic development prospects* (2006—2020), in ACE International Conference in Hong Kong, 2006.

Lucas Jr, Robert E, "On the mechanics of economic development. " *Journal of Monetary Economics*, 22 (1), 1988.

Mau, St. Ideologischer Konsens and Dissens im Wohlfahrtsstaat, *Soziale Welt*, 1997 (47)：17 – 38.

Mau S, Ideologischer Konsens and Dissens in Wohlfahrtstant, Journal of Soziale Welt, 17 (4) , 1997.

Martin L. Weitzman, *Income, Wealth, and the Maximum Principle*, Harvard University Press, 2003.

Martin L. Weitzman, Pricing the Limits to Growth from Minerals Depletion, *Quarterly Journal of Economics*, 114 (2), 1999.

Mehlum, H., Moene, K. & Torvik, R, Institutions and the Resource Curse, *Economic Journal*, 2006.

Montaigne, Michel de, Essays. New York: The Heritage Press, 1580/ 1946.

Michale Burawoy, 2005, pp. 266—267.

Merton, R. K, *Social Theory and Social Structure*, New York: ee Press, 1968.

Morrison, K, Natural Resources, Aid, and Democratization: A Best — Case Scenario, *Public Choice* (3), 2007.

Nielsen, Francois and Arthur S. Alderson, Income inequality, development, and dualism: Results from an unbalanced cross – national panel, *American Sociological Review*, 60 (5), 1995.

Noll, H. H, Wahrnehmung and Rechtfertigung sozialer Ungleichheit 1991 – 1996, *Werte und nationale Identität im vereinten Deutschland*, 1998.

Kai Erikson, Drawing Boundaries, Contemporary Sociology, Vol. 18, 1989.

Kelley, J and Evans, M. D. R, The Legitimation of Inequality: Occupational Earnings in NineNations, *American Journal of Sociology*, (99), 1993.

Kluegel J. R, Mason D. S, Wegener B, Social Justice and Politica Clhange Public Opinion in Capitali stand Post – communis States, *Berlinand New York: De Gruyter*, 1995.

Kiminori Matsuyama, Agricultural Productivity, Comparative Advantage, and Economic Growth, *Journal of Economic Theory*, 58 (2), 1992; Dani Rodrik, Francisco Rodröguez, 2000, Trade Policy and Economic Growth: A Skeptic's Guide to the Cross National Evidence, *Macroeconomics Annual*, in: Ben Bernanke, S. Kenneth (Eds.), Rogoff, MIT Press for NBER, Cambridge, MA. , 2001.

Merove Gijsberts, The Legitimation of Income Inequality in State – socialist and Market Societies, *Acta Sociologica*, 2002.

Michale Burawoy, American Sociological Association Presidential Address: For Public Sociology, he British Journal of Sociology, Vol. 56, 2004/2005.

Osmel Manzano, Roberto Rigobon, Resource Curse or Debt Overhang? National Bureau of Economic Research Working Paper 8390, 2001.

Pakulski, J and Waters, M, The Death of Class, London: Sage, 1996.

Paul Collier, Anke Hoeffler, Greed and Grievance in Civil War, Oxford Economic Papers (4), 2004; James D Fearon, Primary Commodity Exports and Civil War, Journal of Conflict Resolution (4), 2005.

Peter Berge, What Happened to Sociology ? First Things, Vol. 126, 2002.

Peter Rossi, Saving Academic Sociology, Sociological Inquiry, Vol. 69, 1999.

Philippe Aghion, Peter Howitt, A Model of Growth through Creative Destruction, Econometrica, (2), 1992; Paul Romer, Endogenous Technological Change, Journal of Political Economy, 1990; Robert M Solow, A Contribution to the Theory of Economic Growth, Quarterly Journal of Economic, (1), 1956.

Pierre Bourdieu, In Other Words : Essays Towards a Reflexive Sociology, Stanford University Press, 1990.

Pierre Bourdieu, The Social Space and the Genesis of Groups, Theory and Society, 1985.

Raluca Soreanu, In The Social Sciences: Creative Methodologies And Some Elements For An Epistemological Reconstruction, Studia Universitatis Babeş - bolyal Sociologia, LV, Methphor 2010.

Runciman, W. G, Relative Deprivation and Social Justice, London: Routledge & Kegan Pau, 1966.

Robertson, William, The History of America, Printed for W. Strahan etc. and J. Balfour, Edinburgh, London1777/1780.

Rousseau, A Discourse on Inequality, England: Harmondsworth.

Robert William Fogel, Stanley L. Engerman, Time on the cross: the Economics of American Negro slavery, Boston: Little, Brown, 1974.

Sachs, J. D. and Warner, A. M, 1995, Natural Resource Abundance and Economic Growth. National Bureau of Economic Research Working Paper (No. 5398), Cambridge, MA; The Big Push, Natural Resource Booms and Growth, 1999, *Journal of Development Economics* (59); Gylfason, T, Natural Resources, Education and Economic Development, 2001, European Economic Review (4—6); Bulte, E. H. and Deacon, R. T, 2005, Resource Intensity, Institutions, and Development, *World Development*; Papyrakis, E. and Gerlagh, R, 2006, Resource Windfalls, Investment, and Long Term Income, Resources Policy; Ross, M, 1999, The Political Economy of the Resource Curse, *World Politics* (1).

Torben K. Mideksa, The Economic Impact of Nnatural Resources, *Journal of Environmental Economics and Management*, 2013.

Sachs, J. D. and Warner, A. M, Natural Resource Abundance and Economic Growth, *National Bureau of Economic Research Working Paper*, No. 5398, Cambridge, MA, 1995.

Sachs, J. D. and Warner, A. M., Natural Resource Abundance and Economi Growth, *NBER Working Paper*, 1995.

Sachs, J. D. and Warner, A. M., Natural Resource Intensity and Economic.

Sachs, J. D. and Warner, A. M., Natural Resource and Economic Development: The Curse of Natural Resources, *European Economic Review*.

Shorrocks, The class of additively decomposable inequality measures, Econometrica, 48 (3), 1980.

Steven Seidman, The End of Sociological Theory: he Postmodern Hope, Sociological Theory, Vol. 9, 1999.

Scott John, Who Will Speak, and Who Will Listen? Comments on Burawoy and Public Sociology, *The British Journal of Sociology*, Vol. 56, 2005.

Summer, Andy and Michael Trible, International Development Studies: Theories and Methods in Research and Practice, London: SAGE, 2008.

Silber, Ilana F, Space, Fields, Boundaries, The Rise of Spatial Metaphors in Contemporary Sociological Theory, Social Research, 1995.

Shorrocks, Anthony F, The class of additively decomposable inequality measures, *Journal of the Econometric Society*, 48 (3) , 1980.

Sicular, Terry, Yue Ximing, Björn Gustafsson, and Li Shi, 2007, The urban - rural income gap and inequality in China, *Review of Income and Wealth*, 53 (1).

Solow, Robert M, A contribution to the theory of economic growth, *The quarterly journal of economics*, 70 (1) , 1956.

Soja E. W. Postmodern Geographies, The Reassertion of Space in Critical Social Theory, London & New York: Verso, 1989.

Simmel, G. The Sociology of Space. Trans. by Mark Ritter & David Frisby. In David Frisby & Mike Featherstone (eds.) , Simmel on Culture. London, Thousand Oaks, New Delhi: SAGE Publication, 1997: 143.

Swan, Trevor W, Economic growth and capital accumulation, *Economic record*, 32 (2) , 1956.

Szirmai, *Inequality Observed: A Study of Attitudes Toward Income Inequality*, Groningen: State University (doctoral dissertation).

Szirmai, am Szirmai, *Inequality Observed: A Study of Attitudes towards Income Inequality*, ebury Press, Aldershot, 1988.

Theil, Henri, *Economics and information theory: North - Holland Amsterdam*, 1967.

Tsui, Kai Yuen, China's Regional Inequality: 1952—1985, Journal of Comparative Economics, Vol. 15, 1991.

Tianlun Jian, Jeffrey D Sachs, Andrew M. Warner, Trends in Regional inequality in China, China Economic Review, Vol. 7 (1) , 1996.

Timothy Black, Going Public: How Sociology Might Matter Again, *Sociological Inquiry*, Vol. 69, 1999.

Tylor, Edward, B, Primitive Culture, London: *John Murray*, 2000.

Torrey, B. Smeeding T. M, Bailey D, Rowing Between Scyllaand CharybdisI: Income Transitionsin Central European Households, *LIS Working Paper Series*, 1996.

Verwiebe, R and Wegener, B, Social Inequality and the Perceived Income Justice Gap, *Social Justice Research*, (13), 2000.

Vecernik, J, Incomes in East – Central Europe: Distributions, Patterns-and Perceptions, *LIS Work in Pgaper Series*, 1995.

Whyte, *Martin. Myth of the Social Volcano: Perceptions of Inequality and Distributive Injustice in Contemporary China*, Stanford: Stanford University Press, 2010.

Williamson, Jeffrey G, Regional inequality and the process of national development: a description of the patterns, *Economic development and cultural change*, 13 (4), 1965.

Wright, G. , Czelusta, J, *Mineral Resources and Economic Development*, In: Paper Prepared for the Conference on Sector Reform in Latin America, Stanford Center for International Development, 2003.

X. Sala – i – Martin, G. Doppelhofer, R. Miller, Determinants of Long – term Growth: A Bayesian Averaging of Classical Estimates (bace) approach, *American Economic Review*, 94 (4), 2004.

Yu Xie, Arland Thornton, Guangzhou Wang, Qing Lai, Societal projection: Beliefs concerning the relationship between development and inequality in China, *Social Science Research*, 2012.

Zhong, Hai, The impact of population aging on income inequality in developing countries: Evidence from rural China, *China Economic Review*, 22 (1), 2011.

Zwicky, H, Die Wahrnehmung sozialer Ungleichheit zwischen Ideologisierung und makrosozialer Latenz. Das Ende der sozialen Schichtung. Zürcher Arbeiten zur Konstruktion von sozialer Lage und Bewußtsein in der westlichen Zentrumsgesellschaft, Zürich: Seismo, 1991.

后　记

　　兰州学人或多或少有份鼓与呼的天命感，尽管惶恐，但也执着，即在所谓中国版图的地理中心思考边缘故事。本书就是兰州大学西部社会学这个学术共同体面对中国西部问题长期思索的结集。

　　本书由各个分章节组成，各自的撰写工作是在统一提纲的基础上由各位作者独立完成，其间部分章节曾发表在《国外社会科学》、《探索与争鸣》等期刊上。具体的文章写作情况为：《被建构的西部：西部话语的建构性及其建构逻辑》、《社会学东部主义与西部社会学的实践：基于反思性视角的分析》由贾双跃撰写；《西部问题与"东部主义"》由陈文江、周亚平撰写；《"东部主义"的形成缘由与知识特性》由寇星亮、周亚平撰写；《"东部主义"的话语方式及其发展实践》由陈文江、黄超撰写；《西部社会学的价值取向与学术立场》由陈文江、寇星亮撰写；《西部社会学：空间隐喻视角下的中国现代化路径》由陈文江、李晓蓓撰写；《公共的张力：从拯救社会学到公共社会学》由陈文江、何祎金撰写；《西部社会转型与发展社会学范式转换》由陈文江、严学勤撰写；《中国三大区域间收入不平等影响因素的实证研究：1952—2008》由庞圣民、张永梅撰写；《愈落后愈抱怨？——西部民众对于收入不平等的感知》由周亚平、周凡撰写；《"富饶的贫困"与"东部主义"——甘肃省资源型村庄与居民收入研究》由周亚平、付建撰写；《西部民众对"资源诅咒"的认知》由周亚平、张丽撰写；《西部民众对西部大开发的认知研究》由周亚平、张岚撰写。最后，由周亚平进行统筹全稿，同时对全书做了必要的删改、调整和校订工作。

　　本书的完成，得益于2016年度兰州大学"中央高校基本科研业务费专项资金"重点项目"西部社会学视域下的一带一路与东亚社会研究"

的资助（项目号：16LZUJBWZD017）。它汇聚了兰州大学西部社会学这个学术共同体十多年来的心血，融入了众多关注中国西部发展的有识之士的智慧结晶，同时，中国社会科学出版社的冯春凤老师，也为本书的出版做了大量细致的编辑工作，付出了巨大的精力，在此对各位同仁表示衷心的感谢。虽然各位作者都秉承严谨治学、精益求精的学术精神，但由于作者水平有限，加之各种条件的制约，书中难免存在纰漏之处，敬请各位读者批评指正。

正所谓"为将纤质凌清镜"，只好斗胆"只研朱墨作春山"！

周亚平

2016 年 9 月 25 日